CONVENTION AND EXHIBITION

高等院校会展专业系列教材

丛书主编　冯　玮

会展营销

余意峰　程绍文　主编

WUHAN UNIVERSITY PRESS
武汉大学出版社

图书在版编目(CIP)数据

会展营销/余意峰,程绍文主编．—武汉：武汉大学出版社,2014.1(2016.12 重印)
高等院校会展专业系列教材/冯玮丛书主编
ISBN 978-7-307-12097-6

Ⅰ.会…　Ⅱ.①余…　②程…　Ⅲ.展览会—市场营销学—高等学校—教材　Ⅳ.G245

中国版本图书馆 CIP 数据核字(2013)第 264413 号

责任编辑:罗晓华　　　责任校对:汪欣怡　　　版式设计:韩闻锦

出版发行：**武汉大学出版社**　(430072　武昌　珞珈山)
(电子邮件：cbs22@whu.edu.cn　网址：www.wdp.com.cn)
印刷：湖北睿智印务有限公司
开本：720×1000　1/16　印张:19.75　字数:389 千字　插页:1
版次：2014 年 1 月第 1 版　　2016 年 12 月第 2 次印刷
ISBN 978-7-307-12097-6　　定价:37.00 元

高等院校会展专业系列教材

编辑委员会

总 序

会展业是现代服务业的重要组成部分，其影响面广、关联度高、发展潜力巨大。世界会展业发展趋势表明，会展业正日益成为全球信息交流、技术进步和文化发展的重要载体，成为与交通运输、住宿餐饮、零售贸易、房地产等产业关联度很高的综合性服务贸易行业。会展业对区域经济发展的带动作用也令人瞩目，远有瑞士小镇达沃斯因"世界经济论坛"名扬全球，近有海南博鳌小镇因"博鳌亚洲论坛"一鸣惊人，这些都是会展业带动区域和城市经济发展的成功范例。由此可见，会展业已成为行业间、地区间和国家间交流与合作的桥梁纽带，宣传推介各行业和各城市的窗口平台，反映地区经济、社会发展状况的晴雨表和风向标。

当前我国会展业迎来了良好的发展机遇。一方面，党中央、国务院高度重视服务业发展。"十二五"规划纲要中明确提出："把推动服务业大发展作为产业结构优化升级的战略重点。"另一方面，我国会展业发展进程加快，创造了巨大的经济效益和社会效益。会展业与旅游业、房地产业并称为三大新经济产业，已经成为新的经济增长点，以年均20%的速度递增。现代会展业已继旅游业和房地产业之后成为拉动我国经济发展的三大支柱产业之一，成为现代服务业不可或缺的重要组成部分，未来发展潜力巨大。

伴随着会展业的快速发展，我国会展高等教育也进入了快速发展期。目前全国开办会展专业的高等院校已有100余所。会展业的快速发展急需高等院校培养大批高素质的专业人才。为了适应新形势下会展专业人才培养的实际需要，武汉大学出版社特组织高等院校的专家学者以及会展业界人士，编写了本系列会展专业教材，本系列教材共六册，包括《会展概论》、《会展营销》、《会展策划》、《会展项目管理》、《会展英语》(第二版)和《会展服务管理》。

本系列教材编写体现了系统、开放、实用的原则，具有以下三个特点：

其一，系统性强。力求系统介绍会展基础理论和专业知识，做到理论体系完整、内容丰富全面、观点新颖。全面梳理总结会展运营与管理的基础理论、工作程序和工作方法，并系统展现当前会展业发展的前沿理论和热点研究话题。

其二，视野开阔。本系列教材的编写人员有着不同学术和工作背景。作者队伍包括高等院校会展专业教师、会展业界的专业人士以及会展研究机构的专家学者。他们能够准确把握会展行业发展的现实，在教材内容编排和材料选择方面视野开阔、开放包容，力图做到立足本土、兼容并蓄。

其三，注重实用。教材编写坚持会展理论与行业实践相结合的理念。在系统介绍会展基础理论和专业知识的基础上，结合会展工作重点，精选会展行业经典案例，并设计实务训练项目，使学习者全面掌握会展基础理论、工作方法与实操技能。案例材料经典丰富，所选案例材料具有典型性、真实性和实效性，能够切实帮助学习者深入了解会展行业，提高他们的实际操作能力和技巧。

本系列教材既可作为高等院校会展专业教学用书，又可作为自学考试、职业培训的教学或参考用书。欢迎高等院校会展专业师生和相关行业人士选用。由于时间和水平有限，本系列教材难免存在不足之处，恳请读者提出宝贵意见，以使本系列教材日臻完善。

高等院校会展专业系列教材

编写委员会

PREFACE 前 言

经过近三十年的发展，我国会展业取得了辉煌的成就，无论是场馆建设还是展会数量都已经位居世界前列，总体上来说，我国已经成为一个会展大国。会展业作为我国的一个新兴产业，在经济合作与交流、国际贸易往来、技术交流等方面发挥着越来越重要的作用。但与西方发达会展国家相比，我国会展业无论是在办展的质量和水平上，还是在会展综合效益和影响上，都存在较大差距。其中，一个非常重要的原因在于我国会展的市场化程度过低，相关会展主体忽视了会展营销的重要性。

在日益激烈的市场竞争环境下，会展不仅成为一种现代营销方式，会展、会展企业及会展目的地本身也都成为营销的目标。只有成功地运用最新的市场营销理论和科技手段才能保障会展的成功举办，才能树立会展品牌，才能保证会展业的综合效益和可持续发展。当前我国理论界和实业界对会展营销的研究相对滞后，尚未形成较为成熟的会展营销理论和实践模式。鉴于此，本书试图在前人的研究基础之上，从市场营销相关理论和会展业本身的特征出发，对会展营销的理论体系及其实践模式进行一定的探索。

本书分为上、中、下三篇，共计十一章的内容。上篇为会展营销导论篇，包括第一章至第三章，分别为绪论、会展营销发展现状与趋势、会展营销环境；中篇为会展营销理论篇，包括第四章至第八章，分别从会展营销利益相关者、会展市场细分与定位、会展营销战略、会展营销组合、会展营销理论创新五个方面探讨了会展营销的相关理论问题；下篇为会展营销实务篇，包括第九章至第十一章，主要从实践层面探讨了会议营销、展览营销和会展目的地营销的方式与策略。全书由余意峰撰写大纲，组织编撰并最终修改定稿。湖北大学和华中师范大学的部分老师与研究生参与了本书的写作。其中，余意峰、杨洋、孙伟、周明佳、赵平分别撰写了第一章、第二章、第三章、第七章和第八章，程绍文撰写第四章、第五章、第十章、第十一章，刘丹撰写第六章和第九章。

由于编者相关研究积累有限，对一些问题的理解恐有不足，疏漏之处在所难免，恳请学界同仁与读者见谅，并不吝批评指正。

编　者

2013 年 9 月

CONTENTS 目录

上篇　会展营销导论篇

第一章　绪论 …… 3

第一节　市场营销简述 …… 4

第二节　会展营销相关概念 …… 8

第三节　会展营销的界定与特征 …… 12

第四节　会展营销的主体与对象 …… 14

第二章　会展营销发展现状与趋势 …… 18

第一节　会展营销的发展历程 …… 19

第二节　会展营销的发展现状 …… 20

第三节　会展营销存在的问题 …… 24

第四节　我国会展营销的发展趋势 …… 25

第三章　会展营销环境 …… 32

第一节　营销环境 …… 33

第二节　会展营销环境 …… 35

第三节　会展营销的微观环境 …… 36

第四节　会展营销的宏观环境 …… 41

中篇　会展营销理论篇

第四章　会展营销利益相关者 …… 53

第一节　利益相关者概念 …… 53

第二节　利益相关者理论 …… 58

第三节　利益相关者分析 …… 60

第四节　利益相关者管理 …… 63

第五节　会展营销利益相关者 …… 65

第五章　会展市场细分与定位 …… 77
　第一节　会展市场调查 …… 78
　第二节　会展市场细分 …… 86
　第三节　会展市场定位 …… 96

第六章　会展营销战略 …… 101
　第一节　营销战略概述 …… 102
　第二节　会展营销战略 …… 106
　第三节　会展营销策略 …… 109

第七章　会展营销组合 …… 119
　第一节　市场营销组合理论 …… 120
　第二节　会展营销组合内涵与特征 …… 123
　第三节　会展营销组合策略 …… 125
　第四节　会展营销组合创新 …… 131

第八章　会展营销理论创新 …… 138
　第一节　会展关系营销 …… 139
　第二节　会展网络营销 …… 147
　第三节　会展品牌营销 …… 153

下篇　会展营销实务篇

第九章　会议营销 …… 161
　第一节　会议营销模式 …… 162
　第二节　会议市场定位 …… 169
　第三节　会议宣传与策划 …… 173
　第四节　会议营销策略 …… 178

第十章　展览营销 …… 184
　第一节　展览营销概述 …… 185
　第二节　展览营销组合 …… 191
　第三节　展览会招展方式 …… 210
　第四节　展览会招商方式 …… 218
　第五节　展览会广告与赞助方案销售 …… 221

第十一章　会展目的地营销………………………………………………………………234
　第一节　会展目的地营销概述……………………………………………………………235
　第二节　会展场馆营销……………………………………………………………………239
　第三节　会展城市营销……………………………………………………………………244
　第四节　会展旅游与会展旅游目的地系统营销…………………………………………256

附录一　某国际会议中心营销方案…………………………………………………………270
附录二　展览会招展合同范本………………………………………………………………273
附录三　城市营销案例………………………………………………………………………277
附录四　博览会策划方案……………………………………………………………………282
附录五　展览会专业观众邀请函……………………………………………………………298

参考文献………………………………………………………………………………………301

上　篇

会展营销导论篇

第一章 绪 论

学习目标：

1. 了解市场营销的概念及市场营销理念的演变。
2. 厘清会展营销及其相关概念。
3. 掌握会展营销的特征及营销主体与对象。

【导读】

2012 年 2 月 23 日至 24 日，由深圳市经济贸易和信息化委员会和 UFI 联合主办，深圳会展中心承办的 UFI（国际展览业协会）亚洲研讨会在深圳会展中心举行。研讨会的主题是“龙年的亚洲展览”，讨论全球发展最快的亚洲展览市场未来的发展动向。这是 UFI 亚洲研讨会首次在中国大陆亮相，研讨会吸引了超过 230 位来自 20 多个国家和地区的行业专家。

在为期两天的会议中，来自亚洲和欧洲顶尖的展览公司、展览场地和相关政府部门的演讲嘉宾们和大家一起讨论亚洲展览市场未来的发展动向。同时，也就亚洲市场所面临的挑战进行分析和讨论。研讨会还吸引到多个国家的会展行业协会代表参加，其中包括泰国展览业协会、印尼展览公司协会、韩国展览业协会、日本展示会协会以及马来西亚会展业协会。

亚洲的会展业一直持续不断地发展，世界各地的行业龙头都把目光聚集到了亚洲市场并积极找寻商机。UFI 的执行总经理伍德保先生表示：“UFI 在亚洲的会员企业数量已经超过 175 家。而 UFI 亚洲研讨会的成功召开也受惠于会员数量的持续增长。自从 2006 年在香港首次召开以来，UFI 亚洲研讨会一直不断地发展扩大。因此我们特别高兴在吉祥的龙年，UFI 亚洲研讨会在中国——亚洲最大的展览市场以及 UFI 拥有最多会员的国家召开。"

（资料来源：节选自深圳会展中心网站，2012-02-24，http://www.szcec.com/zgxgzx/zhzx/mtbd/201202/t20120224_14431.htm）

第一节 市场营销简述

一、市场营销的概念

市场营销的概念来源于美国，译自英文 marketing，是从"市场（market）"一词引申出来的。市场营销活动由来已久，作为企业的一种管理职能产生于 20 世纪的美国，并迅速在日本、西欧等国家得到广泛发展。关于市场营销的概念，不同研究者从不同角度进行了界定。其中美国市场营销协会和科特勒的定义较有代表性。美国市场营销协会（American Marketing Association，简称 AMA）认为，营销是创造、沟通与传送价值给顾客，并经营顾客关系以便让组织与其利益相关者（stakeholder）受益的一种组织功能与程序。菲利普·科特勒将市场营销定义为：个人和集体通过创造产品和价值，并同别人自由交换产品和价值，以获得其所需、所欲之物的一种社会和管理过程。

虽然对于市场营销的概念众说纷纭，不同研究者对其概念的表述不尽相同，但以下几个市场营销的基本内涵得到了较为一致的认同。

第一，市场营销以满足顾客需求为出发点。市场营销是一个由外而内的观念。它从目标市场出发，以顾客需求为中心，并采取有效的市场营销组合，通过满足市场需求创造利润。随着企业竞争形势日益严峻，众多企业开始关注内部员工的需求，加强内部员工的管理，注重企业的内部营销，但其最终目标是通过提升员工的工作满意度，最终提高顾客满意度，并有效满足顾客需求。

第二，市场营销以创造价值和传递价值为主要内容。与生产活动一样，市场营销也能创造价值。营销部门通过对顾客需求的分析与预测，了解消费者和目标受众的现实需要及意见，然后将这些信息反馈给生产部门，从而使产品得到改进和创新。这样，销售部门的劳动便转移到通过创新而增加的产品价值中去了。市场营销者还能通过广告、营业推广、公共关系等一系列的活动来影响目标市场的喜好和选择，激发和引导市场需求，从而使产品价值得以实现。同时，市场营销也是一个价值传递与交换的过程。在这一过程中，营销双方总是试图通过价值传递来促使双方作出预期的反应，从而使自己的欲望和需求得以满足。

第三，市场营销是一种高级管理职能。具体而言，市场营销是企业在以消费者需求为中心的前提下所展开的一系列经营销售活动的统称，这些活动包括市场调

研、产品开发、销售渠道选择、促销、销售服务等。市场营销是一个确定目标市场需求，并以此为基础，组织和指导企业经营活动，从而使顾客的潜在购买力转变为对产品或服务的现实需求的管理过程。它开始于顾客需求，结束于顾客满意，并致力于与顾客建立和维持长期友好的联系。其实质在于充分利用拥有的一切资源，通过对产品、价格、分销渠道、促销等要素和环节的计划、组织、执行和控制，实现对组织内外部环境的适应。

二、市场营销观念的演进

市场营销观念是指企业从事市场营销活动的指导思想，它指导着企业从产品设计到售后服务等一系列的营销活动。市场营销观念的核心在于企业以怎样的经营思想为中心来开展市场营销活动。它是随着商品经济的发展和市场的扩大而不断发展变化的。从国际市场营销观念的发展史来看，市场营销观念大致经历了生产导向型营销观念、产品导向型营销观念、推销导向型营销观念、市场导向型营销观念、社会导向型营销观念五个阶段。

（一）生产导向型营销观念

生产导向型营销观念盛行于19世纪末20世纪初，是以生产为中心的市场营销观念。它是一种最古老的经营思想，认为生产能力是最重要的因素，只要生产出有用的产品，就会有销路，而消费者只关注买得到和买得起的产品。这是一种典型的“以产定销”的观念，在这种观念的指导下，企业只关注“我能生产什么”，“我生产什么就卖什么”。企业的中心任务是组织所有资源，集中一切力量增加产量，降低成本，提高销售效率，不考虑或很少考虑消费者的需求，因而就谈不上市场调研活动了。

美国的福特汽车公司就曾经傲慢地宣称：“不管顾客需要什么颜色的汽车，我只生产黑色。”这便反映出典型的生产导向型营销观念。又如，我国20世纪80年代初，由于市场产品短缺，很多商品都需要凭票供应，企业不愁其产品没有销路，只管生产，所谓“皇帝的女儿不愁嫁”，市场和消费者需求根本不在其关注之中。在生产力水平低，市场表现为卖方市场的情况下，这种观念的存在有其客观必然性。随着市场上商品供应量的增加，市场竞争的出现，这种观念已不再适应经济发展的要求了。

（二）产品导向型营销观念

产品导向型营销观念是与生产导向型营销观念相继产生的一种较早的企业营销哲学。如果说生产导向型营销观念着重强调“以量取胜”的话，那么产品导向型营销观念则强调“以质取胜”。这一观念认为，消费者不仅关注产品数量，而且更多地关注产品的质量、功能和样式等方面。企业应致力于生产高质量的产品，并不断加以改进，从而顺利实现商品销售。

由此可见，产品导向型营销观念关注的中心是产品本身，而不是消费者需求。一旦消费者需求发生变化，企业的营销便很容易陷入困境。自1869年创立到20世纪50年代，美国爱尔琴钟表制造公司一直被公认为美国最好的钟表制造商之一。该公司一直致力于生产"精品"手表。在1958年以前，公司产品的销售量一直在美国钟表市场上占据着相当重要的位置。到1958年以后，公司产品的销售额开始一落千丈。原因何在？因为美国大多数消费者对名贵手表表现出了一定程度的冷淡，他们更多地趋向于购买那些经济实惠、方便耐用的手表。而这个时候的美国市场上已经有相当一部分的钟表商开始迎合消费者需求，生产了大批低档产品，从而夺取了爱尔琴钟表公司的大部分市场份额。爱尔琴钟表公司即是典型的产品导向型营销观念的持有者，他们忽略市场需求的变化，一味执著于生产精美的传统样式手表，致使公司经营受到重大挫折。

产品导向型营销观念在商品经济不发达的时代背景下有一定的合理性，但这一观念已不适合现代社会经济环境。在现代市场经济条件下，消费者的需求呈现出个性化、多元化和动态化的发展特点，产品质量、样式和功能等方面的变化不能等同于消费者需求的变化，因此就无法真正满足消费者的需求。此外，随着市场竞争日益加剧，先进技术在生产中不断被运用，技术竞争和产品竞争使产品导向型营销观念在成本、技术等方面形成更大的压力，增加了这一观念的实践成本。

（三）推销导向型营销观念

推销导向型营销观念是以推销为中心的市场营销的指导思想。这一观念认为，如果不经过努力销售，消费者一般不会大量购买某一产品，企业必须积极推销和大力促销，以刺激消费者购买本企业产品。这种观念产生于20世纪20年代末至50年代初，是由"卖方市场"向"买方市场"过渡的产物。由于科学技术的进步，当时的社会生产力得到了长足的发展，产品产量迅速增加，并逐渐出现了产品供过于求的局面。由此，消费者有了更多的选择权。企业面临着来自市场的巨大压力，如何战胜竞争对手，并顺利地让消费者接受自己的产品成为这一时期经营管理的重要内容。许多企业家逐渐感觉到要实现销售，光有物美价廉的产品是不够的，企业还必须重视推销。当时的企业信奉三大法宝，即：铺天盖地的广告、紧追不舍的现场促销和永远的价格战。

推销导向型营销观念是对生产导向型营销观念的理论发展。生产导向型营销观念主要强调提高生产效率，以适应供不应求的市场需求，通过扩大产量和降低成本来获取利益，企业把主要精力放在生产环节上；而推销导向型营销观念开始关注销售环节，通过市场宣传、信息传播来促进商品销售，提高销售规模。但二者都仍然是以企业为中心，并未以消费者需求为出发点，没有摆脱"以产定销"的本质。

（四）市场导向型营销观念

市场导向型营销观念是一种以消费者需求为中心的市场营销观念，它认为企业

的一切活动都应以消费者为中心，满足消费者的需求是企业的责任。这种观念大约盛行于20世纪50年代到70年代，它是在社会生产力极大发展，社会产品日益丰富，市场竞争渐趋激烈的大背景下产生和发展起来的。与前面三种营销观念不同，市场导向型营销观念是一种全新的企业经营哲学。企业不是仅从生产出发，也不是从现有产品出发，而是从消费需求出发，组织企业的生产和销售。具体表现为“消费者需要什么，我就生产什么，就卖什么”。因此，企业十分重视市场调研，不断地满足市场需求和发现尚未满足的市场需求。

市场导向型营销观念是一种“以需定产，以需定销”的观念，重点在“营”，强调“谋划”或“策划”。它是对推销导向型营销观念的理论发展，二者在营销的起点、中心、手段和目的等方面均存在明显的区别。

首先，营销的起点不同。推销导向型营销观念将企业生产作为营销的起点，而将消费者需求作为营销的重点，即先有生产，后有市场。而市场导向型营销观念则以消费者需求为起点，以满足消费者需求为终点，即“始于消费者需求，终于消费者满意”，市场贯穿于企业生产经营过程之中。

其次，营销的中心不同。推销导向型营销观念主要注重产品的宣传，通过多种促销手段让消费者产生购买欲望，从而实现产品销售，而不关心消费者实际需求和需求变化。市场导向型营销观念则始终以消费者为中心，根据消费者的需求，研究、设计、开发和生产产品，并最终满足消费者需求。

再次，营销的手段不同。推销导向型营销观念主要通过广告、直销、销售访问等各种促销手段来刺激消费者的购买欲望，以扩大销售量，带有明显的单向性和盲目性。而市场导向型营销观念则强调在充分考虑消费者需求的基础上，通过一系列营销组合策略和手段进行营销宣传，全方位地满足消费者需求。

最后，营销的目的不同。推销导向型营销观念认为，营销目的在于销售产品或服务，并获取利润。而市场导向型营销观念认为，营销的目的在于满足消费者需求，并通过满足消费者需求来获取利润，因此企业经营活动与市场是互动的，是具有针对性的。

（五）社会导向型营销观念

社会导向型营销观念是一种以社会利益为中心的市场营销观念，是主张满足消费者需求与实现社会利益相一致的指导思想。这是从20世纪70年代起所形成的一种现代市场营销观念。当时，随着现代生产力的快速发展，带来了大量环境污染、能源短缺等问题。人们开始意识到，消费者需求、企业获利和社会福利之间隐含着客观存在的矛盾。一个社会如果要健康、有序、长远发展，就必须协调这三者之间的矛盾冲突。因此，一种新型的市场营销观念——社会导向型营销观念产生了。

社会导向型营销观念是对市场导向型营销观念的补充和完善，是一种更现代、更先进的营销观念，是市场营销学成熟时期的产物。社会导向型营销观念认为，企业不仅要考虑消费者的现实需求，更要考虑其潜在需求；要善于引导消费，在获取经济效益的同时，还要考虑生态效益和社会效益。这种观念客观上要求企业在制定营销策略时，必须统筹兼顾企业、消费者以及社会三方的利益，并努力谋求三者利益之和的最大化。近年来，越来越多的企业开始注重环保，并突出宣传“绿色、健康、无污染”的理念，这正是社会导向型营销观念的一种表现。

第二节 会展营销相关概念

一、会展

关于会展的定义众说纷纭，国内外学术界尚无定论。总体而言，大致分为两种观点：一种是狭义的会展观点，认为会展顾名思义是指会议和展览。另一种是广义的会展观点，认为会展是会议、展览会、奖励旅游及节事活动的总称。本书所说的会展指的是狭义的会展，即组会者或组展商按照一定的目的在既定的时间和地点招揽与会者或参展者，并向其提供一定的信息和服务，从而达到信息公开化、科技前瞻化、利润最大化的会议或展览。

二、会展业

会展业通常表述为 MICE Industry，是指由经营各种会议和展览的公司为主而形成的行业。其中 M（Meeting）即会议，主要指公司会议；I（Incentive Tour）即奖励旅游，专指以激励、奖励特定对象为目的而进行的旅游活动；C（Convention）即大型会议，主要指协会、社团组织的会议；E（Exhibition or Exposition）即展览会。随着会展业的不断发展，MICE 中的 E 又增加了新的内涵，即节事活动（Event）。在美国，人们更多地用 Convention Industry 来指会展业，而不用 MICE Industry。而在欧洲，人们一般用 Meeting Industry 来指会展业。在国内，会展业人士则通常把奖励旅游排除在外。

本书所指的会展业是会议业和展览业的统称，是这两种行业的综合体。虽然会议业和展览业是两种不同的行业，但其行业的运作方式相似，而且两种行业又相互渗透，故合称为会展业。会展业是一种新兴的服务行业，是通过举办会议和展览，来带动当地吃、喝、住、行、乐的一种产业，具有影响面广、关联度高的特征。

会展业能聚集大量的商品、信息、资金、技术、人才，推动经济贸易的发展，促进城市建设，塑造城市形象，因此有些学者将会展业称为“知识会餐”、“财富平台”、“城市的面包”、“城市经济的助推器”等。会展业的功能可概括为经济、政治、社会、信息和教育等几个方面。

(一) 推动经济发展

会展业的经济功能主要体现在它的效益和对其他产业的带动性上。会展业是高收入、高赢利的产业，利润率大多在20%以上。更重要的是，除了会展业自身的巨大收益外，它还有极强的经济联动性。也就是说，它的大力发展可以推动一系列相关产业的发展，如餐饮业、旅游业、娱乐业、交通、住宿、购物等，其带动的产业收益约是会展收益的9倍，发达国家已经达到了10倍。除此以外，还可以给举办地带来场租费、搭建费、广告费等与会展直接相关的经济收入。如2010年上海世博会累计接待游客7 308.4万人次，仅门票一项收入就超出了100亿元。而它带来的间接收入更大。有数据统计，在7 308.4万观博者中，只有27.3%的人来自上海。也就是说，72%左右的人来自上海以外，如果每个参观者在上海消费500元，消费总额也将超过263亿元。因此，会展业的大力发展会对一个城市或地区经济的发展产生重大的影响和催化作用。

(二) 完善政治职能

会展业的政治职能主要体现在会展活动的开展需要政府的参与和介入，会展本身在一定程度上也有着为政治服务的目的，旨在宣扬一定的政治主张与观点。自会展业诞生以来，就与政治存在着千丝万缕的联系。会展活动的开展需要政府的大力支持，这种支持包括会展场馆的建设、开设资格审查绿色通道、为参展商提供优惠政策等，因此政府职能在会展业中占据着非常重要的地位。

同样，会展本身也是在为政治服务，例如以政治为主题或带有政治题材的展会，包括政治成果展、英模报告会、政党集会等，就是以获取政治利益为主要目的的展会；一些公益性的会展，如大型纪念庆祝活动、大型体育活动，包括奥运会、全运会等，不但要受到政治影响，而且还能带来良好的政治反响，起到提升政治形象、稳定政治根基的作用。

(三) 带动社会进步

会展业的社会功能主要体现在以下几方面：第一，促进城市基础设施建设。一次展会的开展必然会促进该城市基础设施的建设，带动经济发展。如2010年上海世博会投入资金约3 000亿元，其中就约有1 000亿用于城市基础设施建设。上海世博会的成功举办不仅带动了上海这个城市的基础设施建设，而且也带动了它周边城市乃至整个中国的建设。第二，提升城市知名度。成功的展会必然会引起关注，使这个城市的知名度大大提高。历史上一展成名的展会数不胜数，如亚洲博鳌论坛。博鳌只不过是我国海南省琼海市的一个小岛，但却因亚洲论坛年会的举办而闻名于世。如今，博鳌每年举办国内外会议100多个，同时也带动了当地旅游业的发展，每年有大量国内外游客来海南参观旅游。第三，增加就业机会。会展业带动经济的发展也就必然会给城市的就业增加更多的机会。仅就会展展馆的安装和拆卸一项工作来讲，就能更好地吸纳社会的闲置人员，尤其会给农民工带来更好的经济收益。据国际展览业联合会的测算，会展场馆每增加1 000平方米，就会给社会带来近百个就业机会。

（四）促进信息交流

会展业的信息功能主要体现在以下两方面：第一，会展业是信息交流传播的载体。会展活动的发生过程就是人与人、人与商品面对面的过程，它能在最短的时间里聚集大量的人流、物流、信息流、技术流和资金流，这种集聚的结果就会导致信息的流动与扩散，从而使信息得以传播。通过产品的展示与推广，向人们传递最新的科技成果、生活理念和生活方式；通过召开会议，更好地传递信息，更好地沟通、交流想法和建议。由此可见，会展本身就是一则最好的广告。第二，会展业是信息技术展示的平台。现代会展往往借助宽带互联网、卫星无线通信、同声传译、声讯系统、幻灯片、投影仪等现代化信息设施，综合运用多媒体技术、办公自动化技术、微电子技术、信息可视技术、计算机科学与技术等现代信息技术来传播信息；借助新闻、广告、印刷、出版、影视等多种信息传播手段，强化信息展示效果。

（五）拓展教育领域

会展业的教育功能主要体现在以下两方面：第一，会展具有真实性，是活生生的课堂。会展活动的特点是可视性、可操作性。会展活动的发生需要人与人、人与物的相互接触与交流，通过这种面对面的接触，会展给人以更深切的亲身体验。观众在展览中“见”到的艺术形象直接逼真，“见”来的知识比较可信和更有时效。这种真实性和可靠性是学校课堂所不能给予的。第二，会展具有广泛性。首先，会展的对象具有广泛性，它面向的是全体社会成员，不分层次、等级、年龄，是一种广泛的社会教育。其次，会展的内容具有广泛性，所宣传、展出的产品涵盖各个部门，好比“一本大百科全书”、“一所综合性的大学”，因此会展业被称为“知识会餐”。

三、会议

会议是指人们怀着一定的目的，围绕着一个共同的主题，进行信息交流或聚会、商讨的活动。当今，会议已成为人们政治经济生活中主要的沟通形式。在国际经济迅猛发展的年代，每天都在举行内容迥异的各种会议，全世界每年召开的有一定规模和影响力的会议就达数十万个。如各类公司会议、协会会议、商务型会议、文化交流型会议、专业学术会议、论坛型会议、研讨型会议、政治型会议等。

一次会议的利益主体主要有主办方、承办方和与会者，其主要内容是会议参与

者各方之间进行思想和信息的交流。会议的一般操作流程为：会议的主办方指定举办会议的计划并委托给承办方，承办方将围绕既定的会议目的和会议主题进行精心设计，通过多种方式发布会议信息，联系会议的目标与会者和相关人员（如政府官员、演讲嘉宾等），并安排会议举办场所，最后进行会议接待或将业务分包给会务公司。

按照不同的划分依据可以将会议分为不同类型。按照会议性质，可分为商业性会议、学术性会议、政治性会议、常规会议，如股东大会、各学科的年会、政治协商会议、工作例会等。

按照会议内容，可分为为医学类、科学类、工业类、技术类、教育类、农业类、社会科学类、经济教育类、商业管理类、生态环保类，如农业发展促进会、教学研讨会等。

按照会议所涉及的地域范围和影响力，可分为国际会议和国内会议。其中国际会议又分为出国会议和来华会议；国内会议又可分为全国性会议、区域会议、地方会议，如亚洲博鳌论坛、中国夏季达沃斯论坛。

按照会议级别，可分为高端会议、中端会议和低端会议，如达沃斯论坛、政府工作报告会议、表彰大会。

四、展览会

展览会是在特定时间、空间条件下，对产品、技术、服务进行集中陈列、展示、观看和交易的活动。从广义上讲，展览会包括所有形式的展览会。从狭义上讲，展览会是指贸易和宣传性质的展览，包括交易会、经贸洽谈会、展销会、展示会、看样定货会等。

按照不同的划分依据，也可将展览分为不同的类型。按照展会性质，可分为贸易展和消费展。贸易展主要是为了交流信息和洽谈贸易，如各国的国际贸易博览会；消费展的目的就是直接销售，如深圳消费电子展。

按照展览内容，可分为综合展和专业展。综合展是指包括几个行业或全行业的展览，如世界博览会（世博会）、广交会。专业展是指内容专一的展销会，比如农博会、重工业展、轻工业展等，还有仅限于某一产品的专项展销会，比如汽车展、钟表展等。

按照展览所涉及的地域范围和影响力，可分为国际展和国内展。其中国际展又分出国展和来华展，如2010年闭幕的上海世博会是国际展；国内展又分为国家展、区域展和地方展，如一年一度的广交会则属于国家展。

按照展会级别，可分为高端展、中端展和低端展。

第三节　会展营销的界定与特征

一、会展营销的界定

从字面上来看，会展营销可以有两层含义：一是利用会展来营销，把会展作为一种营销工具；二是对会展的营销，把会展作为一种产品。

一些学者认为会展是一种新兴的营销方式，并从利用会展来营销的角度定义会展营销。例如，汪立元（2001）认为“借助和利用会议及展览进行的营销方式称为会展营销”。张玉明（2005）把会展（商业会展）看作流通领域的第三种产销关系模式，认为“商业会展形成了生产企业带动流通企业和流通企业带动生产企业之外的第三种产销关系模式，这种产销关系模式具有快速流通和柔性流通的特点，能够促进流通领域的有序竞争、促进流通领域组织结构的合理变革、促进流通企业核心能力的培养和形成”。利用会展进行营销具有诸多优点，例如：目的性和针对性强，易于达成交易；激发消费需求；节约营销费用；赢得订单机会；获取信息资源；提高企业知名度和美化企业形象等。

另外一些学者将会展作为一种产品或服务进行营销。彭品志（2002）从市场营销战略出发，对权衡、评价、规划和决策会展活动必须重视的问题进行了分析研究。张翠玲（2004）认为在分析会展业营销策略时，第一要有市场调查和定位策略，第二要着力打造会展品牌，第三要注重服务营销，第四要制定网络营销策略，第五要注意与旅游资源的联合开发。

当前我国理论界和实业界对会展营销的研究还较为薄弱，尚未形成科学的研究体系和较为成熟的会展营销理论。从研究上看，目前国内的研究文献偏重讲述展览会的营销功能，较少分析企业在参展技巧和手段方面的创新。从实践来看，我国会展企业多强调如何招展和招商，而忽视了展览会的品牌化发展。换句话说，很少从战略的高度来考虑会展企业的营销行为。

本书中的会展营销概念主要指的是以上会展营销的第二层含义，即将会展作为一种产品或服务进行营销。试图用营销学的基本理论来解决会展业发展中的具体问题，是营销学理论在会展业中的具体应用和延伸。

二、会展营销的特征

作为一种服务性产品，会展产品具有典型的无形性和综合性，这决定了会展营销必然是一个十分复杂的过程。会展营销牵涉到的利益主体、内容、手段等皆具有其特殊性，与一般的营销活动存在明显区别。

（一）营销主体的综合性

会展营销的主体十分复杂，大到一个国家或城市，小到每个会展企业甚至是一次具体的会议或展览会。每个主体的营销目的不一，营销内容的侧重点也存在明显差异。在一次展览会中，往往各个主体都要为了各自的目的开展营销活动。通常，一次展览会可能要牵涉众多的组织和企业。大型的国际性展览会可能由当地政府主办，由一家或者几家展览公司承办，其中个别较复杂的活动则由具体的项目组去承担。参与会展的不同主体各自承担的工作在深度与广度上有所不同，但进程必须保持一致，合作也必须紧密有效。

（二）营销内容的整体性

展览会的举办时间、地点、主题及内容等都是参展商和专业观众所关心的，任何一环如有不妥都可能导致展会的失败。因此，会展营销的内容必须具有整体性，既包括举办会议或展览会的外部环境，如城市安全状况、旅游综合接待能力等，又包括会议或展览会的创新之处、能够给观众带来的独特利益，以及配套服务项目与水平等，这一切都会影响参展商是否考虑参展。

（三）营销手段的多样性

会展营销主体的复杂性和内容的广泛性决定了展览会必须综合利用各种手段来开展宣传，以达到预期的营销目的。从传统的广播、电视、报纸，到各类行业杂志、专业会展期刊，再到面向大众的路牌广告、地铁或出租车广告以及渗透到各行各业的互联网，会展营销主体正以平面或立体的方式，将大量的信息最快、最直接地传递给大众。但有一点必须指出，营销手段要讲究阶段性，在每一阶段只有用适当的方式宣传特定的内容，而不是间断或大批量地重复毫无新意的广告，才能给大众留下最深刻的印象和触动，从而激发潜在参展商及观众的参展愿望。

（四）营销对象的参与性

在许多时候，会展活动的主办者虽然策划并操作会议、展览会，但对行业的认知程度可能并不深刻，因而在整个过程中必须广泛听取与会者（参展商）的意见，并根据自身能力及与会者（参展商）的要求尽可能地调整营销内容，以便更好地满足与会者（参展商）的需要。另外，在会展活动中，与会者和参展商的参与性都很强，主办者必须与其实现互动，才能提高与会者（参展商）的满意度。例如，在招展工作中，参展商会根据自身需要对展会服务提出要求，展会主办者应及时听取反馈意见并改进工作，针对不同的参展商，制定相应的营销内容。

第四节　会展营销的主体与对象

一、会展营销的主体

（一）政府

举办国际性的会议或展览会不仅能给城市带来巨大的直接经济效益，而且在提升城市形象、促进城市建设和相关产业发展等方面也发挥着极大的作用。因此，为了吸引更多、更高档次的会议或展览会在本城市举办，通常必须由当地政府有关部门出面牵头，以会展业为主体，并联合本市的主要会议服务公司、展览企业、会展场馆、商业、经贸、文化等相关企业和部门，开展联合促销，大力宣传本城市的会展发展条件，全面提升城市会展的知名度和美誉度，以吸引更多的会展组织和专业观众。

（二）会展企业

会展企业是会展营销的又一重要主体，是会展营销的直接承担者。主要指各种会议、展览的主体承办者，包括从事会展资源开发、会展产品生产以及会展市场经营管理的专业会展公司，及各类拥有会展举办权的机构和组织等。会展企业是一个会展项目的开发者，主要负责会议、展览的组织运作工作，是会展总体的协调负责主体，主要通过会展的举行获取现实或潜在的经济利益，因而在会展中处于主导地位。

其营销目的包括两个方面：一方面是通过市场宣传，争取更多的会展业务，以保证企业的经济利益；另一方面是在一次具体会展活动中，吸引知名的与会者或大的参展商前来参加会展，这样不仅提高了会展主办方的满意度，而且还可以提升本企业的形象，创造企业的品牌，提高企业的市场竞争力。

（三）参展商

参展商是以宣传展示自身的产品、服务、信息等为手段，以获取客户、合作伙伴或行业声誉等为目的的会展营销主体。随着信息化时代不断发展和市场竞争的加剧，参加会展活动已成为众多现代企业的一种营销手段。到会展上找市场，成为众多企业实现自我发展的共识。会展的客流、信息流、资金流高度聚集，参展商可利用会展拓展市场，高效推广企业的产品、技术与服务，将会展作为市场营销的一个重要组成部分。

二、会展营销的对象

由于会展营销所涉及利益主体的复杂多样性和会展活动的高度关联性，使得会

展营销的主体十分复杂。每个主体的营销目的不一，而且在一次展览或会议中，往往各个主体都为了各自的目的开展营销活动，因此各自营销的对象和工作重点也存在明显差异。

（一）会展举办单位

对于会展城市或会展地而言，会展举办单位是其营销的主要对象，获得会展举办单位的认可和配合是会展成功举办的前提。此时，会展营销的核心内容应该是宣传所在城市优良的办展环境和各项政策。此处，办展环境指的是广义的会展发展环境，它包括当地的产业基础、场馆设施、市场潜力、旅游接待条件、土地及税收政策、安全状况等，内容十分广泛，而这些问题并不是单个企业所能解决的，通常需要政府的支持。

对会展的策划者和组织者而言，为了争取会展的举办权，会展企业必须通过大量的市场营销，宣传企业卓越的策划和办展能力，吸引会展举办单位的注意，进而希望能够获得更多的会展举办权。

（二）参展商

参展商是受会展组织者邀请，通过订立参展协议书（或会展合同），于会展活动举办的特定时间内在展出场所展示产品或服务的主体。对于会展组织者而言，参展商是最重要的营销对象。会展必须借助相当数量的、高质量的参展商的参与才可能取得成功。

（三）观众

观众是通过购买门票或提前注册入场参观、与参展商进行洽谈的自然人、企业以及其他相关的市场主体。根据观众身份的不同，观众可分为普通观众和专业观众。普通观众就是一般的公众；专业观众包括贸易商、采购商、批发商等。一般来说，专业观众素质高，很多都能参与企业的决策。这也是当代展览的专业化倾向加强，更多地面向专业观众的根本原因。他们参加会展活动的主要动机是通过城市举办的各类会议和展览，寻找自己需要的产品、服务和信息。因此在向其进行营销时，不仅要宣传城市完善的会议展览设施和优质的服务，更要侧重于宣传会展上参展商的数量和质量以及会展涵盖的巨大产品信息容量。

思考与讨论

1. 市场营销的内涵是什么？
2. 市场营销观念经历了怎样的演变？
3. 如何理解会展营销的概念？

4. 会展营销有哪些特征？
5. 会展营销的主体与对象有哪些？如何理解？

本章案例

第五届宁夏文博会六大亮点

2013 年 7 月 26 日，第五届中国（宁夏）国际文化艺术旅游博览会将在国家 4A 级旅游景区宁夏（银川）中华回乡文化园隆重开幕。与往届相比，本届文博会呈现更多精彩亮点。

亮点一："创意无限"——全球顶级 3D 墙体 SHOW

上海冰梵视觉携美国、德国、荷兰等一流国际大师团队，继上海世博会国家馆、2012LV 秋冬外滩 SHOW、上海音乐厅新年倒计时墙体 SHOW 之后，再次以全球顶尖数字技术创意中华回乡文化园 3D 墙体梦幻 SHOW，此次 3D 墙体投影秀在北方展演尚属首次。

亮点二："争奇斗艳"——第十一届中国西部民歌（花儿）歌会激情开唱，民族歌王同台飙声

第十一届花儿歌会大赛表现出三大看点：崇尚自然——利用中华回乡文化园之中华回乡第一街的牌楼作背景，将实景、情景合理巧妙运用，营造自然和人文的自然和谐；唯美主张——中国西部各民族美轮美奂的表演和风格迥异的民族服饰融合为一幅色彩绚丽的图画；集聚效应——开幕式将邀请中央电视台首届"争奇斗艳"民族歌王争霸赛活动的七位歌王倾情出演，撩拨和牵动中华民歌歌坛传统与时尚的情愫。

亮点三："琳琅满目"——400 家展商汇聚神州奇品

非物质文化遗产汇集宁夏，如马勺脸谱、杨氏泥塑、陕西户县农民画等；深圳大芬村千幅精品油画、四大名砚，安徽宣纸和湖笔等文房四宝品目繁多；董天坛、姬忠华、王玉龙等名家现场泼墨为活动助兴。

亮点四："好戏连台"——西部省区旅游景区闪耀星光

西部省区景区倾情奉献舞台精品艺术，不出宁夏，便可观地道的京剧、秦腔、地方戏、舞台剧等。除带来百姓喜闻乐见的各类节目外，还将对各自景区主打旅游产品进行宣传推介。

亮点五："饕餮盛宴"——汇聚西部美食

回族第一街届时将推出为期五天的"中国西部小吃美食节"，既有代表回族

传统小吃的油香、馓子、羊杂碎等，还有来自宁夏及西部各省的传统美食，一定会让游客大快朵颐。

亮点六："全民免费"——1 元畅享文化大典

为期5天的文博会将实行全场免票，中华回乡文化园同时免票3天（7月26至28日），您只需花费一元公交车费，便可参加120个小时吃玩乐购的文化狂欢节。

（资料来源：节选自中国会展网，2013-07-19，http://www.expo-china.com/pages/news/201307/83278/index.shtml）

思考题

1. 如何解读第五届宁夏文博会的六大亮点？
2. 宁夏文博会反映了当代会展营销的哪些新特点？

第二章

会展营销发展现状与趋势

学习目标：

1. 了解国内外会展营销发展历程，熟悉会展营销发展的现状及其特征。
2. 理解我国会展营销中存在的问题并能分析其原因。
3. 掌握会展营销发展趋势。

【导读】

2013 年 6 月 17 日，第 50 届法国巴黎国际航空展在巴黎近郊布尔歇机场开幕，作为全球历史最悠久、规模最盛大的航空航天展，这对于全球航空航天业内人士而言是一场难得的盛会。据主办方介绍，来自中国等 44 个国家和地区的 2 160 余家企业参展。本届航展设有 350 个榭舍，6 个室内展厅的展台面积达 51 000 平方米，室外展示面积达 43 000 平方米。此次约有 130 架飞行器亮相展会，全球各大飞机及发动机制造商、供应链上千余家中小企业都将参与其中。

航展现场不乏中国元素，中国航空工业集团公司携众多型号在主展馆参展，参展机型（模型）有 FC-1 “枭龙” 单双座战斗机各一架、L-15 “猎鹰” 高级教练机、翼龙多用途无人机、运-8C 运输机、运-12F 通用/支线涡桨飞机、新舟 60 和新舟 700 涡桨支线飞机、AC312 双发 4 吨级直升机及民用航电系统座舱。而中航工业贵宾室上方飘扬的五星红旗更是鲜艳夺目。

（资料来源：节选自中国会展网，2013-06-17，http://www.expo-china.com/pages/news/201306/82842/index.shtml）

第一节　会展营销的发展历程

服务业的营销活动是逐渐从制造业导入的。19 世纪 50 年代以后，尤其是 20 世纪以来，银行、证券、保险、房地产等新兴的服务业不断涌现，服务业的市场趋向国际化，需求出现多样化，许多服务企业导入和发展市场营销。会展营销正是在这种情况下产生和发展的。

一、国外会展营销的发展历程

市场营销最初产生于西方发达国家的制造业，工业革命以后，西方发达国家的制造业拥有了大机器生产体系，生产力水平提高，产品相对过剩，因此，创导、发展了市场营销。最早创导市场营销的制造企业是美国的国际收割机公司，19 世纪 50 年代，该公司在销售其发明的联合收割机的过程中，创导了市场营销，包括市场调研、市场分析、市场定位等内容。

会展营销的起步较晚，它是随着会展业的发展、服务营销的发展而逐步创导起来的。第一个真正意义上的国际会展是 1851 年在英国伦敦海德公园举办的“万国工业博览会”，也被称为“水晶宫博览会”。

19 世纪末到 20 世纪 70 年代，特别是第二次世界大战以后，世界进入一个相对稳定的和平时期，一批因战争而停办的会展开始重整旗鼓，为世界经济复苏注入了蓬勃生机，当时为了解决供过于求的矛盾，会展企业将买卖双方组织起来，达成供需见面和贸易成交的桥梁。世界著名的“米兰博览会”、“莱比锡博览会”、“巴黎博览会”被誉为连接各国贸易的三大桥梁，但这时的会展主要是以销售功能为导向。

20 世纪 70 年代至 90 年代，市场营销进一步与经济学、社会学、心理学、行为学等学科密切结合，这一时期，会展业也不断向专业化方向发展，成为第三产业不可或缺的重要组成部分。会展业开始导入“以消费者需求为导向”的营销理论，开始建立大型展览中心和举办大型国际展览，为参展商提供自己的舞台和寻找目标客户群的场所。

20 世纪 90 年代至今，经济全球化的进程加速，欧洲会展业快速发展，会展企业实力不断增强，与此同时，其他起步较晚的地区（尤其是美洲和亚洲）的会展业也得到迅速发展。企业面临一个更大范围、更有潜力的市场，越来越多的企业立足于全球市场开展营销。营销理论也发生变化，新的营销理论广泛用于实践，例如服务营销、关系营销、顾客营销、网络营销等。会展市场竞争态势凸显，也推动新的营销理念的不断导入。

二、国内会展营销的发展历程

我国会展业起步较晚，自改革开放以来，会展业经历了从无到有、从小到大、快速增长的过程。20多年以来，随着经济的快速增长和国际交流的增多，我国会展业已经渗透到各个经济领域，从机械、电子、汽车、建筑到食品、家具等，而且，各个行业都有自己的国际专业品牌。北京奥运会和上海世博会的成功举办，使得北京和上海成为我国最大的会展中心城市。我国从计划经济向市场经济过渡也带动了会展市场的进一步发展。

20世纪90年代以来，尤其是进入21世纪以来，会展的发展带动了会展营销的发展，会展业的快速发展使得会展竞争逐渐激烈，企业开始注重营销工作，主要表现在：加大推销力度，开始注重研究参会者的特征以及需求状况。但我国大部分企业经营者没有形成整体的营销理念。

近几年，我国会展业积极加入国际竞争，欧洲会展不断进驻中国，使得我国会展专业水平和竞争力上了一个新的台阶；我国也开始导入市场营销的相关理论，会展营销的理论研究逐渐加强，为我国会展业发展打下了一定的基础。

第二节　会展营销的发展现状

一、国外会展营销的发展现状

随着经济全球化趋势的加快和网络技术的蓬勃发展，国外会展营销在内容和形式上都发生了重大的变化，尽管国外不同国家以不同的发展态势发展，但无论从数据统计、管理技能和管理质量，还是从会展的专业水平来看，国外的会展业整体上还是处于不断上升和比较发达的水平。国外会展营销理念和手段随着整个会展业的发展也在不断改革和创新，以发达国家为例，总体上呈现出以下特征：

（一）营销手段多样，积极开展整合营销

随着会展业的不断发展，所使用的营销手段早已不限于传统的报纸杂志和广播电视，大量的新技术被应用到会展营销活动中来，使得营销竞争更加异彩纷呈。其中，最耀眼的当属网络技术的发展，互联网在会展活动中的广泛运用使得会展经营中的定制化营销成为可能。国外发达国家和地区，如德国、法国、美国、日本等，都在世界各地建立了全球会展营销网络，在欧洲，信息和交流技术（ICT）得到了普及，利用ICT宣传并推销其展事，参展商利用互联网在网上展示公司产品和公司形象，在展览结束之后，通过建立客户关系展览中心（CRM）手段与参观者保持沟通。

在国外旅游市场上，MICE 是旅游市场的一个细分市场，为了避免因争办会议或展览而导致的恶性竞争，国外的一些发达国家和其会展城市设置国家会议局和城市会议局，担负目的地形象包装和宣传职能，负责会议、旅游、展览的组织、协调和市场开拓。开展整体营销的主要途径包括：参加会展业的相关国际专业交易会（每年 9 月芝加哥举办的奖励旅游和会议旅游展销会），邀请买家作专业考察，参加国际会议专业组织，组团进行出访交流等。

（二）营销环境规范，管理体制发展成熟

会展业作为国家经济和国际贸易战略中的一个环节，受到各国政府的高度重视，几乎所有发达国家的会展业都建立了统一的管理体制和会展相关法规，管理体制健全，为整个会展营销提供了较好的市场环境。

1. 政府的大力支持

在发达国家，如德国、美国、英国等，任何商业机构和贸易组织都不需要特殊的审批程序就可以进入会展业，因为在国外市场上，不管是国际展、国内展、地方展，还是综合展、专业展，都认为是一种纯粹的商业市场行为；在这些市场经济国家，展览项目基本不需要政府审批，而且政府部门的介入也主要体现在对展览的资助和政策上，2000 年德国政府联邦经济部资助本国企业出国参展达 222 次。

2. 行业组织的协调

行业协会是以维护行业合法权益，协调会员之间的关系，为会员提供服务，维护市场公平竞争，沟通会员与政府间的关系，促进同行业的经济发展为宗旨的。在市场经济发达的欧美国家和市场经济比较成熟的一些亚洲国家和地区，政府管理会展行业的职能已经与会展行业协会紧密结合，共同合作。在各国会展行业协会中活动比较频繁的有美国国际展览管理协会（TAEM）、英国会展业联合会（EFI）、德国展览委员会（AUMA）等，这些协会有着共同的特点，即唯一性、全国性和权威性。

另外，行业协会还参与行业标准制定和质量管理监督工作，具有资格审查的职能，如国际展览业协会（UFI）对参展项目进行评估和资质认可；行业协会还会根据相关的法律法规来制定和组织实施本行业的行规、行为准则，提高行业整体素质，规范市场秩序，推动会展行业的发展。

（三）营销活动专业，全力移植品牌会展

在会展业向专业化、国际化和集团化方向发展的过程中，欧美发达国家的跨国公司纷纷将目标瞄准了海外，开始把自己举办成功的品牌会展逐渐移植到其他国家。德国法兰克福展览有限公司已将每年春秋两季在德国本土举办的国际消费品展览会（Ambiente）移植到亚洲，分别在中国、日本和俄罗斯举办了以 Ambiente 命名的展览会。而且，德国、英国等著名的会展公司与中国会展公司联手，积极开拓国际市场。表 2-1 反映了欧洲主要会展强国近年来在中国的发展举措：

表 2-1　　　　欧洲主要会展强国在中国的发展举措

国家	会展公司名称	合作内容	城市
德国	汉诺威展览公司	设立分支机构，合资建立上海新国际博览中心	上海
德国	慕尼黑展览公司	设立分支机构，合资建立上海新国际博览中心	上海
德国	杜塞尔多夫展览公司	设立分支机构，合资建立上海新国际博览中心	上海
意大利	米兰展览有限公司	设立分支机构	上海
法国	巴黎会展中心	希望参与亚洲最大的中国国际展览中心	北京
英国	励展博览集团	参加京广会，并设立分公司	广州
德国	科隆展览国际展览公司	联手中国对外贸易中心	北京
德国	菲德烈斯哈芬展览有限公司	与南京国际展览总公司合作，提升亚洲户外用品展览会的层次	南京
德国	杜塞尔多夫展览公司	设立代表处	重庆
德国	汉诺威展览公司	开展围绕“中国工博会”的 5 年合作	上海
德国	纽伦堡展览公司	参与中国展览	广州

（资料来源：根据主要会展公司网站资料整合。）

二、国内会展营销的发展现状

近几年，国外绝大多数知名会展公司的营销活动都呈现出一个新的发展趋势，那便是积极开发国际市场，利用各种营销方式在全球推广自己的品牌展览会和吸引海外企业参展。与国外的会展业相比，国内的会展业起步较晚，在经营理念、具体操作运营等方面存在着薄弱环节，但我国的会展业在进入 21 世纪之后也保持着健康快速的发展态势。我国会展业随着入世和改革开放的继续深入，在参与竞争的同时，也由初级起步阶段开始步入成长期。具体来说，我国目前会展营销发展现状表现出以下几个基本特征：

（一）政府主导型的营销主体不变，市场化程度加强

我国目前比较知名的会展大部分是由政府办展，政府办展一方面是为了提高城市的知名度和影响力，提升展览会的社会效应；另一方面是加强城市与外界的商贸、文化交流，推进城市基础设施建设，从而带动当地的经济发展。随着政府职能

的转变，政府在会展经济中发挥的功能与其在其他经济体中发挥的功能相同；而且市场经济的发展也越来越成熟，会展市场化程度逐渐加强；另外，政府主办的展览会在组织、管理方面的市场化程度也在不断提高。近年来，由政府和国有企业等机构培育起来的传统“国有品牌”展览会开始逐步转移到合资、民营以及股份等形式的公司主体中，例如上海的会展业市场，其市场化程度已呈现较高的水准，上海的国际展览会除华交会、工博会、跨采大会等展览会由政府主办外，其他的国际展览会均由企业自主运作。

（二）品牌化的核心营销策略不变，新营销模式出现

我国的展览业经过20多年的国内外竞争，已经培养起一批全球知名的专业展览会，例如广交会、义博会、世博会。从近几年的国内展览市场来看，展览会的专业化和专业化进程仍然是会展营销的主旋律，众所周知，展览会的价值在很大的成分上附着在品牌等无形资产中，而且品牌的培育通常需要长时间大量资金的投入，同时，展览会也由以前的外延式增长向内涵式增长演变，这主要表现为展览会品牌化发展和规模经营。

我国在注重展览会品牌建设的同时，也开始综合采用多种营销策略：

1. 综合会展营销模式

即旅游、会议、展览和体育赛事的融合发展。大型旅游企业大批地进入会展旅游市场。截至2007年，我国大型旅游集团如上海锦江、中青旅、春秋旅行社等都加入了国际会展组织，开发会展旅游市场。将展会与旅游节事活动相结合的运作模式一方面可利用节事活动带来的集中性促进消费购买的规模化，另一方面将通过商业活动节事化、体验性带来情感互动的效果。

2. 培育网上展览

信息技术的发展和电子商务B to B电子平台的盛行使得网上展览应运而生。网上展览以“突破实体会展地域限制和时效限制”的优点获得展览商的青睐，而且网上展览成本低、效率高，有利于实现资源共享，参展商可以全方位地展示自己，与观众互动更加便利。

（三）营销环境优化，会展及相关行业协会的作用逐步发挥

我国首次在“十一五规划”中提及发展会展业，对会展业实施深化改革、扩大开放的政策，2006年展览业、会议业、节庆赛事等领域的行业协会纷纷建立；2011年会展企业对会展行业协会发挥作用的认可度有所提升，尽管各地会展行业协会的作用发挥各不相同，会展产业比较发达的地区其协会作用发挥比较明显，并且随着时间的推移和产业成熟度的日益提高，行业协会发挥作用的方式、途径、所接受的程度都趋向健康、规范。但有些协会在作用发挥上比较欠缺，没有开展真正意义上的活动，其会展活动处于无序状态。

(四) 营销活动迈向规范化和国际化，合作和竞争呈综合化

会展企业竞争不仅表现为中国本土企业与海外企业的竞争，海外会展企业在中国会展领域的竞争也进一步加剧，如近几年，国际展览业巨头通过合作办展、设立合资公司等形式，大举进军中国会展业。当然企业合作也一样，如移植国外品牌展会落户国内、代理招展，国内本土企业也开始合作以实现集群规模效应，目前在全国范围内逐步形成了长三角、珠三角、环渤海、东北、中西部五大会展产业集群。其中，珠江三角洲、长江三角洲、环渤海这三大核心会展产业集群都分布在我国经济发达的东部沿海地区，分别有各自的中心发展城市，以点带面呈辐射状带动周边地区会展业的发展。从外延式发展到内涵式发展，中外合作办展快速递增，外资更多地进入展馆管理，国内展会的国际化程度进一步提高，会展企业的服务和管理也不断完善。

第三节　会展营销存在的问题

虽然会展经济在国民经济中的重要作用已经引起中国政府部门、行业人士和学术界的高度重视，有关部门也积极与会展业发达国家的专业公司进行合作交流，但是由于中国的会展业起步较晚，还未建立起完善的会展业营销体系，在营销效率和营销质量方面与发达国家相比差距甚远，亟待改善。比较发达国家的会展营销，目前我国会展营销发展主要存在如下一些问题：

一、缺乏整体营销协调

我国会展业要开展整体营销，面临的一个重要问题就是国家级、城市级会展整体营销机构的缺位。我国没有统一的全国性会展管理部门和协调部门，从会展业的各级政府管理层面来看，尚未形成有效的管理模式和相关的配套政策，而形成的五大会展产业集群之间的合作还有待细化和深化，实质性的合作还没有实施，所以展览公司开展会展营销的时候，通常无法快速准确地找到合适的协作部门，整体营销策略很难得到实施。

二、新营销理念难推广

新的市场营销理念如可持续发展、绿色营销、网络营销、关系营销等运用不到位，绝大多数会展企业的管理者在办展时片面地追求会展项目的数量、参展商的数量和观众的数量，很少考虑会展活动的多样性、服务的细致化和个性化；许多公司还没建立起基本的客户信息管理平台，使得营销的效率偏低。对于新发展起来的小型会展企业，新的营销理念只是停留在口头上，没有落实到行动上。

营销理念的落后还表现为会展企业之间的盲目建设和无序竞争，不少品牌展会面临被“山寨展会”傍展的困扰。例如，享有“亚洲第一美容展”美名的第32届广州国际美博会在中国进出口商品交易会琶洲展馆举行，然而200多家并无参展资格的化妆品企业就在离会展中心很近的香格里拉大酒店办起“小展馆”，实行全天24小时交易。

另外，由于缺乏有效的宏观调控和行业自律，多次出现举办主题雷同展会的现象。比如，除2010年10月中旬的第四届东莞模具制造·机械展览会以外，在短短不到两周的时间内，第十二届东莞国际模具及金属加工展暨东莞国际橡塑胶、包装、压铸及铸造展，2010中国（东莞）国际塑料橡胶工业展览会，中国（长安）国际机械五金模具展览会三个类似的展会竞相在厚街、长安等地上演。如此众多相似行业的展会几乎同时进行，精力有限的参展商和参观者普遍感觉疲于奔命。

三、会展营销定位模糊

我国有近百个城市把会展业作为重点发展的产业，开始出现盲目投资兴建会展建筑物的现象，展览公司也不断涌现，开展重复、档次不高、不专业的各类展会，使得在空间布局上，我国的会展业表现出“天女散花”的特点，各省市在发展会展经济的同时没有按照自己的特色、资源条件及市场环境来准确定位城市会展，缺乏合理布局，从而造成资源浪费。另外，我国会展业中行业管理体制不健全且缺乏专业行业协会的指导，使得展览、国际会议和展示活动之间缺乏横向联系，从而造成市场定位不科学和会展市场的混乱。

四、缺乏效果统计制度

会展营销效果统计制度是为了全面、准确、及时地掌握会展业整体发展情况，而对于我国来说，目前没有一个统一的、有效的会展效果统计制度，“数字说话”在会展活动开展中成为迈向成熟的瓶颈，会展运作常常因为信息不对称、信息垄断使得举办方拥有绝对的话语权，或者虚假信息泛滥，无法了解会展活动的准确信息，这也是造成重复办展和骗展的深层次根源，缺乏权威的会展效果统计标准将会对会展业健康、稳定、科学的发展产生不利的影响。

第四节 我国会展营销的发展趋势

目前，随着经济全球化趋势的加快和网络技术的出现，我国会展业在内容和形式上都发生了很大的变化，而且随着国际会展市场竞争的加剧，将呈现出新的发展趋势，与此相对应，会展营销也将具有如下的趋势：

一、营销主体完全市场化

以前业界一提到会展营销就认为只是办展企业的事情，而对于国内会展市场来说，大部分的办展主体是政府，事实上会展营销的主体还应该包括会展企业、参展商和与会者甚至还有媒体。整体上来看，从“政府包办”到“政府主办、协会协办、企业承办”再过渡到商业展会完全由企业运作，在中国会展发展的历程中政府的角色在不断变化。未来中国会展业中政府的角色定位应该是在商业性会展活动的举办过程中逐渐退出主办者的角色。

在欧美发达国家，政府不直接参与会议或展览会的组织和管理，而是为会展业的发展提供必要支持，除了提供优惠政策、投资兴建场馆、资助企业出国参展外，还协助、促进会展公司开展会议或展览会的推广工作。我国的会展业随着市场经济的继续发展和企业市场意识的不断增强，政府也将从会展的前台退至后台，对会展的管理将由直接和微观管理向间接和宏观管理转变，政府不直接参与会展活动的经营，而转向加强对会展基础设施建设的投入，并通过制定相应的政策和法律法规来规范会展市场行为。会展营销主体将完全市场化，政府将逐步退出办展主体，民营、合资等性质的会展公司和专业会展协会将逐步成为会展营销主体。

二、营销策略呈现多元化

在坚持品牌建设的基础上实施多元化的营销策略，除了采用传统的广告、邮寄等手段以外，还应积极加入国外会展市场，如在国外设立代表处，寻求代理商，最主要的是在降低经营成本的同时实现规模效应。除通过收购与兼并实行展览项目的集中和集团化经营外，国外大型展览公司还拥有报纸、杂志、网站等媒体，以便综合利用各种手段和渠道；而且，是否有专业媒体的参与和支持还成为展览会能否被称为世界级专业展览会的标准和重要构成要素之一。

应该积极推进新的会展营销模式，通过发挥其他产业的联动效应来促进会展行业的发展；而对于已经开始发展起来的网络营销平台，会展企业要加强网站和虚拟会展平台的建设，规范网络营销环境；利用网络建立先进的客户关系管理（CRM）系统，完善市场统计制度和客户数据库，对参展商或主要贸易观众开展一对一营销；利用互联网与参展商和专业观众进行互动式交流，以便及时改进产品和调整营销计划。另外，还应该引进新的市场营销理念——绿色营销；会展绿色营销是指会展企业在整个营销过程中充分体现环保意识和社会意识，向参展企业和消费者提供科学的、无污染的、有利于节约资源和保持生态平衡的会展服务项目，通过树立生态意识，在公众心目中塑造良好的形象。

三、营销环境趋于规范化

众多会展发达国家的成功实践都已证明，顺畅的行业管理体制是城市会展业健康发展和整体促销的基础条件。目前我国会展业发展过程中产生的一些问题在很大程度上是由于会展法规的不完善和体制的不健全，行业多头管理、企业单纯利润导向等局限性使政府在组织会展公司和旅游企业开展联合促销时存在很大障碍，这方面可借鉴法国专业展览会促进委员会的成功模式，本着平等自愿、投资多、受益大的原则，成立全国范围内的促销联合体，使得面向全球开展联合促销成为可能。因为单个的展览公司，哪怕是实力雄厚的展览集团，都没有足够的实力在世界上几十个国家建立属于自己的办事机构网络，而属于不同展览公司的几十个展览会把各自的营销经费集中到一起，就能组成一个有效的国际促销网络，对展览会进行统一规划、管理和促销。

四、营销市场细分化

目前，国际会展业已经形成了非常细致的市场分工，例如，会展业分为会议、展览、奖励旅游和节事活动。在会议市场中，可按会议组织者将会议市场分为公司会议市场、协会会议市场及非盈利组织会议市场；在国际会议市场上，可按人数将国际会议市场分为ICCA的50人以上的国际会议和UIA的300人以上的国际会议。相比之下，我国的会展公司仍处于发展初期，还没形成细分市场，但今后随着我国会展业的发展和成熟，必将产生细化的分工，形成专门经营展览业、会议业、奖励旅游、节事活动及更细分市场的格局。

另外，针对旅游细分市场，要注重会展业和旅游业的协作。国外在开展会展活动尤其是全球性会议或世界博览会的整体促销时，会展部门和旅游业往往能精诚合作，而国内会展业在这方面做得还十分欠缺。在未来一段时期，国内会展业和旅游业要加强合作，因为会展活动和旅游活动存在许多共性，这决定了城市在进行目的地整体促销时，会展部门完全可以和旅游部门协作。即使是会展企业单独开展营销推广活动，也应将会议和展览会与城市及周边的旅游景点和旅游接待设施结合起来。

思考与讨论

1. 国外的会展营销经历了怎样的发展历程？其发展的现状特征如何？
2. 我国的会展营销存在哪些问题？
3. 我国的会展营销有何发展趋势？

本章案例

2010 上海世博——比利时-欧盟馆

一、概况

2010 上海世博——比利时-欧盟馆是上海世博会上代表比利时和欧盟的展馆，占地面积达 5 250 平方米。比利时国家馆主题是“运动与互动”，欧盟馆主题是“智能欧盟”。比利时馆结构的整体设计理念是“脑细胞”，“脑细胞”能表现出比利时“欧洲首都”的独特地位，同时它能够引起参观者的好奇，让他们饶有兴致地探索比利时丰富的文化形式和内涵。“脑细胞”也寓意着比利时作为欧洲三大传统文化——拉丁文化、日耳曼文化和盎格鲁-撒克逊文化的汇聚地和交汇点所扮演的重要角色。

风靡全球的比利时卡通形象“蓝精灵”以友好大使形象全面代言比利时馆。蓝精灵被用作舞台背景，蓝精灵的形象被制作成巧克力，游客们可以在馆内商店购买到各式各样的蓝精灵礼品。蓝精灵携手中国海南航空公司开通“蓝精灵”故乡比利时布鲁塞尔和中国上海之间的对飞航线，方便欧洲游客来上海参观世博会。另外欧盟馆的吉祥物为“欧欧”和“盟盟”，欧欧出生在北极圈内的雪域芬兰，位于欧洲的极北处；而盟盟出生在塞浦路斯，位于欧洲的极南处。

展馆采用易于搭建、方便拆卸并且可回收的建筑结构。为了适应上海温暖潮湿的气候，展馆外部由三个延展的封闭门面构成，展馆的一面外墙采用透明的玻璃材料，另三面采用延展的金属板形成封闭幕墙。展馆不仅是欧洲厅、比利时厅及其各共同体和地区展厅的所在地，而且提供各类社交和会晤场所，包括餐厅、酒吧和贵宾中心，在展馆入口的墙上写着这样一句话：在欧盟的任何地方，享有工作、旅行、学习、生活、购物的自由。而天花板上悬挂的企业标志向游客们展示了一个繁盛的欧洲图景。

二、展览内容

首先，比利时-欧盟馆是一个生机勃勃的时尚展馆，展现比利时以其友好的投资环境构成的理想居住地。比利时-欧盟馆通过美食来分享这些经验，展馆内比利时啤酒咖啡馆供应各类啤酒，现场还可以品尝享誉世界的巧克力，馆内同时还开设一家米其林比利时 VIP 餐厅。其次，比利时-欧盟馆举办超过 150 个研讨会和大型会议，并常设精美且享受盛誉的钻石展，比利时探险家 Alain Hubert 远征南极洲的第一手经验、比利时大学有关未来绿色经济的学术研究成果、前沿科技等也都是展馆的精彩内容。

三、展馆亮点

1. 钻石光芒闪耀展馆

为了展示拥有超过550年历史的“钻石之都”安特卫普，参观者可在展馆中欣赏到来自安特卫普钻石博物馆的10件最负盛名的钻石珠宝，以及世界闻名的ECC奖杯。ECC奖杯是一个价值超过100万欧元的钻石网球拍，由6公斤的黄金和1 600颗钻石打造而成。馆内还设有“裸钻厅”。参观者不仅可以当场购买裸钻并请技师将钻石镶嵌到饰品上，而且可以获得含有世博元素的钻石证书。此外，每天还设有两小时的打磨钻石“表演”。

2. 巧克力工厂美味飘香

几百年来，比利时巧克力因其独特的味道和出色的设计享誉全球。世博会上，比利时-欧盟馆里建设了一个梦幻般的“巧克力工厂”。一些巧克力被做成上海地标建筑，如东方明珠塔的形状。来自比利时的4家顶级巧克力品牌制造商戈迪瓦、吉利莲、诺豪斯、巴利·嘉勒博将联手进驻展馆，70位巧克力技师现场展示巧克力制作的技艺。比利时-欧盟馆每天提供2.5万颗独立包装的比利时巧克力，让游客免费品尝原汁原味的比利时巧克力。

四、主要活动

欧盟馆提供内容丰富的大众文化活动，精彩纷呈的活动为全体游客提供真实而全面的欧洲文化体验，感受其在舞蹈、木偶剧、音乐、电影及雕刻方面的艺术表达。2010年4月15日下午，欧盟驻华大使和2010年上海世博会欧盟馆总代表赛日·安博宣布了欧盟馆精彩纷呈的文化活动计划。

1. 欧洲日

为庆祝5月9日“欧洲日”，来自全欧的传统艺术团将举行盛装庆祝巡游，欧盟馆与2010年上半年欧盟轮值主席国西班牙一起，筹备一场由西班牙指挥因马·沙雷女士指挥的欧洲联盟青年交响乐团演奏会，同时，来自欧洲4个不同音乐团队打造的流行乐之夜和一场介绍欧盟历史的影像秀都将上演。每天，身着古装的演员会在欧盟馆入口处装扮成著名欧洲历史人物、艺术家、发明家或科学家，如列奥纳多·达·芬奇、莫扎特、爱因斯坦、马可·波罗等。

2. 科技周

2010年5月31日，比利时-欧盟馆第一次展出“增强现实终端机”，让游客通过3D图像自主体验欧盟27个成员国各自的鲜明特色。此次活动由欧盟现任主席国西班牙主办，活动为呼应“一个欧洲的智慧”这一欧盟馆主题，首次展出了名为“增强现实终端机”的高科技产品。终端机的左端依次摆放着27个欧盟成员国的卡片，每个卡片上都印着该国最特别的展示主题。游客可以任意挑选其中的卡片，将之放置在终端机的投影区域，机器上方的内置摄像头会自动读取卡片背面的二维码，并在显示屏上出现该国主题的3D实物图像，可手动调节大小。比如，希腊的参展主题是“哲学”，显示器上就出现亚里士多德和柏拉图的雕像。此外，现场还通过抽象的影像和立体建筑展示欧洲文化发展的生动轨迹，表明27个成员国既是深具本国特色、独一无二的元素，又以其独特性互相影响，共同构成欧洲文化。

2010 年 6 月 7 日，“安特卫普钻石日”活动在比利时-欧盟馆举行，安特卫普省省长 Cathy Berx 出席活动并致辞。主办方安特卫普世界钻石中心（AWDC）与上海钻石交易中心（SDE）签署了“钻石挚爱安特卫普”协议，同时拉开了世博园“安特卫普周”的序幕。

活动周期间，比利时馆钻石廊将展出来自安特卫普省钻石博物馆的系列名钻，以及被誉为“安特卫普最完美切工”的“ECC 钻石网球拍”奖杯。这个奖杯共镶有 1 600 颗钻石，总重达 150 克拉。同时，曾拍出 1 240 万美金高价的“莱索托希望”——重达 603 克拉、迄今发现的第十五大钻石，也将在比利时馆中展出。

3. 欧洲文化艺术节

舞蹈、木偶剧、音乐、电影、录像或摄影展和雕刻——欧盟馆将呈现欧洲文化艺术的全景图。欧盟馆已制订了一张丰富的文化菜单，包括 2010 年 6 月 12 日至 20 日的欧洲电影节、9 月 11 日至 12 日的欧洲歌剧节以及 10 月 12 日的欧洲当代艺术之夜等。同时，在欧盟馆花园会上演专为孩子们准备的欧洲木偶童话剧。

第 13 届上海国际电影节欧盟电影周于 2010 年 6 月 16 日在上海开幕。活动的主题为欧洲与城市，参展的 12 部影片来自巴黎、柏林、维也纳、罗马、伦敦、华沙等城市，均是欧洲电影的经典之作，并在本次电影节期间首次在中国公映。

世博会期间，重头戏“游走的钢琴”音乐会每月都在欧盟馆举行。一位享有盛名的欧洲钢琴家担纲演出，所选曲目均出自欧洲著名作曲家之手，创作灵感来自其故土以及在欧盟其他国家的游历。随着琴声起伏，大屏幕将陆续呈现欧洲各国的美丽景象。

4. 欧洲足球节

2010 年 9 月 18 日至 30 日为欧盟馆“欧洲足球节”，9 月 18 日，欧洲足球联盟主席米切尔·普拉蒂尼携同齐达内、菲戈等曾创造足球历史的退役欧洲足球明星与中国球员上演一场表演赛。这些退役欧洲足球明星共赢得过 20 项“欧洲金球奖”，是一支名副其实的“欧洲梦之队”，他们还将为球迷签名留念。欧盟馆与欧足联联合举办短期展览，介绍欧洲足球史并展示以往比赛中获得的奖杯如金球奖杯等。

2010 年 10 月 25 日，上海世博会比利时-欧盟馆举办了由比利时-欧盟馆和上海市民政局共同主办的“邀请福利院孤残儿童畅游世博园”，把一批特殊的小客人请进了世博园，来自上海市儿童福利院的 100 名可爱的孤残小朋友应欧盟馆的盛情邀请，畅游世博园。

自 2010 年 5 月 1 日至 2010 年 10 月 31 日，欧盟馆及欧盟馆网站的参观者都有机会获得免费飞欧洲的机票，每个月都会产生一名幸运获胜者，获胜者将获得两

张由中国（北京、上海或广州）至欧洲任何一个开通法航航班的城市的往返机票。按照活动的条款与条件，获胜者可以自由选择逗留的日期及时间长短。

（资料来源：根据世博网资料整合，http://www.expo2010.cn/c/gj_tpl_1867.htm）

思考题

1. 从比利时-欧盟馆的参展活动中，你认为参展商应如何提高展会效果？
2. 你认为海外办展应该注意哪些问题？

第三章 会展营销环境

学习目标：

1. 学习和掌握会展市场营销环境的特点。
2. 掌握会展营销微观环境和宏观环境的构成要素。
3. 学会用 SWOT 分析方法分析会展营销环境。

【导读】

2013 年4 月，泰国会展局来到上海，参展国际奖励旅游及大会博览会(IT&CM)，意在提高泰国在中国及亚洲会展旅游市场的份额。尽管全球经济衰退，亚洲的 MICE 行业却恢复迅速，并且回复至增长态势，这反映了该地区商业环境的乐观态势，这一现象被称作“亚洲时代”。基于中国近期强劲的经济表现，加上泰国作为商务和休闲旅游目的地，富有竞争力和独特的吸引力，预计从中国前往泰国的 MICE 游客将增加。

泰国会展局市场传讯总监 Parichat Svetasreni 女士评价中国 MICE 市场时提到：“2012 年，中国是泰国的第二大 MICE 市场，共有 63 955 人次的 MICE 游客前来泰国。中国政府本身也鼓励中国企业投资贸易或进行海外旅行。去年，泰中两国建立全面战略合作伙伴关系，双边关系更加紧密，签署了包括贸易、农业、铁路乃至预防旱灾和水灾等内容在内的七项合作协议。两国计划在 2015 年将双边贸易额扩大至 1 000 亿美元。”

Parichat 女士认为驱动泰国 MICE 增长的五大关键战略如下：(1) 构建区域性和全球性的私有及公共部门；(2) 成为泰国及海外会展旅游组织者的战略合作伙伴；(3) 将泰国会展局定位为 MICE 行业的意识领袖，提供宏观视野，启动全新

业务；(4) 提供方便获取新的 MICE 业务资源、信息和市场调查研究的知识平台；(5) 提供解决方案，实现 MICE 行业的战略性增长。她还进一步指出，“泰国保持在顶尖会展旅游目的地的原因不仅是世界级的设施、服务和基础设施，更缘于其文化遗产的独特性和休闲旅游的多样性，当然还有泰式美食，最重要的是——友好而善良的泰国人”。

（资料来源：节选自中国会展网，2013-04-23，http://www.expo-china.com/pages/news/201304/82152/index.shtml）

第一节　营销环境

一、营销环境定义

任何企业都如同生物有机体一样，总是生存于一定的环境之中，企业的营销活动不可能脱离周围环境而孤立地进行。企业营销活动要以环境为依托，主动地去适应环境，同时又要在了解、掌握环境状况及其发展趋势的基础上，透过营销努力去适应外部环境，使环境有利于其企业的生存和发展，有利于提高企业营销活动的有效性。因此，重视研究市场营销环境及其变化，是企业营销活动的最基本课题。

市场营销大师菲利普·科特勒将市场营销环境定义为影响企业的市场和营销活动的各种不可控制的参与者和影响力。基于他的这种观点，市场营销环境被划分为微观环境和宏观环境，二者并非并列关系，而是主从关系，微观环境受制于宏观环境，微观环境中所有的因素都要受到宏观环境的影响。微观环境，又叫直接营销环境（作业环境），指与企业紧密相连，直接影响企业营销能力的各种参与者，包括企业本身、市场营销渠道企业、顾客、竞争者及社会公众；宏观环境又称间接营销环境，指影响企业营销活动的一系列巨大的社会力量和因素，主要是人口、经济、政治、法律、科技、社会、文化及自然生态等因素。

此外，市场营销环境按对企业营销活动影响时间的长短分为长期环境与短期环境，前者持续时间较长，后者对企业市场营销的影响比较短暂。营销环境按其对企业营销活动的影响，也可以分为不利环境和有利环境，即形成威胁的环境与带来机遇的环境。前者是指对企业市场营销不利的各种因素的总和，后者是指对企业市场营销有利的各种因素的总和。

二、市场营销环境的特点

（一）客观性

市场营销环境作为一种客观存在，是不以企业的意志为转移的，有着自己的运

行规律和发展趋势，对营销环境变化的主观臆断必然会导致营销决策的盲目与失误。应适当安排营销组合，使之与客观存在的外部环境相适应。

（二）关联性

构成营销环境的各种因素和力量是相互联系、相互依赖的。如经济因素不能脱离政治因素而单独存在；同样，政治因素也要通过经济因素来体现。

（三）层次性

从空间上看，营销环境因素是个多层次的集合。第一个层次是企业所在的地区环境，例如当地的市场条件和地理位置；第二个层次是整个国家的政策法规、社会经济因素，包括国情特点、全国性市场条件等；第三个层次是国际环境因素。

（四）差异性

营销环境的差异主要因为企业所处的地理环境、生产经营的性质、政府管理制度等方面存在差异，不仅表现在不同企业受不同环境的影响，而且同样一种环境对不同企业的影响也不尽相同。

（五）动态性

外界环境随着时间的推移经常处于变化之中。例如，外界环境利益主体的行为变化和人均收入的提高均会引起购买行为的变化，影响企业营销活动的内容；外部环境各种因素结合方式的不同也会影响和制约企业营销活动的内容和形式。

（六）不可控性

影响市场营销环境的因素是多方面的，也是复杂的，并表现出企业的不可控性。例如，一个国家的政治法律制度、人口增长及一些社会文化习俗等，企业不可能随意改变。

三、市场营销环境的作用

（一）企业营销活动的资源基础

市场营销环境是企业营销活动的资源基础。企业营销活动所需的各种资源，如资金、信息、人才等都是由环境来提供的。企业生产经营的产品或服务需要哪些资源、多少资源、从哪里获取资源，必须分析研究营销环境因素，获取最优的营销资源以满足企业经营的需要，实现营销目标。

（二）企业制定营销策略的依据

企业营销活动受制于客观环境因素，必须与所处的营销环境相适应。但企业在环境面前决不是无能为力、束手无策的，而是能够发挥主观能动性，制定有效的营销策略去影响环境，在市场竞争中处于主动，从而占领更大的市场。

（三）对企业营销带来双重影响

环境给企业营销带来威胁。营销环境中会出现许多不利于企业营销活动的因素，由此形成挑战。如果企业不采取相应的规避风险的措施，这些因素会导致企业

营销的困难，带来威胁。为保证企业营销活动的正常运行，企业应注重对环境进行分析，及时预见环境威胁，将危机减少到最低程度。

环境给企业营销带来机会。营销环境也会滋生出对企业具有吸引力的领域，带来营销的机会。对企业来讲，环境机会是开拓经营新局面的重要基础。为此，企业应加强应对环境的分析，当环境机会出现的时候善于捕捉和把握，以求得企业的发展。

第二节 会展营销环境

一、会展营销环境的含义

会展行业作为服务行业，虽然有别于其他行业，但也和其他行业一样，总是生存于一定的环境之中，所以会展行业开展营销活动也必然依赖于环境。营销环境中既有有利环境又有不利环境，为了取得更好的营销效果，会展企业不仅要了解环境，主动地适应环境，更要通过对环境的掌控从而更好地利用有利环境，避免不利环境，使环境有利于企业的生存发展。会展营销环境由影响会展营销的宏观环境和微观环境构成。两者共同影响着会展企业的整体营销效果。

会展营销的微观环境是指直接影响与制约会展企业营销能力的与会展企业有双向运作关系的个体、集团和组织，也称会展直接营销环境，包括办展机构内部环境、竞争者、供应商、服务商、营销中间商、目标顾客、社会大众等。

会展营销的宏观环境是指对会展企业营销活动造成市场机会或环境威胁的主要社会力量，包括经济、政治、法律、社会、文化、人口、环境等因素，也称间接营销环境。会展企业及微观环境中的参与者无一不处在宏观环境之中。

二、会展营销环境的特征

（一）客观性

会展企业总是在特定的经济环境及其他的外界条件下生存，环境作为企业外在的不以人的意志为转移的因素，对企业营销活动具有强制性和不可控性。一般而言，会展企业无法控制和摆脱所处的营销环境，尤其是宏观环境，如人口环境、社会习俗、政治法律环境等。但是，会展企业可以通过不断调整营销策略来主动适应营销环境。自然界的“适者生存，不适者淘汰”同样适用于会展企业，善于适应环境变化的会展企业就能获得长足的发展，不适应环境变化的终将被淘汰。

（二）差异性

不同的国家或地区之间，宏观环境存在着广泛的差异；不同的企业之间，微观环境也千差万别。会展营销环境的差异性不仅体现在不同的企业受不同环境的影响，也体现为同一环境的变化对不同企业的影响不同。正因为营销环境的差异，会展企业为了适应不同的环境及其变化，必须采用有针对性的营销策略。例如，不同的国家制定了关于会展的不同法律、政策，不同的会展企业也必须因地制宜，这样才能生存和发展下去。

（三）动态性

会展营销环境是一个动态系统。营销环境中的众多要素都会受到其他各种要素的影响，每一环境要素都随着社会经济的发展而不断变化。例如，“十二五”期间，部分城市的会展业单独制定了“五年规划”，中国会展业有了质的提升。十七大明确指出，发展现代服务业，提高服务业比重和水平。与此同时，国家提出了要大力扶持创意文化产业的发展，这意味着中国会展业将有更好的发展机遇和前景。国家的政策变化无疑将对我国的会展业发展带来重大影响。当然，营销环境的变化也有快慢、大小之分，例如科技、经济等因素的变化较快，对会展企业营销活动的影响相对较短且跳跃性较大；而人口、社会、文化、自然等因素的变化相对较慢、较小，对会展企业营销活动的影响相对较长且稳定。营销环境的变化既会给会展企业提供机会，也会给会展企业带来威胁，因此，会展企业的营销活动必须根据环境的变化及时调整自己的营销策略，以适应环境的变化，抓住机会，避免威胁。

（四）相关性

会展营销环境是一个系统，在这个系统中，各影响因素相互依存、相互作用、相互制约，某一因素的变化会引起其他因素的变化，形成新的营销环境。这是由于社会经济现象的出现往往不是由某个单一的因素所能决定的，而是受到一系列相关因素影响的结果。例如，宏观环境中的政治法律因素或经济政策的变动会引起行业竞争环境的变动，从而形成新的竞争格局。又如，企业开发新产品不仅要受到经济因素的影响和制约，还要受到社会文化因素的影响和制约。

第三节　会展营销的微观环境

会展营销的微观环境是指对办展机构举办展会构成直接影响的各种因素。这些因素包括供应商、目标客户、竞争者和社会公众等。和其他环境要素一样，微观环境所包括的各因素也可能会给办展机构举办展会带来市场机会，或者对其造成市场威胁。

一、办展机构内部环境

办展机构内部环境就是办展机构内部所具备的各种条件，包括资金、人力、物

力（办公设备和通信工具）及所掌握的信息资源和能联系的社会资源等。通过对办展机构内部环境的客观分析，准确地找出它们在本展览所在产业及其本身所具有的办展优势和劣势，并对这些优势和劣势进行客观的评估，分析办展机构是否具有举办该项展览的能力。

二、供应商

供应商是影响企业营销的微观环境的重要因素之一。供应商是指向会展企业及其竞争者提供生产产品和服务所需资源的企业或个人。供应商所提供的资源主要包括原材料、设备、能源、劳务、资金等。如果没有这些资源作为保障，企业就根本无法正常运转，也就无所谓提供给市场所需要的商品。因此，社会生产活动的需要形成了企业与供应商之间的紧密联系。这种联系使得企业的所有供货单位构成了对企业营销活动最直接的影响和制约力量。

三、营销中间商

营销中间商是受办展机构委托或者是协助展会进行宣传推广和招展招商的那些中介组织和单位，包括展会的招商代理、招展代理、广告代理和其他服务营销机构等。

（一）招商代理

招商代理是指受会展企业委托，通过各种方法和渠道帮助办展企业邀请观众到展会参观的中介机构或个人。会展企业会按照招商额的一定比例付给佣金。特征是受托方只负责按照委托方要求对项目进行招商引资，类似一种“雇佣”关系。

（二）招展代理

招展代理一般来说是业务多元化的公关、活动策划承办综合服务类公司，为企业提供全面的一站式形象及市场推广等服务，涉及由策略筹划到专业执行的所有环节。

1. 独家代理：会展企业授予代理商在某一地区或行业的独家招展权，这一地区或行业的招展事务由其负责，没有其他的招展单位，本招展单位也不能在该地域内招展，业务范围较大。

2. 排他代理：在某一时期内，会展企业将某一地区内的招展权赋予某一家代理商负责，没有其他代理单位，本招展企业可以在该地域内招展。

3. 一般代理：也称多家代理，是指会展企业不授予代理商在某一地区或行业的独家代理权，代理商之间并无代理区域划分，都为会展企业招展，没有所谓“越区代理”，本招展企业也可在各地直接招展。

4. 承包代理：也称买断代理，买断代理商与会展企业是一种完全的“买断”

或承包关系。代理商承包一定数量的展位，无论能否完成约定的展位数量，代理商都得按商定的展位费付给会展企业。买断代理商风险更大，他们对招展价格拥有完全决定权，其收入来自差价，而不是佣金。

（三）广告代理

广告代理是指广告公司在广告经营中处于主体和核心地位，为广告主全面代理广告业务，向广告主提供以市场调查为基础、广告策划为主导、创意为中心、媒体发布为手段，同时辅以其他促销手段的全面性服务。

四、服务商

服务商是受办展机构的委托，为展会提供各种服务的机构，现在最主要的会展服务商包括展位承建商、展览运输代理商、展会旅游代理商等。他们在展会中与参展商和专业观众发生最直接的交易关系，是参展商和观众对于一个展会配套服务是否全面专业最直接的评判来源，因此他们的好坏直接影响到参展商和观众对于展会的评价。

（一）展位承建商

展会的展位承建既是一项专业性很强的工作，也是一项关系到展会形象和声誉的重要工作。随着会展行业内部专业分工的日益细化，除了一些大的参展商会自己设计和搭建展位外，许多展会的组织者和办展机构都不再承担展会展位的承建工作。他们都把这项工作交给专门从事展会展位搭建的展位承建商，由他们来负责展会展位的具体搭建，自己则致力于搞好展会的招展招商和组织管理工作。这样，在举办展会时，办展机构基本上都要事先选择一至几家展位承建商来具体负责这项工作。现在的展位承建商一般都有自己的设计师队伍，可以根据参展商的不同要求制作不同的展台设计方案，然后再进行施工搭建，可以说现在的展位承建商已经转变成了专业的展位展台设计搭建服务公司。他们不仅对办展机构负责，还要对有展位搭建要求的参展商负责。观众对展会形象的第一印象是从展会展位效果上得来的，展会展位外观设计效果的好坏在很大程度上会影响到展会的整体形象和参展商的展出效果。展位承建商的工作对展会很重要。参展商很多时候都将它所提供的服务看成是展会本身所提供的服务，把展位承建商的工作看成是展会组展工作的有机组成部分，将展位承建商的工作失误当成展会工作的失误，将展位承建商工作的成功归功于展会的成功。所以有人说展位承建商的工作效果和服务水平完全可以影响到参展商对展会的看法和认知，展位承建商完全是展会办展机构的一个缩影。

（二）展览运输代理商

参展商的展品只有安全及时地到达展会现场才能按原计划布展和展出，展览运

输是一项涉及参展商能否按时布展和展出展品的重要工作，也是展会筹备过程中的一项重要工作。展览运输不只是运输展品，它还可能要运输展架、展具、布展用品和道具、维修工具、宣传资料和招待用品等，和展位承建工作一样，展览运输也是一项专业性很强的工作，办展机构往往无力亲自办理，而往往需要指定一些专业的运输公司来负责展会的展品运输工作。从展会组织者的角度来看，展览运输主要包括两个环节：来程运输和回程运输。

（三）展会旅游代理商

一般来说，参展商和观众不会将在会展旅游时得到的服务与展会割裂开来，他们往往把会展旅游看成展会的一个有机组成部分，将会展旅游的服务看成展会服务的一部分。大多数办展机构都倾向于把会展旅游的有关业务委托给专业的旅游公司去安排，自己则专门搞好展会的组织和管理工作。由于参展商和观众往往把会展旅游看成展会的一部分，因此，办展机构会根据客户的来源或旅游线路的不同，分别指定一个海外旅游代理和一个国内旅游代理；如果某家旅游公司实力特别强，也可以把海外和国内旅游业务都交给它来经营。会展旅游不仅是旅游，它还包括交通、住宿和餐饮等一系列问题，如参展商和观众往返机票的预订、展会期间和展会前后的住宿等。

五、目标顾客

企业的一切营销活动都是以满足顾客的需要为中心的，因此，顾客是企业最重要的环境因素。顾客既是企业的服务对象，同时也是产品销售市场和企业利润的来源。

会展产品的目标顾客包括潜在参展商以及专业观众，而每一目标顾客市场都有其自身的特点，会展企业必须认真研究影响每一目标顾客市场的因素，对它们进行市场细分，在市场细分的基础上，进行企业目标市场的选择和市场定位。

参展商主要是指在展会中搭建展台向观众展示产品或服务的供应商，通常包括制造商、分销商、媒体代表。他们受展览主办方邀请，通过订立参展协议书，付费租用展位，于特定时间在展览场所展示物品或服务。

专业观众指通过注册获取参观证，免费参观展会以及与参展商洽谈交流的各类个人和团体。专业观众目的、类型各异，既包括直接采购者，也包括信息采集者和购买影响者。

在会展企业的现实营销活动中必须更加深入地了解参展商和专业观众，对他们的行为特征进行实证研究，他们的需求才是会展业发展的方向与动力。但同时笔者发现，现如今会展业市场营销目标顾客方面存在较大的重点偏失问题。众所周知，展会存在的意义是为参展商和专业观众创造一个良好的交流平台，因此，能否同时为参展商和买家提供优质服务决定了一个展会是否可取得成功。然而长期以来，会展企业都只把服务好参展商看作头等大事，而对那些专业观众就不太重视。事实上，参展商的参展目的就是把自己的产品拿出来给观众，并在展会上找到合适的买家，如果专业观众因对服务质量不满意而不来观展，就可能会出现整个场馆只有参展商的现象。

六、竞争者

会展业的竞争者就是与本展览有竞争关系的其他同类展览。在现实中，一个题材的展览往往不止一个，展览要想在市场上取得成功，就必须能比其他同类展览更有效地满足参展商和观众的需求。

一般来说，每个展览面临三种类型的竞争：一是欲望竞争，即参展商和观众想要满足的各种需求之间具有可替代性，他们可以选择参展，也可以选择不参展；二是类别竞争，即能满足参展商和观众的各种需求的不仅是展会，其他的营销形式也可以具有此项功能；三是展览间的竞争，即参展商和观众凭展览本身的品牌或办展机构的品牌对参加哪个展览作出选择。所以在对竞争者进行分析时，不仅要分析具有竞争关系的展览，还要分析这些展览的办展机构；不仅要分析具有竞争关系的展览和其办展机构的现状，还要分析它们的变化，并及时提出应对的策略。

七、社会公众

社会公众是指对企业实现营销目标的能力有实际或潜在利害关系和影响力的团体或个人。企业所面临的公众主要有六类：

1. 政府：指有关政府部门。企业营销在制定发展计划时，必须考虑政府的发展政策。必须严格执行政府规定，还要同有关政府部门搞好关系。

2. 媒介公众：指报社、电台、电视台等大众传播媒介。这些团体对企业声誉的正反面宣传有着举足轻重的作用。

3. 金融公众：指关心并可能影响企业获得资金能力的银行、保险公司、投资公司、证券公司等。

4. 群众团体：如消费者组织、劳动权益保护组织、未成年人保护组织等。它们是企业必须重视的力量，需要重视它们的社会影响力，关注并尊重它们的活动。

5. 社区公众：指企业所在地附近的居民和社区组织。企业在营销活动中要避免同周围的公众利益发生冲突，应指派专人负责处理社区部门关系，并努力为公益事业作出贡献。

6. 一般公众：企业的“公众形象”即一个企业在一般公众心目中的形象，它对企业的经营发展是至关重要的。企业需要了解一般公众对它的产品和活动的态度，争取在一般公众心目中建立良好的企业形象。

现代企业是一个开放的系统，上述各类公众都与企业的营销活动有着直接或间接的关系。企业的营销活动必然与各方面发生联系，必须处理好与各方面公众的关系。

第四节　会展营销的宏观环境

一、经济环境

经济环境包括会展举办地的地区经济发展水平、展会题材所在产业的发展现状和发展前景、展会题材所在产业的市场规模、会展举办地的区域条件等，上述经济环境对会展项目能否成功举办有直接影响。

经济环境是指那些能对企业参展和观众到会参观产生影响的各种经济因素，如社会经济发展水平，产业利润率的高低，市场规模的大小，产品进出口状况，产业结构状况，展览所在地的住宿、餐饮、旅游、交通等配套设施的完备程度等。这些因素从侧面影响着企业参展和观众到会参观的意愿。

近年来，我国经济的快速发展以及对全球经济的影响引起世界瞩目，从美国纽约到瑞士达沃斯，中国发展成为各大论坛的热点话题。国民经济是支撑会展业发展的最根本要素，我国经济形成的巨大存量以及近年来的高增长态势都将为我国会展业的发展奠定更加雄厚的经济基础。

二、政策法制环境

政策法制环境是指具有一定强制性的，对举办展会产生影响的政策、法律、管理条例等环境。具体包括展会所涉及的相关产业政策，政府对举办展会在消防、安保、工商管理、产品进出口、知识产权保护等方面的严格要求，相关法律如《广告法》、《反不正当竞争法》、《专利法》对举办展会的影响等。此外，随着我国经济的迅猛发展，会展业相关法律也在不断完善，如《出国举办经济贸易展览会审批管理办法》修订版、《展会知识产权保护办法》、《商品展销会管理办法》、《商务部颁布举办展览会管理方法》等，为我国会展业的健康发展提供了良好的法律环境。

资料链接

展会中的知识产权保障

2010年6月22日至2010年6月26日"中国国际纺织机械展览会暨ITMA亚洲展览会"在上海举办。尊重知识产权，反对侵权盗版始终是"中国国际纺织机械展览会暨ITMA亚洲展览会"积极倡导和遵循的理念。在审核报名企业最终参展资格的过程中，是否签署并提交了"知识产权保护承诺书"就是报名企业获得最终参展资格的最重要的法律文件之一。为了保护各参展商的知识产权不受侵害，主办单位特设了现场知识产权办公室。展会期间，共受理9家参展企业对另外15家参展企业的29起投诉。根据展会规则，有20件违规展品被勒令退出展览。

展会主办单位表示，"我们有责任采取有效措施保护参展商的知识产权不受侵犯。我们希望所有的展商都合法地展示其技术、产品和服务。这不仅是对展商的尊重，也是对观众的尊重。"

（资料来源：节选自中国纺织机械器材工业协会网站，2013-09-23，http://www.ctma.net/contents/272/2940.html）

三、科学技术环境

会展是信息交流的媒介和载体，会展的首要目的是信息交流，会展的首要功能是信息传播，会展的结果是信息传播效果。多媒体技术、办公自动化技术、微电子技术、信息可视化技术、计算机科学与技术等现代信息技术在会展业中的应用十分广泛。现代展览充分运用声、光、电等立体信息技术手段，综合运用新闻、广告、印刷、出版、影视等多种信息传播学的知识，强化信息展览效果。同时，现代会展涉及很多部门的组织、控制、协调工作，需要在政府信息资源共享的电子协作环境条件下完成，离不开电子商务的发展。此外，随着网络的普及，"网上会展"也越来越受欢迎，网络营销成为会展业营销活动中的一大营销方式。

科技是第一生产力，科技的发展对会展业发展有巨大的影响，高新技术的发展促进了会展业的发展，同时也将为会展营销提供更多便利条件。

四、社会文化环境

社会文化环境对会展活动的影响主要表现为人口的数量、质量、结构以及人们的文化修养、传统习惯、宗教信仰等因素，这些因素影响到参展商及观众对展会的招展、布展、餐饮、住宿、旅游、会展礼仪等方面的差异与需求。

资料链接

世博园垃圾箱咋成"无底洞"

2010上海世博园每天的参观者众多，然而，所有垃圾箱都永远装不满，为什么会有这样的奇迹？原来，上海世博园里，垃圾管道气力收集输送系统技术得到了大规模的应用，所有垃圾在地下管道里以20米/秒的速度"飞奔"到垃圾站以供处理。只要垃圾箱中的废弃物达到了一定容量，中央控制台可以发出工作指令，垃圾站内的涡轮抽气装置就开始启动，垃圾在气力推动下输送到垃圾站，经过压缩、净化、除臭等过程后排到户外。

（资料来源：节选自严谨，揭秘上海世博园里的高科技，十堰晚报电子版，2010-04-29。）

城市会展经济的发展和城市整体发展相互影响，城市良好的生态环境、人文环境、历史文化资源和公共环境等要素形成了会展经济的社会文化基础。纵观国际著名的会展城市，如纽约、米兰、慕尼黑、伦敦、悉尼、东京、新加坡等，这些城市的公共基础设施都很完善，此外，它们还拥有良好的社会治安、独特的民族文化、良好的市民素质，这些都是它们成为优秀会展城市的必要条件。

社会文化环境有三大类：一是物质文化，二是关系文化，三是观念文化，它们分别代表人们对物质生活、社会关系和意识形态方面的要求、认识和看法。社会文化环境对企业参展和观众到会参观会产生较大影响。在认真的市场调查和充分掌握以上各种信息的基础上，要切实结合会展业的实际特征，对举办展览所面临的宏观市场环境的各个方面作出准确的分析，寻找市场机会，发现威胁，为展览立项可行性研究的最终决策服务。

五、人口环境

人口是构成市场的第一位因素。市场是由有购买欲望同时又有支付能力的人组成的，人口的多少直接影响市场的潜在容量。

从量的角度来看，人口数量是市场规模的重要标志，从人均的分布、结构及变动的趋势可以分析判断出市场需求的特点和发展趋势，这对展销会等注重零售的展览有重要意义。对于专业贸易类的展览来说，更要注重该展会展览题材所在的产业及其相关产业的从业人员数量和结构构成，因为从这里能预测展览的专业观众数量，而拥有一定数量和质量的专业观众正是专业贸易类展览的生存之本。

六、自然生态环境

自然环境是人类最基本的活动空间和物质来源，可以说，人类发展的历史就是人与自然关系发展的历史，自然环境的变化与人类活动休戚相关。当前我国自然生态环境的突出特点是自然资源日趋短缺、环境污染日益严重、能源成本提高、政府对自然资源的管理和对环境保护的干预日益加强。会展企业应密切了解自然生态环境方面的有用信息，在营销活动中顺应自然生态环境的变化，实施“绿色营销”，如策划以降低能耗、循环利用、环境保护为主题的展会，布展中提倡绿色设计，物流中提倡“绿色包装”，使用环保且能循环利用的展具等，为会展项目树立良好的公众形象。此外，丰富的旅游资源以及优越的地理位置有利于会展业的发展。例如，海南博鳌这个小渔村以其独特的自然景观和旖旎的风光，因博鳌亚洲论坛在这里举办一夜成名，并跻身著名会展中心之列。

 思考与讨论

1. 会展市场营销有哪些特点？分析市场营销环境的意义何在？
2. 会展营销的微观环境包括哪些？它们对会展业营销活动有何影响？
3. 会展营销的宏观环境涉及哪些方面？它们如何对会展营销产生影响？

 **本章案例**

SWOT 分析方法及武汉会展业发展环境分析

一、SWOT 分析方法

通过本章第二节、第三节的分析我们了解到影响会展企业的各种因素，下面需要对这些因素的影响程度和影响方式进行评价，经常使用的方法是 SWOT 分析，下面将主要介绍 SWOT 分析方法。

作为管理学中评价企业发展环境的一种经典方法，SWOT 分析方法被广泛应用到各行业和各个层次，其中，S 代表 Strength（优势），W 代表 Weakness（劣势），O 代表 Opportunity（机会），T 代表 Threat（威胁），其中，S 和 W 是内部因素，O 和 T 是外部因素。所谓 SWOT 分析，就是通过对经济主题所处环境的机会和威胁的分析来判断其发展潜力。它不仅能对一个经济主体的竞争地位作出比较清晰、全面的判断，也可以为其制定发展战略提供直接的思路。

在 SWOT 中，优势与劣势、机会与威胁分别侧重于内、外部环境的分析，两者的综合结果便构成了对会展企业竞争地位的判断。一个优秀的会展企业发展战略规划应能最大限度地发挥自身的优势，最有效地抓住环境中的机会，从而使会

展企业的竞争力得到极大提升。同时，还必须能克服自身的劣势，有效规避各种风险和威胁。因此，衡量会展业发展战略是否合理的一个简单而有效的准则是：看它是否能充分发挥优势，是否能及时抓住机会，是否能很好地克服劣势，是否能有效地回避威胁。

1. 企业内部环境分析——优势与劣势

企业优势和劣势分析实质上就是企业内部经营条件分析，或称企业实力分析。优势是指企业相对于竞争对手而言所具有的优势人力资源、技术、产品以及其他特殊实力。充足的资金来源、高超的经营技巧、良好的企业形象、完善的服务体系、先进的工艺设备、与买方和供应商长期稳定的合作关系、融洽的雇员关系、成本优势等，都可以形成企业优势。

劣势是指影响企业经营效率和效果的不利因素和特征，它们使企业在竞争中处于劣势地位。一个企业潜在的弱点主要表现在以下几个方面：缺乏明确的战略导向、设备陈旧、盈利较少甚至亏损、缺乏管理和知识、缺少某些关键的技能、内部管理混乱、研究和开发工作落后、企业形象较差、销售渠道不畅、营销工作不得力、产品质量不高、成本过高等。

2. 企业外部环境分析——机会与威胁

企业的机会与威胁均存在于市场环境中，因此，机会与威胁分析实质上就是对企业外部环境因素变化的分析。市场环境的变化或给企业带来机会或给企业造成威胁。环境因素的变化对某一企业是不可多得的机会，但对另外一家企业则可能意味着灭顶之灾。

环境提供的机会能否被企业利用，同时，环境变化产生的威胁能否有效化解，取决于企业对市场变化反映的灵敏程度和实力。市场机会为企业带来收益的多寡，不利因素给企业造成的负面影响的程度，一方面取决于这一环境因素本身的性质，另一方面取决于企业优势与劣势的结合状况。最理想的市场机会是那些与企业优势达到高度匹配的机会，而恰好与企业弱点结合的不利因素将不可避免地消耗企业大量资源。

在对企业环境因素进行评价时，一个有意义的方法便是将企业优势、劣势和市场机会、威胁结合起来进行分析，也可称为企业内外情况对照分析。

二、武汉会展营销环境的 SWOT 分析

武汉素有“九省通衢”之称，是一座拥有 800 万人口的特大城市，是中国中部重要的金融商贸中心和交通、通信枢纽。新中国成立初期，国家在全国安排建设四大家展馆，武汉与北京、上海、广州一同被确定，可谓“领全国风气之先”。经过几十年的努力，武汉市会展场馆粗具规模，会展经济效益有明显提高。但纵观在武汉举办的各类展览会，虽取得了一定的成功，但在许多方面还存在不足。现在另外三个城市的会展业发展水平已远远超过了武汉。下面运用 SWOT 分析方法来分析目前武汉市的会展营销环境。

(一) 优势

1. 历史经验

武汉地处我国中部，产业基础牢固，科技实力雄厚，交通运输便利，商贸历史悠久，文化底蕴深厚。早在1909年，武汉曾在全国率先举办过“武汉劝业奖进会”博览会，观众达26万人次。新中国成立后，武汉曾成功地举办过苏联和日本工业展览会等国内外大小型展览500多次，20世纪90年代初每年举办的展览会达40多次。这些展览涉及仪器、医药、汽车、纺织、电力、五金百货等20多个行业，促进了武汉的对外经济交流，繁荣了市场，引进了资金，对武汉经济的发展发挥了重要作用。

2. 地理区位优势

武汉位于湖北省东部，尤其是汉口因地处中部两江交汇处，形成“九省通衢”的独特地理区位，当南北之要冲、东西的枢纽。长江在此为中游，京广铁路干线以此为中点。此地距北京、天津、上海、成都、西安、广州、昆明等大都市均在1 200公里左右，这一居中的区位对于武汉经济中心的形成、城市辐射力和吸引力的扩大都有着深刻的影响，对武汉的会展业发展也提供了不可比拟的优势。

3. 具有全国闻名的商业和金融中心

武汉是长江中下游地区最大的商业流通中心，社会商品零售总额和资金流通总额居全国大中城市前列，商业发达，还有全国首屈一指的汉正街商品批发中心以及其他各种专业市场。武汉自古以来商贾云集，商业贸易活跃。武汉市的金融业也日益发达。目前，已同世界200多家银行建立了代理关系。武汉市高度发展的商业和日益发展进步的金融业都为其会展旅游的发展营造了良好的外部环境。

4. 科技教育优势

武汉科技教育发达，拥有数量居全国第三的高等院校，科教综合实力居全国大中城市第三位。光纤光缆、通信、生物医药、激光、计算机软件、新材料等领域在全国处于领先地位，工业基础雄厚，是我国六大综合性工业基地之一，而且是华中地区唯一进入全国综合实力十强的特大中心城市，东湖高新技术开发区是国家重点高新技术开发区，“中国·光谷”正在这里建设。因此，发展会展业有较强的科技力量作为支撑。

5. 具有较完善的服务功能设施

武汉市第三产业的发展实力雄厚，据统计，武汉市共有星级宾馆、酒店超过百家，其中饮食业规模在全国首屈一指，各种小吃闻名全国，各种美食兼容并蓄。这些较为完善的城市服务功能设施为武汉市会展旅游提供了坚实的保证。

6. 展馆建设

会展场馆是会展业的硬件，武汉国际会展中心是武汉市重要的世纪性工程和标志性建筑，为华中地区最大的现代化专业会展中心，总体规模居全国第四位。

（二）劣势

1. 市场环境不规范

武汉会展市场环境存在竞争秩序不够规范、办展水平较低、各会展企业恶性竞争、市场环境不好等问题。具体表现在武汉市有些会展项目投入巨大的人力、物力和财力，结果是会展搞起来了，场面很大，但实质性的经济效益并不理想。这是由于会展本身就是一个经过包装的产品，没有好的市场环境必定没有好的会展，也难以奢求向会展经济要效益。同时，由政府主导的展会因为大量使用政府的"公权力"，不按市场化的运行规则办事，使得由企业等市场主体举办的同类型展会因面临不平等竞争而同样难以支撑。加之由于"政府主导型"的会展活动大多数是没有市场可行性可言的，一旦政府支持力度减弱，其生存就存在问题。

2. 会展的硬件设施没有达到国际会展的要求

武汉国际会展中心为武汉大力发展会展旅游提供了一个较好的发展平台和自由发展的空间，但在展馆建设上与国内会展旅游名城如北京、上海、广州等相比还存在较大差距。武汉国际会展中心虽然规模宏大、气势恢弘，但是要举办国际性会展，仍有许多的欠缺。如第51届"医博会"，有些参展商被请进了没有空调的地下展厅。会展中心占地面积不大，左右2个大厅，上下5层，观众不方便参观。

3. 会展还未引起相关行业的足够重视

目前武汉市会展业的发展大多局限在流通领域，与其他产业的分工协作还未形成，突出反映在为会展提供配套服务的技术、信息、营销、金融、运输、保险等相对滞后，制约了会展业规模经济效益的发挥。

4. 缺乏品牌会展资源

武汉会展业发展从无到有、从小到大，还处于起步阶段。武汉会展经济发展速度逐年递增，行业经济规模逐步扩大，专业场馆建设日臻完善，成为武汉国民经济发展的新亮点，但我们也不得不正视一个最突出的问题，那就是武汉没有一个如广州出口商品交易会、深圳高新技术交易会、南宁中国—东盟博览会、厦门对台出口商品交易会，以及北京的国际机床展、汽车展、国际通信展等一批有影响力的会展品牌。品牌展会资源缺乏的问题正成为制约武汉会展业发展的瓶颈。虽然近年来，武汉会展业极力打造"机博会"、"光博会"、"中博会"、"食博会"等一大批展会，并培育了"农博会"、"文博会"、"汽车展"等展会成为区域性品牌，但据相关资料显示，这些展会在全国乃至世界的知名度，都是令人遗憾的。

5. 缺乏高素质的专业展览人才和展览公司

从整体上看，武汉会展组织者、管理者的专业水平相对偏低。尤其是缺乏高素质的会展策划、设计与营销人才，会展经济还未形成专业化分工协作的格局，为会展提供配套服务的技术、信息等相对滞后，这些制约了会展规模经济的发挥。虽然目前武汉已有学校或高职院校率先开设了会展专业，如武汉职业技术学院、武汉经济学院、武汉商贸职业技术学院等，一些院校也在积极争取促成国家教育部门把会展列入教学体系，但总体上武汉的专业会展人才十分缺乏和不足，从业人员大多没有接受过专业化的系统学习和培训，缺乏系统的会展知识和相应的操作技能。

6. 武汉的会展软包装有待改进

展览会在时时提醒我们，企业是真正的主角。政府同样要发挥公共服务的作用，为展览会提供必要的协调、监督、服务：交管部门在布展、撤展时在周边实行交通管制，疏散人流；质检部门在现场提供咨询服务。

（三）机会

1. 会展经济满足了国际、国内市场发展的需要

入世后，我国在吸引和利用外资的深度和广度上明显加强，商务活动日趋频繁，商务型客人数量激增。上海 APEC 会议、世界园艺博览会、博鳌亚洲论坛等一批重要的大型国际性会议相继在我国的北京、上海、广州、深圳、昆明等地举行。亚洲正成为全球会展业发展最快的地区。据有关部门预测，21 世纪前二三十年，中国将是东亚乃至整个亚洲的会展中心。在此大背景下发展会展旅游可谓天时之利。

2. 西部大开发战略的施行提供了良好的发展平台

武汉市虽然是华中的重镇，但是在西部大开发的战略指导下也可以发挥其独特的地位。今后，武汉市在西部大开发中的地位将逐渐显现，一些大中型的学术研讨会、商贸洽谈会和咨询会以及政府的文化、艺术、体育等交流活动都为武汉市更好地发展会展旅游提供了良好的发展平台。

3. 有利政策

2004 年 3 月，温家宝总理在政府工作报告中提出了“促进中部地区崛起”的战略。省委省政府通过了关于加快武汉的城市圈建设的决定，确定将其发展成为与长三角、珠三角、京津唐 3 大城市圈相呼应的、我国内陆地区的重要经济增长极之一的奋斗目标。随着这些重大政策和举措的出台，作为中部地区唯一的特大城市，武汉的城市功能将进一步完善，并将在协调区域经济、承接梯度转移的进程中，发挥联结南北、启动东西的重要“支点”作用，从而在政策层面和规模影响上，为加快武汉会展产业的发展提供难得的机遇。

“武汉将设立 2 000 万元会展发展扶持资金，用于培育本土品牌展会，并吸引国内外品牌展会入驻武汉。”2012 年 3 月 1 日，武汉市会展工作管理办公室的胡宏威在接受记者采访时透露，目前，他们已制定好具体的实施细则并得到上级政府批准，正在与武汉市财政局协调相关事宜。最近一两个月，这一政策措施将对外公布。为了培育和促进会展业发展，武汉市除了设立会展发展扶持资金外，还于今年 1 月 1 日起，将会展业营业税纳入“服务业—代理业”税目，并对各个环节实施差额征税。

（四）威胁

1. 从国际方面看，会展市场主体凸显多元

我国加入 WTO 后，必须遵守世贸组织规则，进一步开放市场。国际会展产业尤其是欧美国家的会展产业已达到巅峰，处于停滞不前的状态，近些年甚至出现萧条迹象，大量资本必将转向中国及东南亚地区，抢占和争夺当地会展市场。德国展览集团 2004 年 11 月已宣布将参与武汉王家墩博览中心的前期建设咨询和后期管理。此外，根据内地与香港、澳门签署的 CEPA，允许两地公司以独资形式在内地提供会展服务，届时将会有更多的国际会展企业和会展品牌进来，势必导致会展市场竞争加剧，进而对我国会展产业发展产生重大影响。

2. 从国内形势看，会展市场竞争日趋激烈

北京、上海、广州、武汉在历史上是全国四大展览中心。但由于展馆改建，武汉会展业停滞了 6 年，不仅北京等三大城市会展业远远超过武汉，而且南京、大连、成都、深圳等城市会展业后来居上，发展势头强劲，厦门、昆明等地的办展数量也在不断上升，并带来了可观的效益。

以上分析表明，新形势下，武汉会展业的机遇与挑战并存。武汉应利用内部优势抓住外部机会，克服内部劣势，规避外部威胁，以加快武汉会展业发展，建设国际会展中心城市。这是适应我国会展业迅速发展、整体水平不断提高的客观需要，也是把武汉建设成为现代化大都市、增强和完善中心城市服务功能、促进国民经济持续快速增长的内在要求。

（资料来源：改编自豆丁网，http://www.docin.com/p-393316115.html）

思考题

1. SWOT 分析方法包含哪些内容？
2. 以一个较为成熟的会展企业为例，并对其市场营销环境进行 SWOT 分析。

中　篇

会展营销理论篇

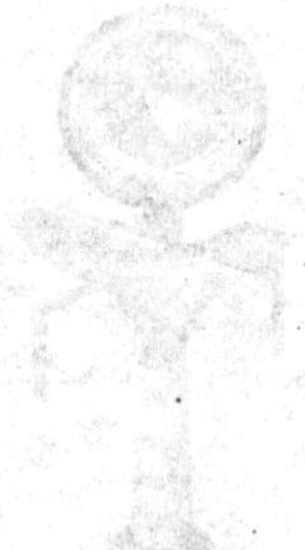

第四章
会展营销利益相关者

学习目标：

1. 了解利益相关者概念及理论。
2. 熟悉会展营销的各利益相关者、各利益相关者的利益诉求及其相互之间的营销关系。
3. 能够熟练地进行会展营销的利益相关者分析。

【导读】

2011年6月28日，备受福岛第一核电站核泄漏打击的日本东京电力公司将召开股东大会。自3月11日日本地震海啸引发福岛核事故以来，东京电力市值已蒸发掉约85%，股东们将在大会上表达对管理层的强烈不满。然而，在东电股东会场之外，日本许多民众和反核团体在会场外举行示威，要求东电全面放弃核电。绿色和平组织成员举着横幅，谴责东电是史上最恶劣的排污公司。

（资料来源：http://news.cntv.cn/20110701/106691.shtml）

第一节　利益相关者概念

尽管美国商界领袖早在20世纪30年代初期就在公司管理中考虑对公司的主要利益群体进行管理，20世纪60年代，斯坦福大学研究所和洛克希德公司副总裁伊戈尔·安索夫先后提出了“利益相关者”术语，但直到1984年，罗伯特·爱德华·弗里曼（R. Edward Freeman）在《战略管理——利益相关者管理的分析方法》

中才正式提出了以利益相关者分析为基点的公司战略管理理论，即利益相关者管理理论。此后，利益相关者理论得到广泛普及和发展，并在包括企业和组织管理、行业和产业管理的各个领域得到大量运用和发展。利益相关者的观点已经融合到了现代企业战略管理中，并在公司事务中扮演着越来越积极的作用。

一、利益相关者的界定

1963 年，受当时美国洛克希德公司规划思想的影响，斯坦福大学研究所（Stanford Research Institute，SRI）在其内部报告中首次明确提出了“stakeholder”这一术语，并对其进行了学术界定。

> “利益相关者是这样一些团体，没有其支持，组织就不可能生存。”
>
> ——SRI，1963

这个定义清楚地表明，股东并不是企业唯一的利益群体。除了股东以外，企业周围还存在其他的一些影响其生存的群体。这一说法是对传统的“股东（stockholder）至上”企业管理理念和“股东中心理论”的突破和挑战。但是，这一定义只考虑到利益相关者对企业单方面的影响，且利益相关者的范围仅限于影响企业生存的一小部分，故这一定义还存在缺陷。再加上这一术语及定义只在斯坦福研究所的内部报告中使用和出现，所以，斯坦福研究所的这一工作并没有引起较大的社会和学术反响。

随后，艾里克·瑞安曼（Eric Rhenman）对斯坦福大学研究所的“利益相关者”定义进行完善，使利益相关者与企业间的利益是双向的而不是单向的：

> 利益相关者依靠企业来实现其个人目标，而企业也依靠他们来维持生存。
>
> ——Eric Rhenman，1964

瑞安曼的定义从利益相关者与企业的双向关系角度来进行定义剖析，较前有所进步。1965 年，曾任洛克希德公司副总裁的伊戈尔·安索夫（Igor Ansoff）在其成名作《公司战略》一书中首次正式提出“利益相关者”这一术语。“利益相关者”术语才算是正式引起人们的关注。尽管此后不断有学者对“利益相关者”这一术语及其界定有所论及，但直到 20 世纪 80 年代，随着企业与社会伦理观的发展，企业社会责任日益受到关注，利益相关者问题及研究才真正得到重视。

1984 年，罗伯特·爱德华·弗里曼（R. Edward Freeman）提出的“利益相关者”概念为学术界所普遍接受，成为“利益相关者”的经典定义。

所谓利益相关者，是指“能够影响一个组织目标的实现或者能够被组织实现目标过程影响的任何个人和可识别的群体”。

——R. Edward Freeman，1984

这个定义提出了一个普遍的“利益相关者”概念，不仅将影响企业目标的个人和群体视为利益相关者，同时还将企业目标实现过程中受影响的个人和群体也看作利益相关者。基于这样一个定义，企业组织所在的社区、政府、环境保护主义者等实体也首次被纳入“利益相关者”范畴，“利益相关者”的内涵得到较大扩展。然而，这种扩展了的“利益相关者”概念却在实证研究和应用推广时困难重重，几乎寸步难行。

随着相关研究的推进，对“利益相关者”术语的界定已有数十种之多。学者们用“利益相关者”同一标签来指代不同的含义，造成伦理、政策和战略结论的不良后果。许多学者如克拉克森等都对“利益相关者”的概念进行重新界定。如：

利益相关者是指那些在企业的活动中投入了物质资本、人力资本、财务资本以及在企业的经营活动中承担了一定风险的群体。

——克拉克森，1994

根据克拉克森的这一定义，企业或者组织的利益相关者仅指在企业活动中有投入并承担风险的利益群体，其范围较弗里曼的定义要窄。

即使是“利益相关者”术语的提出人弗里曼对“利益相关者”术语的界定也在发生变化。2004 年，弗里曼提出了他对“利益相关者”的最新界定：

利益相关者是指那些对企业的生存和发展至关重要的群体。

——R. Edward Freeman，2004

我国学者对利益相关者理论进行引介和研究相对国外较晚。1997 年，张弛等人在其“企业伦理和利益相关者理论在有活力经济体系中的作用”一文中首次论及利益相关者理论。此后，我国学者综合国外同行的观点和自己的见解，也对“利益相关者”概念进行界定。其中比较有代表性的是贾生华和陈宏辉提出的定义：

利益相关者是指那些在企业中进行了一定的专用性投资，并承担了一定风险的个体和群体，其活动能够影响或者改变企业的目标，或者受到企业实现其目标过程的影响。

——贾生华，陈宏辉，2002

贾生华和陈宏辉的这一定义与克拉克森的定义比较接近。另外，李维安、王世权也从狭义和广义的角度对“利益相关者”概念进行了界定：

> 狭义的利益相关者是指组织没有其支持，就不能存在的群体或者个人；而广义的利益相关者是指任何能够影响组织目标的实现或者受这种实现影响的群体或者个人。
>
> ——李维安，王世权，2007

二、企业利益相关者的分类体系

尽管弗里曼提出了广为接受的利益相关者的定义和理论，并认为各类利益相关者都应给予尊重和考虑，但很显然，对于一个具有社会责任的企业来说，能够影响企业目标实现或者被企业目标实现所影响的个人和群体常常种类众多。企业的利益相关者的范围非常宽泛，包括股东、企业员工、债权人、供应商、零售商、消费者、竞争者、中央政府、地方政府以及社会活动团体、媒体等。由于利益相关者所拥有的资源不同，他们对企业管理决策产生的影响不同，被企业活动影响的程度也不一样。简单地将所有的利益相关者看成一个整体来进行实证研究与应用推广，几乎无法得出令人信服的结论。企业不能也不应该将所有的利益相关者都纳入经营管理范围内和公司治理战略中，从而增加企业的复杂程度、管理难度。那么，如何对这些利益相关者进行分类呢？目前，国外比较流行的利益相关者分类体系有弗里曼、弗里德里克、查克汉姆、克拉克森、威勒、米切尔等提出的分类体系。国内比较典型的则有李维安等及李心合等学者提出的利益相关者分类体系。（见表4-1）

表4-1　　现有的利益相关者分类体系表

	利益相关者类型	利益相关者说明
弗里曼	对企业拥有所有权的利益相关者	持有公司股票的经理人员、董事会成员和其他持股人
	与企业在经济上有依赖关系的利益相关者	经理人员、内部服务机构、雇员、债权人、消费者、供应商、竞争者、地方社区、管理机构等
	与企业在社会利益上有关系的利益相关者	特殊群体、政府领导人和媒体等

续表

	利益相关者类型	利益相关者说明
弗里德里克	直接利益相关者	股东、雇员、债权人、供应商、零售商/消费商、竞争者等
	间接利益相关者	中央政府、地方政府、外国政府、社会活动团体、媒体、一般公众等
查克汉姆	契约型利益相关者	股东、雇员、顾客、分销商、供应商、贷款人
	公众型利益相关者	全体消费者、监管者、政府部门、压力集团、媒体、当地社区
克拉克森	首要利益相关者	股东、投资者、雇员、顾客、供应商等
	次要利益相关者	媒体和众多的特定利益集团
威勒	首要社会性利益相关者	客户、投资者、员工、社区、供应商、业务伙伴、管理人员等
	次要社会性利益相关者	政府、居民团体、竞争对手、贸易团体、众多的利益集团等
	首要非社会性利益相关者	自然环境、人类后代等
	次要非社会性利益相关者	非人类物种等
米切尔	决定型利益相关者	股东、雇员和顾客
	预期型利益相关者	投资者、雇员、政府部门、媒体、社会组织、政治和宗教的极端主义者、激进的社会分子等
	潜在利益相关者	/
李维安 王世权	狭义利益相关者	股东、员工、顾客、相关供应商、重要的政府机关、相关金融机构
	广义利益相关者	股东、员工、顾客、公益团体、抗议团体、政府机关、业界团体、竞争对手、工会等

续表

	利益相关者类型	利益相关者说明
李心合	支持型利益相关者	股东、债权人、经营者、员工、顾客、供应商和服务者等
	边缘型利益相关者	雇员的职业联合会、消费者利益保护组织以及那些未经组织起来的股东等
	不支持型利益相关者	存在竞争关系的相关企业、工会及新闻媒体等
	混合型利益相关者	紧缺的雇员、顾客等

（资料来源：李心合．面向可持续发展的利益相关者管理［J］．当代财经，2001（1）：66-70. 有整理。）

第二节　利益相关者理论

利益相关者理论的提出有其深刻的社会和历史背景。20 世纪 70 年代，由于过分地追求企业和股东利润的最大化，世界各国企业经营活动中以次充好、坑蒙拐骗、行贿受贿、恃强凌弱、损人利己等违反商业道德的行为时有发生。据 1982 年《美国新闻和世界报道》杂志报道，在美国的 500 家大型企业中，有 115 家曾被起诉，或曾由于行为不良而被判民事罚款。在这些企业名录中，埃克森石油公司、美孚石油公司、通用汽车公司、美国电话电报公司、IBM 公司、海湾石油公司、西尔斯公司、通用电气公司、美洲银行等世界知名企业赫然在目；欧美等国企业开始对“社会公正”、“消费主义”等问题予以重视。进入 20 世纪 80 年代，生态环境的恶化使企业对其“社会责任”问题有了更加清醒的认识，破坏自然生态环境的企业行为遭到人们的唾弃和抵制。利益相关者理论基础正是在全球企业普遍遇到企业伦理、企业社会责任、环境管制等一系列问题的背景下产生和发展起来的。1984 年，弗里曼的《战略管理——利益相关者管理的分析方法》一书的出版标志着利益相关者理论的正式产生。

一、利益相关者理论的内容

利益相关者理论最初是有关公司治理结构的一种战略理论，经过不断发展，已经涉入宏观经济管理领域，成为一种颇具影响的理论框架和政治思想。从本质上而言，利益相关者理论是一种组织管理和经营伦理理论框架，该框架将道德和伦理价

值导入企业组织的经营和管理过程之中。此后，经过国内外众多学者的发展和完善，利益相关者理论已经成为现代管理学领域中的一个非常重要的科学管理理论和政治思想。

利益相关者理论认为，企业的发展离不开各利益相关者的投入或参与，比如股东、债权人、经理人员、雇员、消费者、供应商甚至是政府、社区居民等。由于他们投资的专用性或专有性，以及由此承担的企业剩余风险，企业必须满足他们对企业剩余索取权和控制权的诉求，将剩余索取权和控制权分散对称分布于不同的利益相关者，实行利益相关者共同治理，以保证各个利益相关者利益的实现。同时，将各个利益相关者利益的实现一并纳入企业社会责任的范畴，认为企业社会责任问题可以依赖利益相关者共同治理来解决和实现。利益相关者理论的核心思想是，任何一个企业组织的发展都离不开各种利益相关者的投入或参与，企业不仅要为股东利益服务，同时也要保护其他利益相关者（股东、债权人、雇员、消费者、供应商等）的利益。弗里曼认为，利益相关者对于企业组织的经营成功非常重要，将利益相关者理论导入企业的战略管理十分有意义。2006 年，弗莱德曼强调，组织自身应被视为一个利益相关者群体，组织的职责和目标就应该是管理其利益和需求。组织的管理者一方面要为利益相关者的利益管理企业以确保其权利和决策参与；与此同时，组织也要将自身视为利益相关机构来进行管理，以确保企业的生存和每个群体的长期利益。利益相关者理论最大的贡献就在于它提出的规范性法则——企业组织有更大、更宽泛的责任，企业和企业管理者的作用不应当局限于实现股东利益的可持续的最大化。

二、利益相关者理论的评价

利益相关者参与公司治理的优势主要体现为：

(1) 它有利于公司追求长期战略目标，对各利益相关者的利益形成有效保护，激励他们为公司长远绩效的提高而努力，从而实现各利益相关者的长远利益；

(2) 能够创造良好的外部环境，有利于公司社会责任的实现。

(3) 有助于完善企业组织内部的监督制衡机制，形成企业组织与利益相关者之间长期稳定的信任合作关系，降低企业的代理成本和交易成本。企业组织所有权和控制权的分离所引发的代理问题是股份有限公司的天生缺陷。通过利益相关者参与和利益相关者管理，可以在企业内部的股东、经营者、职工、债权债务人等的利益之间起到良好的平衡作用，从而在企业组织内部形成良好的监督制衡机制，防范经营者的道德风险，降低代理成本。另外，利益相关者参与企业组织治理有助于形成长期稳定的信任合作关系，降低交易成本。

但利益相关者理论也存在一定的不足。这些不足包括：

(1) 利益相关者的范围界定过于宽泛，众多利益相关者的利益诉求十分复杂，这就使得利益相关者理论的实践应用比较困难。

到底谁是企业的利益相关者？利益相关者的边界到底在哪里？谁应该怎样参与企业组织管理才能实现企业组织管理的最佳绩效？如何通过利益相关者管理来对利益诉求不同甚至相互矛盾的各利益相关者的利益进行综合协调？这些问题都需要从理论和实践的角度进行解答。

国内外很多学者从理论上证明了利益相关者理论的可行性，并从多方面对利益相关者理论的可行性进行了分析。但是运用利益相关者理论进行管理实践却很困难。比如，理论中所涉及的利益相关者太多太杂，仅顾客这一项，要想将他们集中起来采取行动是不可能的。根据利益相关者理论，所有的利益相关者团体有权任命和选举自己的代言人进入董事会，董事及董事会应该代表所有利益相关者的利益；董事会中既应有股东代表，还应有雇员代表、消费者、供货商、社区代表甚至政府机构的代表等。理论上而言，利益相关者代表应参与影响自己利益的所有事务的决策过程，这就势必给公司或组织结构及经营管理实践带来挑战，因为这些参与机制的实现可能本身就存在缺陷。相关者之间的利益本身有时候存在矛盾和冲突，但利益相关者理论在实践中却并没有办法解决竞争性利益相关者关系管理的难题。

（2）容易导致企业管理目标庞杂、经营混乱。传统的企业理论认为，企业的唯一目标就是实现经济利润最大化。根据利益相关者理论，企业既是经济组织，也是社会组织。企业组织既要追求经济发展目标，也必须承担社会和政治责任。企业组织的经营目标分散而庞杂，企业的各个利益相关者的利益既分散又相互竞争，这样就使企业行为容易受到约束和制约，结果很可能会让企业陷入一种顾此失彼的境地，导致企业经营上的混乱。

正是因为利益相关者理论的种种局限，目前在利益相关者理论研究和管理实践中出现了关键利益相关者治理的趋势，值得进行进一步的探讨和研究。关键利益相关者治理的核心思想是——公司治理的主体不应该是全体利益相关者，应该对利益相关者进行分类和甄别，确定核心利益相关者，让核心利益相关者成为公司治理的主体。一般而言，企业组织的核心利益相关者通常包括债权人、客户、董事/主管、职员/员工、政府（及其专门机构）、企业所有者（股东）、供应者、工会及企业组织获取资源的地方社区。而从公司治理角度而言，只有企业的主权者——股东和企业核心员工才能参与公司治理。

第三节 利益相关者分析

谁是一个企业组织或一个项目的利益相关者呢？如何界定一个企业组织或一个项目的关键利益相关者？早在 1932 年，美国通用电气公司 GEC 高层在进行公司管

理时就识别出了他们认为必须认真对待的四类利益相关群体，分别是股东、职员、客户和公众。1947 年，美国的 Johnson & Johnson 公司将客户、职员、经理及公众作为其利益相关群体。

归纳既有的研究文献，总结企业或者组织的利益相关者及其权利与权益，可获得以下主要利益相关者分析表。(见表 4-2)

表 4-2　企业/组织主要利益相关者及其利益分析表

	主要目标	主要利益	价值源
股东	企业资产增值	分红、股票价格收益、权利	销售增加、投资
高层管理者	职业成就	接管责任、名声、奖金	控制、收入、销售增长
普通雇员	生活质量	生活保障、工资、个人成长	收入、工作条件、参与
客户	需求满意度	价格、安全、服务	产品质量、价格、产品安全、形象
供应商	保持和开发	独立性、安全	需求强度、稳定的关系、定价
政府	福利	经济增长、环境、法律	税收、规则
社会公众	美好未来	公正、社会福利	捐赠、环境保护、信息系统
债权人	合法受偿获利	本金债息收入、法律保障	优先求偿、信托契约、联合授信
竞争者	稳定拓展市场提高竞争力	市场占有率、竞争强度、产业情报、产品创新、营销手法	策略联盟、市场竞争、垂直整合、掌握关键技术、占领有利市场
社区	社区融合发展	社区安全、生活品质、就业机会、环境	协调与抗争，参与
社会团体	社团目标	利益团体目标的达成、得到充分的资源、得到大众的认可	专业言论、吸引人的议题、向政府施压、结盟扩大影响

（资料来源：彼得戈麦斯．整体价值管理．王晓宜，杨兆宇，译．沈阳：辽宁人民出版社，2000．有增改。）

资料链接

弗莱德曼的利益相关者类型

根据弗莱德曼（2006）的观点，考虑到“能够影响组织或者被组织影响”，企业组织外部的个人和那些自认为是组织利益相关者的群体也应该包含在一个组织的利益相关者之列，虽然组织可能自己并没有把这样一些群体考虑在其利益相关者之列。所以，他在前述的利益相关者的基础上增加了一些利益相关者类型。这些类型包括：

- ✓ 媒体
- ✓ 公众
- ✓ 商业伙伴
- ✓ 组织的后辈
- ✓ 前辈（组织的创始人）
- ✓ 学者
- ✓ 竞争者
- ✓ NGO组织或者活动积极分子——个别考虑，利益代表
- ✓ 利益相关者代表，如商会、供货商与分销商联合会
- ✓ 金融投资者而不是股票持有者（包括企业保证金、债券持有者和债权人）
- ✓ 政府、监管者和政策制定者

（资料来源：Friedman, A. L. and Miles, S. Stakeholders: Theory and Practice. Oxford University Press, 2006.）

利益相关者分析的过程是一个识别项目、事件或企业组织的利益相关者对象并对其利益进行分析的过程。利益相关者分析过程包括四个步骤：（1）识别每个事件中的利益相关群体；（2）判断每个利益相关群体的利益和重要性；（3）判断每个利益相关群体的期望和需求的实现情况；（4）结合利益相关者的期望和需求制定企业的战略。

对于企业组织管理者而言，必须根据和结合企业组织各类利益相关群体的期望和需求的实现情况，制定企业的发展战略和管理架构，进行基于利益相关者理论的公司管理和利益相关者管理。

第四节　利益相关者管理

利益相关者管理是指企业的经营管理者为综合平衡各个利益相关者的利益要求而进行的管理活动，它是对传统“股东利益至上”治理模式的一种挑战。利益相关者管理的目标是为了实现组织的战略而管理不同的利益群体及关系。根据弗里曼（1984）的观点，利益相关者或利益相关者管理的思想意味着管理人必须通过规划和实施程序以使所有人及那些在经营中有利害关系的人满意。

利益相关者管理的主要任务就是管理并整合股东、员工、客户、供货商、社区及其他在某种程度上能够确保企业长期成功的各群体间的关系和利益。从利益相关者管理的特质来看，与一直以来把企业和利益相关者之间的关系限定在企业和股东之间关系的做法不同，利益相关者管理是把股东视为企业诸多利益相关者之一，主张要同时考虑和对待股东和其他利益相关者。

由于对利益相关者的界定存在广义和狭义之分，利益相关者管理也通常分为一般利益相关者管理和战略利益相关者管理。（见表4-3）

表4-3　一般利益相关者管理和战略利益相关者管理的差异和特征

	一般利益相关者管理	战略利益相关者管理
利益相关者的范围	广义利益相关者	狭义利益相关者
企业与利益相关者的关系	企业与利益相关者呈相互影响的关系，批评者也包括在内	对作为经济主体的企业存续和发展具有重要意义，以经济和市场关系为主
相关的理论视角	社会责任论	传统或组织间关系战略论
与外部领域的关系	企业中心论	系统中心论

（资料来源：李维安，王世权．利益相关者治理理论研究脉络及其进展探析．外国经济与管理，2007（4）．）

一般利益相关者管理观认为，不同的利益相关者拥有各自不同的价值，企业与利益相关者呈现相互影响的关系；企业不仅是经济人，也是社会人；企业应该毫无例外地关注所有的利益相关者，将企业的诸利益相关者毫无区别地纳入分析框架。该理念强调企业中心组织与外部环境系统的广泛关系与联系。而战略利益相关者管理观则认为：为了能够确保企业股东价值最大化，管理人员尤其要注重关键利益相关者的关系，并主张按照利益相关者的重要性进行区别对待。战略利益相关者管理主张把利益相关者界定为对作为经济主体的企业存续和发展具有重要意义和直接贡献的相关者，并从股东和企业利益出发来考虑利益相关者；企业与利益相关者的关系是一种以经济和市场关系为主的关系。此时，战略利益相关者较一般利益相关者而言具有更强的适用性和可操作性。

与此相对应，在经历了股东治理企业组织模式和员工组织治理模式之后，利益相关者共同治理模式及关键利益相关者治理模式成为企业及项目组织管理的重要模式。

利益相关者共同治理模式是在20世纪90年代以后逐渐发展起来的，这种观点认为企业的全体利益相关者都应该参与公司治理。Evan 和 Freeman（1993）从私有权利及其对他人权利的影响的视角指出，诸利益相关者基于其自身的利益，应该享受与股东相同的参与公司决策的权利，并且认为员工、顾客、供应商、股东以及社区和企业的代表都应该直接参与公司治理，还建议在公司的董事会中增派利益相关者代表。Alkhafaji（1989）则主张模拟德国的公司治理结构，在董事会之上设置利益相关者董事会，并提出了构建利益相关者董事会的七个阶段，即识别阶段、开发阶段、形成阶段、检讨阶段、分类阶段、处理阶段和战略阶段。

利益相关者拥有公司治理参与权，共同治理企业组织的模式确实为现实中保障利益相关者权益提供了理论依据。然而，以利益相关者全体为基础的治理结构和机制不但会因控制权分散而导致决策拖沓、不同意见僵持局面的出现，严重影响公司的运作效率，而且会出现企业公共化的危险，使之陷入谁也不能真正发挥治理作用、泛利益相关者治理的困境。

正是基于利益相关者共同治理模式的上述弊端，人们又提出了关键利益相关者治理模式。日本学者伊丹和中国学者王辉是这一模式的倡导者和拥护者。伊丹认为，只有企业的主权者才能参与公司治理。而要成为企业主权者，必须具备两个条件，即为企业存续提供不可替代的资源和承担企业经营的重大风险。现实中，能够满足这两个条件的包括股东以及与企业存在长期相互依托关系的核心员工（包括内部晋升的经理人）。因此，在企业的众多利益相关者中，只有股东和核心员工才能作为企业的主权者享有参与公司治理的资格。在此基础上，伊丹又进一步论证了核心员工参与公司治理的经济合理性、制度有效性以及社会认同性，并提出了通过设立企业大会、职工大会、股东大会和董事会制度来完善公司治理的建议。中国学者王辉认为，企业权力的根本来源就是为进行联合生产而投入的资源，谁提供了对企业生存发展至关重要的关键性资源，谁就应该掌握企业的控制权。在企业效用最大化的前提下，企业委托权或控制权的分配是由资源本身的特性所决定的，在生产中边际贡献率越高、黏合性越大的资源提供者，就越应该获取最大的权力。凡提供关键性资源的利益相关者都应该参与企业控制权的配置。但是，资源结构观由于缺

乏案例和实证数据的支持，加之对资源的界定和理解存在诸多争论，在总体上还只能算一种理论假说。

第五节　会展营销利益相关者

一、会展营销主要利益相关者

会展业是现代服务业的重要组成部分。我国2002年颁布的国民经济行业分类体系明确将“会议与展览服务”列在“其他商务服务业”之下。一般而言，一次大型的会展活动，尤其是国际性的会展活动，会牵涉多个利益主体，每一个利益主体就是一个营销主体。对于一个具体的展览营销活动而言，由会展营销主体、参展商、观展者所组成的金三角是会展营销的关键利益相关者。

1. 营销主体：通常是指会展公司或展览场馆，多数时候还包括政府部门、政府相关组织、地方社区和行业协会。

会展营销的主体十分庞杂，大到一个国家或城市政府，小到一个会展企业；会展营销的主体不仅包括会展主办者、承办者、协办者、支持者，也包括会展场馆和其他辅助机构等。每个主体的营销目的不一，营销内容的侧重点也就有所差异。在一次展览会中，往往各个主体都要为了各自的目的开展活动。一个展览会由几个方面共同操作，且各自承担的工作在深度和广度上有所不同，但进程必须保持一致，合作也必须紧密有效。

2. 参展商：参展商是会展营销的主要对象、会展产品的买家，也是主要的利益相关者。

3. 观展者：也称观众，他们既是会展营销的主要对象，也是参展商营销服务的对象，是主要的利益相关者。

4. 媒体：现代市场竞争的特点决定了媒体在营销活动中至关重要。对于产品供给者而言，借助大众传媒和现代信息技术，通过各种方式、途径有效地传播会展活动及会展产品信息，与现实或潜在的消费者进行有效沟通，以吸引更多的参展商和观众参与会展活动，是会展营销的内容。在这个过程中，媒体将起到非常重要的作用。

此外，会展公司或公司某会展产品的竞争者、社团组织和一般公众等也通常会对会展活动及会展产品产生直接或间接的影响，成为其外部利益相关者。但如果从会展营销的角度而言，其利益相关者将局限于会展公司、参展商、观展者、媒体、竞争者、一般公众等。现在，越来越多的地方政府或政府机关、行业协会也会作为会展营销的利益相关者参与以城市整体营销为内容的会展市场营销。

会展营销利益相关者的利益诉求与权利需要如表4-4所示：

表4-4　　会展营销利益相关者及其诉求

营销主体	营销对象	营销的主要内容	营销目的
城市（会展目的地）	会议或展览会组织者	优越的办会/展环境	吸引更多、更高档次的会议或展览会在本城市举办，提升城市竞争力
会议策划/服务公司	会议主办单位（者）	大力宣传自己非凡的会议策划和组织能力	争取更多的会议业务，获取更多利润
展览公司	政府、行业协会、参展商、专业观众	强调展览会对当地经济的促进作用；突出展览会能给参展商或专业观众带来独特利益	争取政府的积极支持；吸引更多的参展商和专业观众，塑造展览会品牌，获取利润
广告/展示设计公司	会议或展览会组织者；参展商	较强的资金和技术实力；丰富的设计和搭建经验	争取更多的设计和搭建业务，获取利润
会议中心	会议公司；专业会议组织者	完善的会议设施和优良的配套服务	吸引更多、更高档次的会议在本中心举办
展览场馆	展览会的组织者	功能完善的场馆、先进的管理和优质的服务	吸引更多的展览会特别是国际性的品牌展览会
与会者	会议组织者，其他与会者	本组织或个人的思想、技术等	让公众理解自己的思想，增加互相学习、交流的机会
参展商	专业观众	新产品、新技术、新服务等	吸引更多的专业观众，加强交流，促进销售
相关媒体	会展企业，参展商	媒体在会展活动中的桥梁作用	提高媒体知名度，广告

（资料来源：王春雷，等．会展市场营销．北京：旅游教育出版社，2007：14.）

总之，会展企业（展览公司与展览场馆/会议策划、服务公司与会议中心）、参展商和专业观众（会议主办者及与会者）是会展营销的关键利益相关者，另外，

竞争对手和媒体也是会展营销的主要利益相关者。

二、会展营销利益相关者类型

（一）政府

一个城市要发展会展业，就必须具备一定的会展场馆基础设施和配套的城市基础设施、会展策划和组织人才、交通、技术支持能力等，而这些只有政府才能完成，或必须在政府的支持下才能进行。在很多时候，政府是会展营销的主体和重要的利益相关者。西方160余年的会展经济发展史证明，政府的主导、扶持和参与是一个国家或地方会展经济发展、会展市场发育的重要保障因素。

在很多会展业发达的国家，特别是会展业发展历史较久的欧美国家，其政府机构里都专门设置了管理会展的机构，如伦敦和巴黎设置有专门的会议局，新加坡旅游局专设有下属的会展署、美国的波士顿和旧金山则专门设置有会议与旅游局等。这些政府机构在组织和营销会展产品的过程中会起到非常积极的作用。

德国是全球会展业的领跑者，德国各级政府在推动和扶持会展经济发展方面力度很大。在德国，政府投资建设大型展览场馆，成为德国主要展馆的所有者；德国的大型会展公司通过长期租赁或委托经营的方式来获得场馆的经营管理权，并充当展馆的经营管理者和会展项目的组织者。德国的汉诺威、法兰克福、科隆、慕尼黑、杜塞尔多夫等城市政府将展览业作为支柱产业加以扶持，出台了一系列鼓励措施和优惠政策，吸引展览会组织者和参展商。另外，联邦食品、农业部与林业部也对很多专业展览会提供出国参展的经费支持。在政府的扶持下，德国还建立了展览业的最高协会——AUMA（德国贸易展览协会），以沟通和协调会展业和政府、其他行业之间以及会展业内部之间的关系。在AUMA的统一调控下，德国各博览会的目标非常明确，展览会极少有重复现象。在法国，各级政府不仅投资建设场馆设施，而且还成立国有场馆公司来负责场馆的经营管理。法国的会展公司通常没有场馆设施，也不参与场馆经营，主要从事会展项目的经营。

当今世界还有很多只有主权国家政府才能举办的、具有较大影响和悠久历史的国际性会展活动，如世界博览会、APEC会议、G20会议等。政府在这些会展营销活动中的作用更加重大而且直接。

（二）会展计划者

这是会展的卖方，国际国内政府、非政府组织和公司等机构是会议和展览源的产生单位，也是会展计划者。

资料链接

世 博 会

世博会，全称世界博览会（World Exposition，简称 World Expo），是一项由一个国家的政府主办，由多个国家或国际组织参加，以展现人类在社会、经济、文化和科技领域取得的成就的国际性大型展览会。作为一项大型的国际展览会，世博会举办过程需要投入一定规模的资金。这不仅要求举办国的经济具有稳定增长的态势，能为世博会的运作提供良好的宏观经济背景，而且要求举办城市具有一定的经济实力，积累相当的社会财富。

世博会不同于一般的展览会，从申办至举办需10年左右的时间，这不是一个很短的时间。一个国家只有保持稳定健康的发展，才能保证世博会的成功举办。第一届世界博览会是在1851年于英国伦敦举行，当时英国国势全世界最盛，英国便希望透过一个大型的展览，去显示其国力。日本1970年世博会的成功举行，很大程度上应归因于当时迅速成长的日本经济；而韩国大田世博会的成功举行更是当时韩国经济二次起飞的真实反映。

（资料来源：http://baike. baidu. com/link? url = dwwE2nTTm-YCb5yW2aOyD3 Vu_dszCC4XwtTVkK）

（三）专业会展公司

由于会展市场的细分化和会展组织的专业化，我国的专业会展公司也随之兴起，并参与到会展市场运作中，渐渐成为我国会展市场运作的策划者与创造者，也是我国会展产品的供给者和营销主体，是会展营销的关键利益相关者之一。就大类来说，可以将会展公司分为会议公司和展览公司。也有学者将会展公司细分为会展场馆（如会议中心、展览场馆）、会议策划/服务公司或展览公司、展示设计公司。

2011 年，《中国会展经济蓝皮书》数据显示，2011 年中国 34 个省市区会展场馆超过 269 个，会展场馆总展览面积超过 1 000 万平方米，室内展览面积超过 700 万平方米。中国的会展场馆主要集中在环渤海经济区、长三角经济区、珠三角经济区三个经济区，这三个经济区不论是展馆数量还是展览面积都占全国的 63% 左右。

专业会议公司是负责起草、申办、策划、组织、协调、安排和接待国际会议和大型活动的专业公司，是会展市场营销的主体，是会议产品的供给者。据全球国际会议组织 ICCA 的数据推测，全球每年会有约 21 000 家不同的协会会议或者其他年度会议，仅国际会议组织的 900 多个成员会议公司就于 2011 年举办了 10 070 场会

议，参会者高达552万人，会议经营总收入达137.48亿美元。

（四）观展者

观展者是指通过购买门票或提前注册入场参观，与参展商进行洽谈的自然人、企业及其他的相关主体。观展者是会展营销的目标客户之一，是会展产品买家的买家。会展营销的一个重要内容就是摸清观展者的需要，努力满足观展者的展览需要，实现观展者的愿望，并通过各种途径吸引潜在的观展者前往观展。对于会议活动而言，主要是指会议参加者。

观展者包括一般观众和专业观众（即买家）。一般观众有时也称为消费品展览会观众，具有一定购买欲望。专业观众包括产品供需型——产品交易（采购员、市场部经理）和技术探求型——收集相关领域技术的发展状况（技术人员）两种类型。参会专业观众数量的多少和质量的高低常常成为衡量一个会展活动是否成功的标准。

随着会展业市场竞争日益激烈，对于会展企业或会展活动组织者而言，通过有效的会展营销活动，招徕更多更高水平的专业观众常常成为会展营销的一个重要内容和目标。因此，对于会展活动组织者来说，通过科学的市场分析和合理的营销渠道，实现与观展人群的良好信息沟通，吸引其参展观展就变得十分重要了。

对于观展者而言，其需要通常包括：灵活地与供应商打交道，预见到产业的发展趋势和潮流变化，作出正确的购买决定。

对于会展企业而言，就是要把会展的特色和提供的商机以各种形式有效而直接地告诉观展者，吸引其前来观展。至于应该如何满足观展者的需要，则包括以下措施：

- 把会展的特色和提供的商机以文字形式直接告诉观展者；
- 增加观展者的利益；
- 节省观展者或观展公司的时间和金钱；
- 方便观展者的工作；
- 减少问题和降低风险。

（五）参展商与会议代表

参展商与会议代表是会展活动的主角和关键利益相关者，是会展产品的买家，也是会展营销的目标客户。通常参展商或会议代表的数量、级别、规模及会展效果是判断一个会展活动成功与否的重要标志。

企业参展的主要目的是将展览会作为一种宣传和营销手段，以树立和维护企业形象、推广企业文化、展示和销售产品。事实上，参展是一种省时省力的营销方式和营销利器，经常参加展览会有利于企业开展业务。对于参展商而言，他们希望展览会能够带来他们希望见到的买方，加速其产品销售进程。参展企业参加会展的好处主要有：

（1）有利于树立和提升企业形象。新企业参展可以帮助企业很快进入市场，建立客户关系，被业内熟识和接受；老企业固定参加一些有影响力、有规模的专业展览会，既可以定时与客户交流联络，也可以展示出企业的持续存在和强大实力。

（2）有利于增加对市场的了解。通过参加专业展览，企业既可以了解到其他企业的发展、产品状况，还可以在与专业观众的交流中了解市场需求和变化趋势。

（3）有利于宣传产品和服务。展览会将专业产品的供需双方同时集中在一个具有较高曝光度和影响力的开放平台上，可以起到一种立体广告的作用，为参展商提供一个充分展示和宣传企业和产品的机会。

（4）有利于促进销售与成交。会展活动尤其是消费品会展活动为产品的买卖双方的沟通交流提供了一个多元化平台，有利于促进产品的销售与成交，这也是许多会展活动主办的重要目标和会展活动成功与否的重要评估指标。

如何从数量众多、类型不一的会展企业和会展活动中进行合理选择？如何通过有效的广告策划与营销手段吸引观展者的注意？这些都将是参展商需要认真考虑的问题。对于会展企业来说，就要认真考虑如何去满足参展商的需要。通常，会展公司可以通过向参展商提供如下信息来对潜在参展商进行营销：

➢ 提供观展者人数及工作职能/头衔统计数据、观展者档案、公司类型等信息；
➢ 提供观展者采购计划示意，包括有兴趣的产品类型、购买计划、对购买决定的影响、出席频率等信息。

（六）竞争对手

会展竞争对手是会展营销主要利益相关者之一，同类会展企业是最直接的竞争对手。对于一个会展企业来说，其与竞争对手产生竞争的原因主要在于营销手段的多样化和渠道供给的多样化；竞争者情况直接影响到一次会展活动成功的概率与活动举办情况。对于产品制造商或服务供应商而言，直销、广告媒体和其他的商贸会展都是其营销活动的重要渠道，且这些营销手段各不相同也不相容，这就直接造成了不同营销手段供给企业间的竞争。即使都是通过会展渠道进行营销，也存在着不同地域甚至同一地域不同会展公司提供的同类展览会的多种选择。

所以，会展企业要想有效地对目标客户进行营销，取得竞争优势，首先就必须判断参展商对会展活动及会展公司的最大期望，并通过提供比竞争对手更好的服务来打败竞争对手。

（七）媒体

会展本质上是一种营销方式和销售渠道。据英联邦展览会联合调查，展览优于专业杂志、直接邮递、推销员推销、公关、报纸、电视、会议等营销手段，是最有效的营销中介体。但会展活动本身也需要借助媒体的广告宣传，以吸引更多的参展商和专业观众参加会展活动，扩大会展产品的市场影响力和号召力。对媒体而言，

参与对一些重要的、大型会展活动的报道和新闻追踪也有助于媒体保持和拓展自己在传媒领域内的地位和影响。从这个意义上而言，媒体也是会展营销的主要利益相关者之一；会展公司与媒体关系的处理情况将直接影响着会展公司与其营销对象——参展商和专业观众沟通的质量。

会展营销主体复杂和内容广泛的特点决定了展览会必须综合利用各种手段来开展营销，以达到预期的营销目的。从传统的广播、电视、报纸，到各类行业杂志、专业会展杂志，再到面向大众的路牌广告、地铁、出租车广告以及互联网，会展营销主体正以平面或立体的方式，将大量的消息最快、最直接地传递给大众。

会展业方面的专业传媒一般包括会展与展览网站、专业期刊、报纸等。正是由于营销宣传在会展产业中的重要性，所以，美国的展览公司多数隶属于出版集团，展览公司一般不拥有展览场馆，但却都拥有很多专业媒体和消费媒体，这对展览业的发展具有非同寻常的意义。我国专业的会展类期刊主要包括《中国会展》、《展览与市场》、《中外会展》、《会展财富》、《中国展览会》等。在国外，许多与会展有关的专业媒体也在会展营销中发挥着重要的作用，如由国际展览业协会主办的《博览会和展览会》，德国的《国际贸易展览会》、《会议行业》等，这些刊物大多是介绍宣传世界各地或本国的会展信息。

由于网络营销在信息量、成本、营销速度、效果等方面的优势，网络已经成为会展营销的主要信息渠道。会展相关的网站主要包括三大组成部分：

（1）展览综合咨询网站。如中国展览网、中国行业会展网、中国会展网、展览网、国际展览网、中国商务展览网等。这些网站主要是面向所有潜在目标客户提供最新最全的各种展览会活动咨询。

（2）行业专门展览网站。在国内外，很多行业都分门别类地建立了专门的展览网站，主要是提供本行业最新最全的展览会信息，如中国服装会展网、中华服装网、机电商情网、医药网、中国化工网、电子展览网等。

（3）政府或公司自建网站。一些有影响的会展公司会自建企业网站进行会展促销，如中国广交会的官方网站等。还有一些省市政府建设的地方政府展览网，如上海会展网、大连展览网等。另外还有一些是专业网站下设的专门会展频道，如久久健康网等。

思考与讨论

1. 利益相关者的定义是什么？它经历了一个怎样的变化过程？
2. 利益相关者理论的内容是什么？它的优点和不足在哪里？
3. 会展营销的利益相关者是谁？其利益诉求是什么？
4. 如何在会展营销中进行利益相关者管理？

本章案例

上海世界博览会利益相关者分析

第41届世界博览会于2010年5月1日至10月31日在中国上海市举行。上海世博会是中国举办的首届世界博览会。上海世博会以“城市，让生活更美好”为主题，总投资450亿元人民币，共有246个国家和组织参展，7 308万中外游客入园参观，创下了历届世博之最。在上海世博会营销过程中，政府、专业会展公司、媒体、参展商和观众等作为上海世博会的利益相关者，在上海世博会营销中扮演着不同的角色。

1. 政府

举办国政府是世博会的卖方，也是世博营销的主体和关键利益相关者。在2010年上海世博会营销中，中国中央政府是会展的主办方，上海市政府是承办方。上海世博会组织委员会作为上海世博会的领导机构，由贸促会、外交部、商务部、中宣部、中央编办、发改委、教育部、科技部、工信部、公安部、安全部、财政部、人社部、国土资源部、环保部、住建部、铁道部、文化部等中央相关部门和上海市政府共24家成员单位组成，由国务院副总理王岐山担任主任委员。上海世博会执行委员会是上海世博会组委会的执行机构，主要职责是：在组委会领导下，执行组委会相关决议、决定并将有关情况定期向组委会报告，反映筹备过程中出现的问题，指导、协调上海市有关机构开展工作；承办组委会交办事项。上海市市委书记、上海市市长和贸促会会长等成为上海世博会执行委员会的主要领导成员。

各级政府在2010年上海世博会营销过程中起到了非常重要的作用，具体包括：

(1) 申办前期：积极扩大上海在世界上的知名度与影响力，为成功申办做基础铺垫。

(2) 申办成功后：继续宣传上海的各种优势，建设各类场馆，邀请各国政要名流。

(3) 政府发挥行政引导和协调功能，通过授权、优惠政策以及相应的财政政策，支持和促进上海世博会的营销。

2. 会展组织者

上海世博会事务协调局（以下简称“上海世博局”）是中国2010年上海世博会的组织者，于2003年10月30日成立。在组委会、执委会的领导下，上海世博局具体负责世博会的筹备、组织、运作和管理，并协助世博会政府总代表开展工作。上海世博局的主要职责是：承担上海世博会执委会在决策、协调中的日常工作；负责上海世博会筹备工作的日常组织管理，协调与上海世博会有关的对外合作与交流活动及世博会的运营工作。

上海世博会的策划者围绕上海世博会的主题——“城市，让生活更美好”招徕参展者，组织展品和场馆，开展营销活动。针对世博会的各个方面、各个环节进行权衡，使其在价格、服务、渠道、推销、广告、宣传等方面保持统一性。世博集团的国内推广事业部借助国内的分支机构或代理商，负责国内市场的推广和营销；国际部则针对海外市场，借助一定的代理机构，并同时把我国驻外机构及外国驻华机构也纳入到上海世博会的营销队伍中，通过营销主体无障碍地实现地域上的大市场营销。

随着中国2010年上海世博会各项后续工作基本结束，上海世博局顺利完成历史使命，经上海市委、市政府批准，上海世博局于2012年4月14日正式撤销。

3. 目的地管理公司（DMC）

目的地管理公司最初是会展活动中的后勤管理机构，后来逐渐承担起专业会议组织者的部分工作。它们与会展场馆的关系是委托经营，也有会展场馆自己经营管理相关业务。本次世博会中，目的地管理公司主要承担管理场馆、接待各国旅游团等工作。

上海世博会的DMC是上海世博会运营有限公司。由于世博会必须由非营利组织机构承办，所以，上海世博会运营有限公司是在中国2010年上海世博会组织委员会、执行委员会和上海世博会事务协调局的领导下，专营上海世博会的运营事务，不以营利为目的。运营公司承担包括世博会园区管理、场馆管理、后勤保障、物流保障、物业管理、安全保卫、交通协调、通信和信息技术保障、园区商业设施经营和活动经营管理、参展者与参与者服务、世博会品牌经营、票务经营、会务服务、外事手续办理、翻译、人员接待等事务。

4. 专业会议组织者（PCO）和展览公司

专业会议组织者是负责起草、策划、组织、协调、安排和接待国际会议和大型活动的专业公司，而展览公司是进行专业化展览的操作机构。世博会中，会议组织者、展览公司和会展策划者一起，负责展览会的营销与接待工作。

上海世博会期间，在市场因素的促动下，形成了许多专业性的、为上海世博会服务的专业会议组织和展览公司。坐落在上海虹桥开发区内、占地三万平方米、距虹桥国际机场仅十分钟车程的上海世博会议大酒店就是这样一家专业的会议组织者。上海世博会议大酒店是为适应本市作为国际性商业大都市，满足越来越高的会议要求设计和建造而成的，是上海市第一家以经营国际会议与展览为特色的国际性会议酒店。该酒店拥有三个大型会议场地——一个可容纳一千个座位和七百人宴会的大宴会厅；一个设有六百个座位的多功能演讲厅及一个六百个座位的大会议厅。此外，还有二十个不同大小的会议室可用作各种中小型商务活动。

5. 参展商和会议代表

参展商和会议代表是市场的买方，是会展市场的需求要素。参展商和会议代表是世博会的重要组成部分，他们的参与关系重大。世博会成功与否的一个重要标志就是参展国家、地区或组织数量的多寡。因此展览会的举办方应尽可能地邀请多的、高质量的、高水准的参展商和会议代表。

由于中国政府及世博会组织者的积极努力和多方争取，共有246个国家和国际组织参展上海世博会，基本覆盖了世界主要国家和地区。展馆数量154个。各参展国家和地区不仅带来了自己对于城市发展的最新理念和技术，也带来了自己独具特色的文化。

上海世博会也围绕着世博会主题召开了许多主题会议，其中包括主题为“城市创新与可持续发展”的高峰论坛。其次，上海世博会举办期间，每月会围绕一个核心议题举行一次主题论坛，累计举办有6个主题论坛和55个公众论坛，吸引了众多的会议代表。

6. 观众

会展中的观众尤其是专业观众可以理解为买家的买家，这对于会展产品的买家即参展商具有重大意义。整个世博会的设计流程方案都是为了满足观众，因为观众是最终的消费者，也是最大的消费群。公众可以说是世博会所要面向的最终对象；大众普及是世博品牌经营的市场基础，也是世博会营销最艰巨的一部分。

在大众层面，2010年上海世博会营销机构不间断地向公众宣传世博理念、意义和作用，及时发布上海世博会的各种信息；结合标识确定、场馆设计和施工等重要时间节点，掀起一轮轮宣传热潮；设计和组织知识竞赛、有奖征文等互动式活动，调动各界关注和参与的热情。由于对公众营销的力度足、持续久，再加上花样不断翻新，本次上海世博会的参观人数远超以往历届世博会，也超过了上海世博会申办时7 000万观展游客的承诺目标。据上海世博会官网数据，上海世博会在184天的展期中共吸引海内外参观人数高达7 308.44万人，单日参观人数突破100万，为历届世界博览会之最。

7. 媒体

媒体的营销宣传不仅让上海世博会的各种资讯能够以各种方式畅通无阻地传递到受众群，并且也给媒体的发展尤其是新媒体的发展带来了非常可观的经济和市场效益。为了更好地营销上海及上海世博会，吸引更多的国内外游客来参展观展，上海世博会在媒体营销上下了相当大的工夫。

传统媒体如《解放日报》、《上海日报》、上海广播电视台、新民网等依托其专业的编辑记者团队和各具特色的新媒体资源，开辟世博专栏，生产了大量时效性、新闻性俱佳的世博资讯，成为网络媒体转载、受众互动话题的来源；从上海世博会倒计时一周年开始，中央电视台、东方卫视就在各大栏目中加大了对上海世博会报道的力度。至开幕以来，更是将世博会作为最重要的事件进行了连续报道，推出了系列专题节目，如《百年世博梦》、《魅力世博》、《世博汇》、《爱世

博》等主题节目，使上海世博会及其主题深入人心。

上海东方传媒集团SMG旗下的两家新媒体单位百视通和文广互动电视作为上海世博会官方合作媒体之一，参与世博报道，制作了大量世博专题节目。首先，中国网络电视台专门开通了“世博台”，通过网络电视、手机电视、IPTV和移动传媒等多终端平台，向广大网民提供及时、生动、丰富的世博资讯与网上互动内容。

另外，上海世博会也专门建设有其官方网站——世博网，同时用中、英、法、日四种文字，设置了资讯、百科、展馆、活动、论坛、服务、地图、志愿者、网上世博会、全记录十个专栏，向全球传播有关上海世博会的各种讯息。上海世博局还专门制作了《2010上海世博会》作为其专刊，对上海世博会的进展情况进行报道和分析。新媒体如腾讯网、东方网、网易、新浪网等也都专门辟建世博专题网页，参与世博营销。

2010年4月，中广传播有限公司、中国移动上海公司与上海东方明珠（集团）股份有限公司联合宣布手机电视业务在上海地区正式商用，并正式开通手机电视世博频道。客户可以随时随地通过手机电视业务观看世博会热点新闻和大型综艺活动直播。此外，中国网络电视台手机台面向全国推出“世博系列报道”，在移动、联通、电信三大运营商平台中进行“世博专区”报道。中国电信也依托自己的视讯中心，在天翼手机推出了一项趣味服务——天翼视讯“熊猫24小时”，通过全球眼接入信号，手机直播世博熊猫生活场景。世博期间，上海电信还和威斯汀大饭店合作，安装了针对高档星级酒店而设计的“高星IPTV”，新鲜世博内容、酒店数字客房服务等统一纳入IPTV平台。本届世博会期间，新华社与中国移动通信集团公司通过优势互补，联手打造了包括世博新闻、服务信息、读者互动等内容的世博手机报。

8. 其他利益相关者

在上海世博会上的其他利益相关者主要有志愿者、社区居民与企业赞助商。上海世博会共有园区志愿者79 965名，其中包括国内其他省区市志愿者1 266名、境外志愿者204名。这些志愿者分为13个批次，提供了129万班次、1 000万小时，约4.6亿人次的服务。志愿者不仅以其敬业的精神和热情的服务“征服”了海内外游客，也丰富了他们自己的人生经历和专业技能。

作为上海世博会会址所在地，世博园内和周边社区及所有上海市民也是上海世博会的重要利益相关者。上海世博会不仅影响了上海市民的正常工作和生活，当地居民不得不忍受交通堵塞以及施工过程中的噪音和尘土；世博会也给他们带来了积极的影响。世博会开幕后，每位上海市常住居民都有两天额外假期，并能获赠世博园门票和一张交通卡；这给周边社区近距离体验世博提供了便利。上海世博会园区内及周边1.4平方公里范围内共有四块分别建于20世纪70年代末至21世纪初的住区，约有住户1.5万户。上海世博会对这些分散住区进行保留，并作为“世博建设协调区”规划再造进行。基于“人本主义”思想，为方便现有居民生活，上海世博会组委会复建社区组织，植入公共绿地系统，注重节能生态环境，拆除单位围墙分割，统一布局步行体系，完善老少活动设施，重建社区公物管理；使得世博园区周边市民的利益得到了最大的保护，万户人家从原来潜在的搬迁户成为直接与世博园区零距离交界的最直接受益者。同时，上海世博会显著地改善了上海的交通、通信、居住环境，城市人文精神和科学文化素养都得到了极大提升。

世博会作为全球性大型会展活动，其影响也具有全球性，因而也必然得到世界知名企业的青睐和关注。赞助大型会展活动如世博会已经成为世界知名企业进行产品和企业宣传的重要渠道和营销方式。因此，世博会的赞助商和企业合作伙伴也自然成为世博会的利益相关者。以可口可乐公司为例，可口可乐公司不仅要为上海世博会参观者提供饮料，世博会组织者和可口可乐公司双方还将在饮料产品提供、联合营销推广、园区产品运营等领域展开深度合作，借助企业在全球的营销网络进一步推动上海世博会品牌的广泛传播，凭借双方在营销上的优势，实现“双赢”。

（资料来源：选编自上海世博会官方网站，http://www.expo2010.cn/abzyz/indexjn.htm）

思考题

1. 请以上海世博会为例，指出上海世博会的关键利益相关者。
2. 政府和企业举办的会展的利益相关者分析和管理存在什么异同？为什么？

第五章 会展市场细分与定位

学习目标：

1. 通过本章的学习，掌握会展营销市场调查的主要内容与方法。
2. 掌握会展市场细分标准和市场细分流程，能对会展市场进行有效的市场细分。
3. 了解会展市场定位的主要内容与定位策略。

【导读】

早在十几年前，我国上海的一家大企业决定上马新型电器厨具。他们首先购买了50台家用微波炉和电磁炉，然后在一个机电展销会上进行试销，结果全部产品在3天内全部销售完毕。他们又很快购买了100台各种款式的微波炉和电磁炉，决定在上海南京路的两个商店进行试销，并且提前3天在《解放日报》、《文汇报》上登了广告。结果半夜就有人排队待购，半天时间全部产品都销售出去了。

他们很高兴，但是厂长仍不放心。他让企业内部的有关部门做一个有关家用微波炉和电磁炉的市场调查。据该部门负责人说，他们走访了近万户居民，据汇报上来的数据统计，有80%的居民有意愿购买电磁炉和微波炉。他们想：上海有1 000多万户居民，加上各种不方便使用明火的地方，各种边远地区的、不方便做饭的小单位和各种值班人员，总之对于电磁炉和微波炉的需求量应该是巨大的。如果加上江苏、浙江等省份，对微波炉和电磁炉的需求量将是一个令人惊喜的数据。于是，他们下决心引进新型的生产线，立即上马进行生产。

可是，当他们的第二个生产线投产的时候，产品已经滞销，企业全面亏蚀。厂长很不服气，他亲自到已经访问过的居民家中核对调查情况。结果是：所拜访的居民都承认有人来问过他们关于是否购买微波炉和电磁炉的事，而且他们当时都认为自己想买。但是他们后来却都没有买，问其原因，居民的回答各种各样。有的说，原来指望儿子给钱，可是现在儿子不给钱买了；有的说没有想到现在收入没有那么好；有的说单位给安装了煤气等。不管厂长如何生气，微波炉和电磁炉生产线只好停产。

（资料来源：http://home.51.com/zhaozongjiang04/diary/item/10023366.html；有删改。）

会展市场是会展企业营销活动的起点和终点。尽管会展市场在广义上包含着会展的供给市场和需求市场，由会展的生产者、服务者和消费者组成；但狭义上的会展市场仅指会展需求市场，即会展产品购买者，主要包括参展商和参观者。本书主要是从狭义上的会展市场来阐释会展市场营销过程。

通常，会展市场的营销过程首先就是一个市场细分（Segmentation）、目标市场选择（Targeting）与市场定位（Positioning）的过程，即STP市场营销战略。对于会展企业来说，会展市场营销就是要通过市场调查充分获取市场信息，从而细分市场、选择和定位目标市场，并对目标市场进行营销，这是会展活动成功开展的关键。

第一节　会展市场调查

市场调查是现代市场营销活动的起点。会展市场调查是会展项目成功举办的基础和先决条件，在会展营销活动中扮演着极为重要的角色。一项大型会议或展览项目从选题、立项策划、展位定价、招展招商到会展服务的全过程都离不开广泛、深入的营销市场调查。正如美国Red Bank展览调查公司首席运营官Skip Cox先生所言："越来越多的会展公司意识到，要想在竞争激烈的领域取得更大成功，需要通过市场调研来帮助自己作出更好的决定。"会展市场调查的主体可以是会展咨询公司、会展策划公司、展览会广告代理商、展览会现场服务公司、会展行业协会、相关政府部门、会展场馆设施方、会展主办方、参展商和观展者、相关专业学术团体等。

会展市场调查对会展企业或其他会展营销主体了解会展市场态势，发现市场机会，确定营销目标、营销方式和营销内容具有重要的决策参考价值，是会展企业、参展商和观展者制定营销方案、科学进行市场预测的重要前提。

一、会展市场调查的内容

市场营销的关键在于确认目标市场的需求，并且要比竞争者更能有效地满足顾

客需求。所以，市场调查是市场营销的起点和重点。对策划和组织会展活动的会展企业而言，会展市场调查的内容通常包括：

（一）会展活动的营销环境调查与分析

会展活动的营销环境调查内容通常包括其政治、政策、法规大环境、行业及产业发展的经济大环境、会展活动开展的社会文化环境及科学技术条件等，从而根据会展市场营销环境特征分析判断某会展活动项目的可行性和项目前景。

政策法规大环境主要包括国家和地区对会展业及会展主题所涉产业的发展政策、会展营销及组织过程中所涉及的相关法律规范等。

行业及产业发展大环境指参展企业所属行业及产业的发展现状及趋势；至于产业信息，则是指要进行会展的产业的性质、产业规模、产业分布、厂商数量（决定了潜在参展商和专业观众的数量）、产品销售方式、产业发展水平等。

会展营销社会文化环境会影响企业参展和观众到会参观意愿及行为模式。会展营销的社会文化环境调查内容通常包括会展举办地及客源地人们的宗教信仰、餐饮习惯、文化传统、地区间关系的好坏、各种节假日安排等。

会展技术环境信息包括会展场馆建设和装潢技术、新的布展概念和工艺、先进的会展设备信息等。

（二）会展需求市场调查

会展需求市场调查的主要目的是通过会展市场调查，确定潜在客户的需求，确认目标市场，预测目标市场规模和市场潜力，弄清参展商和观展者的市场行为特征，从而为有针对性的会展市场营销方案提供思路。

通常，会展企业要通过市场调查等多种方式准确获知目标参展商或与会者的基本情况（企业规模、属性、产品类型、市场需求），忠诚客户的经营动态，参加展览会的目的，对展览会项目、服务、价格的要求和建议，参展商和观展者的市场行为特征等。只有弄清会展需求市场的特征及客户行为特征，为会展项目的目标市场提供专业的、高质量的、合乎其需求的产品和服务，才能赢得客户忠诚，在会展市场竞争中获得竞争优势。

展览会的举办时间、地点、主题及内容等都是参展商和专业观众所关心的，任何一个环节如有不妥都可能导致会展的失败。

（三）竞争对手分析

竞争对手和潜在竞争者的数量、规模和区域分布情况，同类会展的经营状况、竞争能力分析，竞争者在会展市场的占有率，竞争对手的服务工作情况，竞争对手的技术水平和装备情况，同主题品牌的成功经验和失败教训等都是会展企业在进行市场分析时必须要考虑的重要内容。此外，会展企业还要设法调查同类展览会特别是重点展览会的主题、举办时间、主办机构、展览会规模、展品范围、参展商数量及其分布、专业观众的数量及其结构等。只有通过科学的竞争对手分析，会展企业才能够清晰地把握同类展览会之间的竞争态势，在知己知彼的情况下，根据自己的实际情况进行与竞争对手有差异的市场营销，以赢得市场竞争，避免恶性竞争。

当然，站在参展商或专业观众的角度，会展市场营销调查的内容除此之外还包括：会展所在地调查，如调查会展城市的区位、资源等条件，地方相关政策法规，时空适应性，人们的观念等；另外，就是对会展组织者和经营者自身条件和展览服务情况的调查，内容包括对会展企业的人、财、物力资源及其整合能力和运营效率的考察，会展企业及该会展项目过往的会展经营业绩与成效，会展企业的品牌形象、行业地位、组织宣传能力及市场影响力、服务内容、价格、安保的调查，会展企业招徕专业观众的能力等。

二、会展市场调查的方法

会展市场调查必须有明确的调查目的。会展市场调查方法因为调查数据的属性不同而有所区别。会展市场调查数据可分为一手数据和二手数据。其中，一手数据是指由调查者直接从市场上获取的最新原始信息，一般由组织市场调查的会展企业直接完成或委托专业的市场调查公司完成；二手数据则是指由其他机构整理发布的信息，通常包括政府机关、行业协会或市场第三方机构完成发布的信息和数据。会展市场调查根据其调查数据的属性特征表现为多种方法。（见图 5-1）

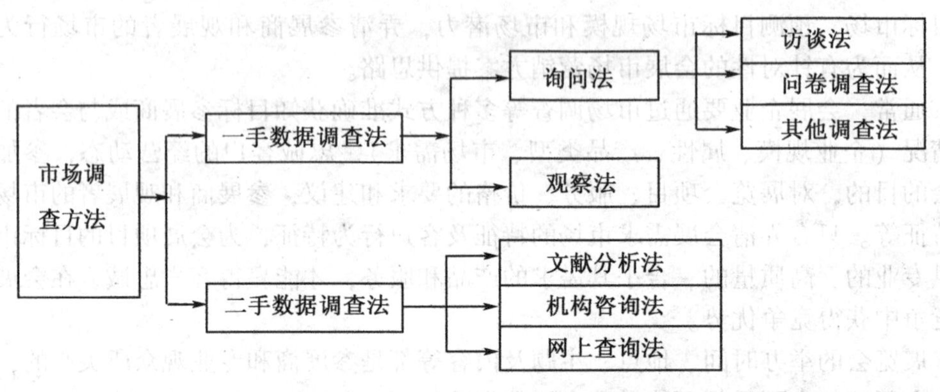

图 5-1　会展市场调查方法示意图

（一）二手数据的调查方法

二手数据是指已经被收集、加工整理成型的数据信息，可以通过查阅公开出版物、向政府统计机构或其他机构咨询、网上查询等调查方法来实现。因为价格低廉、内容开放，二手数据信息是办展企业取得有用信息的有效方法。会展企业可以抽调人手，派出专人利用各种途径搜集和整理已有的会展市场信息。对于会展企业

而言，其可能的二手信息渠道和数据来源包括：

1. 政府部门提供的会展市场信息和各种数据

在中国，政府相关部门如国家统计局会通过其渠道发布各种与会展市场营销环境相关的权威数据，如会展产业发展的宏观经济产业环境数据。

2. 专业的国际性组织和一些私人商业组织提供的二手数据

在会展业内，专业国际组织如国际展览业协会（UFI—the Global Association of the Exhibition Industry）每年发布关于全球展览业方面的各种数据和年度报告；国际会议机构组织如国际大会及会议协会（ICCA—International Congress and Convention Association）和国际协会联盟（Union of International Associations）也会发布全球年度会议产业数据。在中国，全国性、综合性、非营利性的民间社团组织——中国贸促会每年会以各种形式发布有关中国会展经济的专题报告和数据，如《中国会展经济发展报告（2010）》和《2011 年度中国会展经济发展报告》等。此外，联合国、世界经济论坛及其他国际性组织也通常会发布大量二手数据，为会展市场环境分析预测提供大量的二手数据作为参考。

3. 会展业协会组织发布的专业年度报告

在中国，全国会展工作委员会及郭牧博士领衔的亚太会展研究团队编撰了《2011 中国会展业发展年度报告》和《中国会展产业年度报告 2012》，对全国及我国各区域的会展业发展情况进行了翔实的数据分析，提供了较为全面的会展市场信息。

4. 各种咨询和研究机构提供的会展市场信息

目前，由中立的市场咨询和研究机构（如中商情报网、中投顾问、慧典市场研究机构等）发布的会展专题报告可以为会展企业提供大量的二手会展市场信息。

中商情报网是中国专业的商业信息收集、研究、传播的资讯情报服务机构，已经构建了包括政府部门、行业协会、专业调查公司、自有调查网络等多渠道、多层面的数据来源，建立起上百个行业及企业的庞大商业情报数据库。中商情报网于 2005 年发布了《2009—2012 年中国会展产业市场调研及投资前景分析报告》，对欧洲、亚洲和美洲各国、中国以及中国广东、上海、南京、义乌、苏州、杭州、北京、青岛、烟台、大连、成都、武汉等重点区域的会展业进行了全面的剖析，并报告分析了国内外具有代表性的展览公司的运营情况。这些数据和报告也为会展企业提供了大量的可用市场信息。

产业研究与咨询机构——“中投顾问”于 2012 年 9 月发布了《2012—2016 年中国会展业投资分析及前景预测报告》，对世界各主要会展经济国以及中国 2011—2012 年会展产业发展的现状、势头和特征等情况进行了分析，也对中国各会展产业发展较快速省区的会展经济发展信息进行了剖析。这些都为会展企业进行市场调查和市场分析提供了数据来源。

此外，慧典市场研究机构发布了《2008 年中国会展业市场发展趋势及投资前景预测报告》，艾凯咨询发布了《2006 年中国展览业行业市场分析及发展趋势研究报告》。

5. 会展专业门户网站或者专业网站

在中国，类似于中国会展产业协作联盟网——红方块网（http://www.hfk99.com）及各种会展网等也能给会展企业提供国内外各不同专题的会展信息和资讯，有的也能提供一些会展业研究和分析报告。

6. 通过驻外使馆商务机构、外贸部门、各种进出口公司、交易会、展销会等获得的国际会展市场信息

会展企业也可以通过各种渠道获得国家驻外使馆商务机构、外贸部门、各种进出口公司、交易会、展销会等所拥有的会展市场信息为自己所用。

7. 其他渠道和来源

此外，各类媒体如报纸、杂志等也会提供各类、各主题的会展市场信息，还有一些企业或公司内部的业务资料、财务报告、企业积累的其他资料也会成为会展市场调查的信息渠道和来源。

二手数据虽然数据来源广泛，具有采集速度快、费用低的特点，但二手资料通常信息量庞大分散，时效性难以得到有效保证，可靠性不确定；有时可能与某特定会展企业的具体需要关联不大，无法直接满足会展企业对于市场信息的需求。在这种情况下，一手数据调查即由会展企业自己组织的、专门的、有针对性的市场调查就成为必需的选择。

（二）一手数据的调查方法

一手数据的调查方法有询问调查法和观察法两种。询问调查法又主要包括问卷调查法和访谈法。

（1）问卷调查法

问卷调查法是指利用高度结构化的调查问卷从调查对象那里获取信息的方法。问卷调查法通常具有程序标准化的特点，以收集定量数据进行定量分析为主。

通常情况下，会展企业应根据自己对市场信息的需求，设计调查问卷，经过预调研进一步修改和完善问卷，再选择适宜的问卷调查方式对预定的或随机选择的调查对象进行调查。直接面对面访问调查、邮寄调查、电话调查、网络调查等是常见的问卷调查方式，各有其特点和适用条件。

采取何种问卷调查方式需要调查者根据市场调查的目的、被调查者特征及调查经费、时间等综合因素来决定。（见表 5-1）

表 5-1　　各种问卷调查方法比较分析表

	优　点	缺　点	适用范围
面对面访问调查	可面对面沟通，避免误解误答，确保调查质量和回收率	数据采集的时间和经济成本高，问卷质量受调查员影响	适用于大多数调查，尤其是受调查者相对集中时
邮寄调查	简便易行，费用较低，容易组织，不受访问员影响	回收率和问卷答题质量无法保证，时间周期长	受调查者十分明确，针对性强
电话调查	费用低，速度快，容易管控	回答率低，问卷的长度和深度有限	受调查者分布广且分散
网络调查	组织简便，费用低廉，速度快，问卷形式多，填写便捷	只限于网上用户，抽样偏差大，回答率无法控制，保密性和可信度低	受调查者分布分散且不太明确

2. 访谈法

访谈法包括小组访谈法和深度访谈法；其中，使用较为普遍的是小组访谈法。

(1) 小组访谈法

小组访谈法也叫焦点小组访谈法，是一种有结构的、直接的、多人调查方法。小组访谈首先要挑选一组具有代表性的被调查者，在一个装有单向镜或录音、录像设备的房间中，采用小型会议的形式，由主持人引导对某一主题或观念进行深入讨论，从而获得所需信息。小组访谈法可广泛应用于了解消费者对某类产品的认识、偏好及行为，获取消费者对新产品的印象，获取关于产品的改进思路，研究广告创意，获取消费者对具体的市场营销计划的初步反应等。小组访谈法具有资料收集速度快、效率高、取得的资料较为广泛等优点。

组织小组访谈时，一定要注意以下问题：

➢ 要有明确的访谈目的。

➢ 时间一般应在一个半小时左右为宜。

➢ 参与者须对访谈主题感兴趣，或者与访谈主题相关。

➢ 参与者一般应控制在 8～12 人。

➢ 参与者可以自由地发表意见。

小组访谈调查的实施程序通常包括：

➢ 选择访谈地点，准备访谈设备，如环境舒适的测试室、录音录像设备等。

➢ 选择访谈参加人员。基于讨论主题和类型，在合适的样本框中随机选择被调查者。

为了保证焦点小组访谈的顺利进行，避免讨论过程中的沟通障碍，注意不要把不同社会层次、不同消费水平、不同生活方式的人放在一组。

➢ 选择访谈主持人。优秀的小组访谈主持人要有广博的知识面和广泛的兴趣，还需具备关于调查、营销和广告方面的基础知识。优秀的小组访谈主持人不仅要有良好的理解能力、观察能力和组织能力，善于调动被调查者的积极性，鼓励被调查者积极发言，还要有较强的主持技巧和商业沟通技巧，能够控制大局，把握讨论的方向和进程。

➢ 编写讨论大纲。小组访谈的讨论大纲由调查组织者、委托方与主持人三方共同研究确定，是小组访谈讨论内容的提纲。

➢ 正式进行小组访谈。

➢ 整理访谈资料，撰写访谈报告。

总体来说，小组访谈的过程是主持人与多个被调查者相互影响、相互作用的过程，“群体动力”在访谈过程中起关键作用。但小组访谈对主持人的要求较高，且不宜对敏感性问题进行调查，访谈数据不易于进行资料整理和量化统计。

（2）深度访谈法

深度访谈法是一种基于无结构的、直接的个人访问的资料采集方法；由调查员与被调查者就某些问题自由交谈，从中获取信息，用以揭示对某一问题的潜在动机、信念、态度和情感。与小组访谈法一样，深度访谈法也主要用于获取被调查者对问题的理解和深层了解，适合于了解复杂、抽象的问题，尤其适用于探索性调查，比如为发掘目标顾客对某会展产品所引起的深层动机等。深度访谈的工作流程通常包括：

➢ 接受任务。

➢ 制定约人方案，预约被访者。通常包括选择、确认被访者条件、配额，确认甄别问卷，购买礼品，准备礼金，预约被访者，确认深度访谈时间等。在预约被访者时，为避免预约被访者因重大变故缺席访谈，可在约定时间内对被访者情况进行及时沟通反馈，并可多约具有相同背景的被访者备用。需要说明的是，调查者应使被访者配额、行业、职务、从业工龄、生活背景保持均匀分布，同一个访问员所约的被访者之间不能是同一单位、同一层次。正式访谈前，调查者应将时间安排、访问安排传真给客户，如有变动，应及时取得联系。

➢ 正式访问。正式访问期间，访问员应与被访者进行一对一现场访问，及时整理和回收现场问卷和录音，并要及时地将回收的问卷、记录、录音等寄给客户。

➢ 访问后续工作。访问后要对访问数据资料进行整理，记录存档留底，撰写调研报告等。

相较于小组访谈法，深度访谈法能更深入地探索被访者的内心思想与看法，可以更自由地交换信息。深度访谈可将反应与被访者直接联系起来，不像小组访谈法中难以确定哪个反应是来自哪个被调查者。在小组访谈中，小组成员有时会因为社会压力不自觉地形成小组一致的意见。

3. 观察法

观察法是会展市场调查常用的一手资料调查方法。观察法主要是由调查者通过直接观察来记录被调查对象的行为、活动、反应、感受或现场事物，以获取所需信息。观察法通常可以分为直接观察法和间接观察法两种。调查者亲自置身于被调查者中间，展开调查即为直接观察法。如在各种展览会中，观察者作为一般观众或伪装成参展者，观察或体验会展现场和会展服务，以获取所需要的市场信息。间接观察法则是指通过对现场留下的实物或痕迹进行观察，以了解或推断过去所发生的市场行为。观察法一般适用于市场商品需求和购买者特征情况、企业经营状况和竞争环境情况、商品库存情况、产品质量调查和广告调查等。观察法的优点是直接、真实、客观、自然，但调查结果对观察员的依赖度较高，人力、物力的花费较大，且难以了解内在信息，观察结果也难以量化统计。

通常情况下，问卷调查法获得的一手数据资料及其他二手的数值型数据可以通过统计分析对会展市场的现状、特征及会展参与者的态度、动机、情感和满意情况进行描述，比较适合进行描述统计、因果分析和预测推断。而通过访谈、观察等方法获得的定性数据则适宜于考察参与者的态度、感觉、动机、反应等，多适用于探索性分析和因果分析。调研目的和数据要求不同，会展市场调查方法也相应不同。

表 5-2　　　　会展市场调研类型一览表

类型	目　标	优缺点	适用范围
探索性	发现问题、寻找机会或缩小问题的范围	简单易行，能呈现面临的机会和问题，不能解释其成因，也不能预测其结果	新开发会展项目之前
描述性	描述市场需求及营销组合状况	适应范围广，能反映现实状况但不能解释现状的深层原因和可能后果	同类展览会调研、目标顾客需求调研、4P调研等
因果性	确定关联现象或变量之间的因果关系	能解释某现象的原因和可能后果，但不能呈现会展市场机会，也无法预测	参展商对展览会的服务总体不满意
预测性	估计和预测某会展市场发展前景和趋势	能对市场前景进行预测，但其准确性受很多因素的影响	展览会前景预测，得到参展商、展位等预测值

第二节　会展市场细分

第二次世界大战后，美国许多产品由卖方市场转化为买方市场，市场竞争十分激烈。为了提高产品销售业绩和市场竞争能力，就必须找出企业希望争取的特定顾客群而不是所有市场，使产品能够最有效地销售到真正的顾客手中。在此背景下，1956年，美国市场学家温德尔·史密斯（Wendell R. Smith）基于“消费者需求异质性”的理论基础，提出了“市场细分”的概念。市场细分理论是企业贯彻以消费者为中心的现代市场营销观念的必然产物。

尽管会展业是一个快速发展的新兴产业，但由于会展企业的数量、规模日益增长，会展业全球化竞争趋势日益明显，会展业及会展产品的市场竞争不断加剧。会展业在全球各个国家、同一国家的不同地区之间发展很不平衡，这更加深了局部地区会展产业和产品竞争的激烈程度。据国际展览业协会报告的数据统计，2011年，全球室内展场面积在5 000平方米以上的展览场馆就有1 197个，其室内展场面积累计高达3 260万平方米。欧洲、北美和亚洲分别占全球室内展览场馆总面积的48%、24%和20%。其中，位居前三甲的美国、中国、德国展览场馆面积就分别占到了其中的21%、15%和10%①。全球会展业发展不均衡，会展产业竞争十分激烈，会展企业必须加强会展市场细分以争取和维持市场。

2011年，中国办展总数达到7 333个，总展出面积8 173万平方米，比2010年办展数量增加1 133场，展出面积增加433万平方米②。总体来看，全国平均每天办展20余个。2011年，江苏、上海、广东、浙江、山东、北京六省市平均办展624次，重复办展现象比较严重，会展市场竞争尤其激烈。中国会展市场竞争不仅局限于国内，国际展览巨头也纷纷抢滩中国会展营销市场，以合资合营方式投资经营中国大陆会展行业；一些中国企业也纷纷奔赴国外参展，分流了国内会展企业的会展产品市场。会展行业竞争的全球化和激烈化程度将随着中国经济的快速发展和全球化进程的进一步加强而日益加深。无论是一个国家、一个地区或一个会展企业，都不可能面向整个国际或国内会展市场，必须进行市场细分。

会展市场细分是在会展市场调查发现的基础上进行的关键性市场营销行为。由

---

① The World Map of Exhibitions Venues2011 from 2011 global exhibiton industry statistics. Accessed on http://www.ufi.org/Public/Default.aspx? Clef_SITESMAPS = 142&Clef_SITESMAPS = 144#world-map on 2012-10-12.

② 2011年中国展览数据统计分析报告，中国会展经济研究会，2012年5月。转引自：http://wenku.baidu.com/view/ae22042ebd64783e09122b82.html

于会展市场范围广泛，会展主题及参会者性质和需求差异性极大，一个会展公司绝不可能满足全部会展市场的需求，更无法满足所有企业及观众的需求。因此，会展公司只能专注于会展需求具有相对一致性的市场和客户群体，通过提供更有针对性的服务和会展产品来满足市场需求。所以，会展市场细分必须立足于会展市场调查研究，对整体市场进行判断和细分，在此基础上选择一个或几个细分市场作为自己的主要目标市场，并根据目标市场的需求特征有针对性地提供产品和服务，提高顾客的满意度。

一、市场细分概述

（一）市场细分的定义

市场细分理论是以消费者需求的“异质性”为基础的。对于绝大多数商品或服务而言，消费者对商品或服务的需求、欲望、购买行为以及对企业的经营组合策略的反应会有一定的差异性。由于消费者异质需求的客观存在及生产同类产品的不同企业在不同方面具备各自不同的特点，造成同类产品的市场可能会存在不同的消费者群，从而使市场细分成为可能。每一个消费者群就是一个细分市场，每一个细分市场都是具有类似需求倾向的消费者构成的群体。随着市场竞争的加剧，对市场进行细分并进行差异化的市场营销战略已经成为企业和组织通过市场营销获取市场优势的重要营销内容和方式。

会展市场细分是会展企业按照参展企业和目标观众在需要、爱好、购买动机、购买行为、购买能力等方面的差异，把整体市场细分为以参展者群体为标志的“子市场”的一系列求同存异的方法和过程。同一细分市场中的个人、团体和企业有着某种或某些共同的特点，其需求之间的差别很细微；而在各个不同的细分市场之间，消费者的需求则呈现出比较显著的区别。在会展市场上，会展企业把企业异质市场划分为若干个子市场，向不同市场提供不同的会展产品和服务，以便有效地调配使用资源进行营销。

（二）市场细分的意义

企业或组织进行市场细分的本质就在于为其产品或服务找出具有类似需求的顾客群体。会展市场细分有助于会展企业和会展组织者根据实际情况选定会展目标市场，有利于会展企业集中人力、物力，针对目标市场进行会展产品开发和市场营销，有利于会展企业发现新的商机，开拓更为广阔的会展市场。

（三）市场细分的依据与标准

对消费品市场而言，市场细分的标准通常包括地理标准、消费者人口统计属性、心理属性、消费者行为特征等。对于会展市场而言，其市场细分的依据和内容通常包括：

1. 按市场的地理特性进行细分

首先应按会展活动或会展产品的级别进行会展市场细分与定位。如果一个会展活动是国际级的，比如世博会，则其目标市场必然具有国际性特征，这个展览会就必须要有国外参展商或观众，而不能仅仅局限于国内参展商和观众。同样地，一个国家级的会展产品或会展活动，就必须要在全国范围内选择和确定其需求市场。当然，一个区域级或地方级的会展，其市场范围自然就会小得多。

在市场范围基本确定的情况下，会展营销人员可按国家、地区、城市、农村、气候、地形等地理特性进行市场细分。不同地区的企业可能会因为地区经济社会发展水平、地方文化和消费习惯差异，在展位认购习惯和会展产品及服务消费偏好、需求上有所区别。会展企业应基于市场细分有意识地选择一个或几个地理区域进行营销，将自己有限的资源尽可能投向潜力最大、最适销对路、最能发挥优势的地区市场。如广交会的目标市场通常可以按洲际或按国别进行市场细分。

2. 按参展企业类型进行细分

目前，行业类型多样，产品五花八门，不同的参展商因为其展出产品不同而对会展企业或会展活动提出不同的需求。不同产品对展览会的特殊需求主要体现在场馆要求的差别、交通运输需求的差别、专业观众和一般观众的差别、展览会广告宣传等方面的差别。这也是为什么当前国内外均会按照行业类型的不同形成各种产品主题的展览会的根本原因。因此，会展企业可以根据不同产品主题的特殊要求提供有针对性的服务。

另外，参展商的企业规模和实力不同，对展览会的场馆、展台布置、专业观众的数量、参展价格、其他参展商的知名度、展览会的宣传力度、展览会举办的时间和地点等方面会表现出不同的需求特征。通常情况下，中小企业因为实力较弱，对展览会费用比较敏感，对场馆和其他方面的服务要求则不太高；而一些实力较强的大型企业参展支付能力强，但对展览会的场馆、宣传、专业观众和普通观众的组织以及交通等方面的要求比较高。

因此，会展企业要明确自己的目标市场，选定目标市场进行有针对性的市场营销。

3. 按参展商的人口统计特征进行细分

按消费者的人口统计属性进行市场细分是产品市场细分的重要通行标准之一，也是会展市场细分的一个重要标准。

参展商的人口统计特征主要包括参展人员的年龄、性别、职业、收入、婚姻状况、文化程度、家庭结构和规模、宗教信仰、种族和社会阶层等。参展商的需要、欲望和使用率经常紧随人口统计特征的变化而变化，这些属性特征对参展人员的消费心理、消费习惯以及消费效果评价有着重要的影响。在会展市场营销过程中，会展企业应根据参展商的人口统计特征对会展市场进行细分，以便更好地满足参展商在展出期间的布展、吃、住、购等方面的需求，提高参展商对会展服务的整体满意

程度。

4. 按参展企业的参展目标进行市场细分

部分学者将参展商的参展目标分为销售类和非销售类两种目标类型。销售类目标即参展商的参展目标是为产品成交或为签订贸易、技术、投资、经营等合同或协议，这是实体企业普遍重视的展出目标；非销售类目标主要是介绍新发明、了解新产品、推销新成果、了解市场对系列产品的接受程度等。参展企业的参展目标有时候又可以归纳为宣传目标、市场目标和销售目标三大类：

参展企业参展的宣传目标主要包括推出新产品、介绍新发明、介绍企业产品和企业文化、树立良好的企业形象、加强与新闻媒介的联系等。

参展企业参展的市场目标主要包括了解市场对企业产品系列的接受程度和产品推销的成果、了解产业发展趋势和竞争情况、考察竞争者同类产品的价格定位、试探定价余地，交流经验、检验自身的竞争力、了解本企业所处行业的状况、寻求合作机会。

参展企业参展的销售目标主要包括扩大销售网络、寻找新代理、测试减少贸易层次的效果、接触新客户、挖掘现有的客户潜力、训练职员调研以及推销技术等。

根据中德重庆会展研究所在重庆第4届高新技术成果交易会上所做的一项调查，参展商参展动机相对集中，排在前三位的分别是展示新产品或企业形象（65.8%）、收集市场信息（31.4%）、产品直接销售（23.4%），分别代表着上述三大参展目标①。

参展商参展目标不同，其对专业观众及普通观众的期望和界定就会有所差异，会展组织方式和程序都会有所区别。因此，会展企业应根据参展商参展目标的不同，对会展市场进行细分，根据企业发展目标和战略选择细分市场，并有针对性地进行会展市场营销。

在会展营销实践中，会展营销者可以根据企业的营销目标和资源情况选择单一的市场细分依据（如参展商的地理特性或参展企业类型等因素）进行会展市场细分，也可以按照其中的两个因素或多个依据作为复合标准来对会展市场进行细分，如同时按照参展商的地理来源和企业类型进行细分等。

（四）市场细分的流程

会展市场细分的流程通常包括选定市场范围、了解和审视客户需求、分析可能存在的细分市场、根据所选标准细分市场、分析各细分市场的购买行为、评估各细分市场的规模六个步骤。会展企业或会展市场营销者在每个阶段都需对市场特征情况进行分析和研判。（见图5-2）

---

① 数据来源："会展策划与实务"岗位资格考试系列教材编委会．会展市场营销［M］．北京：旅游教育出版社，2007：154.

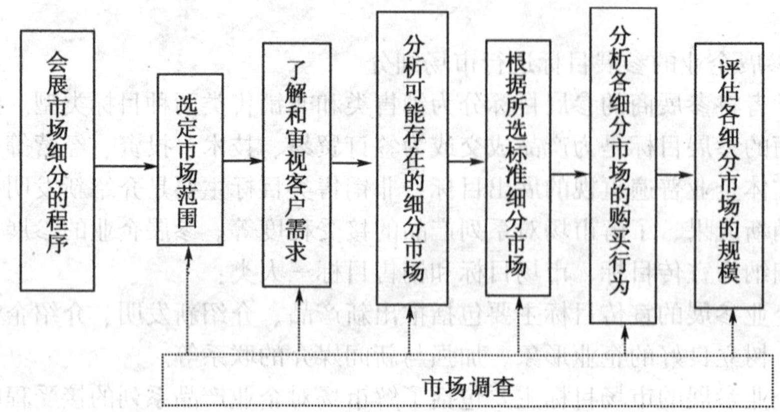

图 5-2　会展市场细分的工作流程图

1. 选定市场范围

确定适当的市场范围是有效进行市场细分的基础。如果会展企业所选择的会展市场范围过大，就会增加企业营销成本，给会展企业带来营销组织困难，造成不必要的浪费，也无法保证市场营销效益；如果企业所选择的会展市场范围过小，就会限制企业的营销活动，并最终限制会展企业的营销业绩和企业发展。

会展企业应通过对会展市场营销的环境、会展市场需求特征及竞争者的调查分析结果，结合自身的人力、物力条件，确定本企业会展经营目标，合理地选择市场范围。

2. 了解和审视客户需求

会展企业在确定市场范围后，应根据会展市场调查研究情况，审视和列举所选择市场的所有会展产品和服务需求，包括现实需求和潜在需求，并尽可能对客户需求进行全面而详细的分类，为进一步的市场细分提供翔实的数据资料。

3. 分析可能存在的细分市场

根据所分析市场上所有客户的地区分布、人口特征、经济状况、购买行为、消费习惯等特征及客户对会展产品和服务的需求差异，分析可能存在的细分市场。

4. 根据所选标准细分市场

会展企业的营销人员针对可能存在的细分市场对展览会的需求，研究每一个可能因素对其参展需求产生的影响，列出主要影响因素，最终选取重要的差异需求，以确定细分市场的标准。在此基础上，会展企业根据所选标准将确定范围内的整体市场划分为不同的子市场，并明确每一子市场的重要特征。

5. 分析各细分市场的购买行为

分析每一细分市场对会展产品与服务的需求与购买行为特点，分析原因与可能的影响因素，完善会展市场细分方案，为此后的目标市场定位、会展产品、服务供给提供参考。

6. 评估各细分市场的规模

以会展市场调查为基础，会展企业应对每一细分市场的顾客规模、购买频率、产品及服务的需求量等进行预测和估计，并分析细分市场上的产品竞争状况及发展趋势。

二、会展市场细分

由于会议公司和展览公司提供的是两种不同性质的产品，其所提供的服务内容和要求也各不相同。所以，有必要分别对会议市场和展览市场进行细分。

（一）会议市场细分

会议市场的细分可以有多种标准，并形成不同的细分市场体系。

1. 按照举办单位划分

按照举办单位性质，可将会议分为公司类会议、协会类会议和非盈利性组织会议三类。

公司类会议是会议市场的主体，数量极其庞大。公司类会议规模大小不一，以传递公司内部信息为主要目标。公司类会议包括公司销售会议、技术会议、管理大会、股东大会、培训会议等。

协会类会议在会议市场中占有相当重要的位置，是会议市场最主要的客源。协会大致可以划分为行业协会、专业和科学协会、教育协会和技术协会等类型。因协会人数和性质差异，协会会议的规模、市场大小也互不相同。

非盈利性组织会议主要是非盈利组织召集举办的各种会议，包括政府机构会议、工会组织和政治团体会议、宗教组织会议等。

2. 按照会议的性质与内容划分

按照会议的性质与内容，会议可以分为年会、专业会议、代表会议、论坛、专题讨论会、讲座等。

（1）年会：就政治、经贸、科学、文化、教育或技术等领域某一特定主题展开讨论的聚会，通常包括一次全体会议和几个小组会议。年会可以单独召开，也可以附带展示会，多数年会是周期性的，最常见的周期是一年一次。

（2）专业会议：专业会议是就具体议题展开讨论的会议，可以召开分组小会，也可以只开大会。就与会者人数而言，专业会议的规模可大可小。

（3）代表会议：性质上与专业会议类似。代表会议的出席人数差别很大。

（4）论坛：论坛的特点是反复深入的讨论，一般由小组组长或演讲者来主持，并可由专门小组成员与听众就问题的各方面发表意见和看法。讲演者之间可能立场相反，讲演者对听众发表讲演，听众也可参与提问和讨论。主持人主持讨论会并总结双方观点。

（5）专题讨论会：座谈会和专题讨论会与论坛类似，但缺少论坛平等交换意见的气氛和特征，办会方式显得更加正式。参会的个人或小组对某一专题进行陈述

讲演或示范讲解，一些预定好的听众会参加讨论，但较少有观点和意见交流。

（6）讲座：讲座规模大小不一，但更正式，组织更严密。通常由专家进行个别讲演，讲座后也许有，也许没有来自观众的提问。

（7）研讨会：研讨会通常是在讨论主持人的主持下进行，出席者有许多平等交换意见的机会，知识和经验被大家分享，通常有许多参与的活动。研讨会明显适用于相对较小的团体范围。当这样的会议规模变大时，它就变成了论坛或专题讨论会。

（8）讨论会：指处理专门问题或特殊分配任务的一般性小组会议，具有交流面对面、参与性大的特点；经常被培训负责人采用来进行技术培训，参加者互相学习，分享新知识、技能，交流对问题的看法等。

（9）专题讨论组：就某一问题公开进行的专题讨论会，可以是大型会议的一部分。在主持人的组织下，需要两位或更多的讲演者提供观点或某一领域专门知识，并和专门小组成员或听众一起公开进行讨论。

（10）培训性会议：会议时间不定，少则一天，多则几周。这类培训性会议需要特定场所，培训内容高度集中，由某个领域的专业培训人员教授。

此外还有奖励会议，主要是指公司为了对员工、分销商或客户的出色工作表现进行表彰奖励而举办的会议。

3. 按照会议活动特征划分

按照会议活动特征可以将会议分为商务型会议、度假型会议、展销会议、文化交流会议、专业学术会议等。

（1）商务型会议：指一些公司、企业因其业务和管理工作发展需要在饭店召开的商务会议。出席这类会议的人员素质比较高，一般是企业的管理人员和专业技术人员，他们对饭店设施、环境和服务都有较高的要求，且消费标准高。召开商务型会议一般选择与公司形象大体一致或更高层次的饭店，如大型企业或跨国公司一般都选择当地最高星级的饭店。商务型会议在饭店召开常与宴会相结合，会议效率高，会期短。

（2）度假型会议：利用周末假期组织员工边度假休闲，边参加会议，这样既能增强员工之间的了解以及组织凝聚力，又能解决组织所面临的问题。度假型会议一般选择在风景名胜地区的饭店举行。这类会议通常会安排足够的时间让员工观光、休闲和娱乐。

（3）展销会议：参加商品交易会、展销会、展览会的各类与会者入住饭店，会在饭店举办一些招待会、报告会、谈判会和签字仪式等活动，晚间有时还会有娱乐消费。另外，一些大型企业或公司可能单独在饭店举办展销会，整个展销活动全在饭店举行。

（4）文化交流会议：各种民间和政府组织组成的跨区域性的文化学习交流活

动，常以考察、交流等形式出现。

（5）专业学术会议：这类会议是某一领域具有一定专业技术的专家学者参加的会议，如专题研究会、学术报告会、专家评审会等。

（6）政治性会议：国际政治组织、国家和地方政府为某一政治议题召开的各种会议。会议可根据其内容采用大会和分组讨论等形式。如APEC会议。

（7）培训会议：用一个会期对某类专业人员进行的有关业务知识方面的技能训练或新观念、新知识方面的理论培训，培训会议形式可采用讲座、讨论、演示等形式。

会议还可以按照会议目的分为以联络协调为目的的会议、以听取情况或意见为目的的会议和以决策为目的的会议。以联络协调为目的的会议中典型的如协会的年会、公司内部的项目会议等；以听取情况或意见为目的的会议最典型的莫过于听证会、研讨会、企业职工代表大会等；以决策为目的的会议中最典型的莫过于人民代表大会，一般而言，在这种会议上所做的决定是一定要付诸实施的。

（二）展览市场细分

根据不同的分类标准，展览市场也可以进行细分。

1. 按照展览产品与参展企业的性质划分

按照展览产品和参展企业的性质，展览市场一般可以细分为综合展和专业展。国际展览业协会（UFI）将展览会分为综合性展览会、专业性展览会和消费性展览会三种类型。下面以前两种展览会为例进行说明：

（1）综合性展览会。综合性展览会是指向专业观众开放，以展示和交易多种行业和产品为内容的展览，也被称作横向型展览会，比如工业展、轻工业展。在国内外展览市场中，综合性展览会的数量比较多。

（2）专业性展览会。专业性展览会是指展示某一行业甚至某一项产品的展览会，常常同时举办讨论会、报告会，用以介绍新产品、新技术等，是国内外展览市场中比重最大的细分市场。专业性展览会的展示内容具有专业性和导向性，参展商与观众具有确定性和高质量性。如深圳高交会、文博会、家具展、机械展、通信及网络展、光博会及珠宝展等。

2. 按照参展商的地理来源划分

按照参展商的地理来源，可以将展览市场细分为国际展、国家展、地区展和公司独展四种类型。

（1）国际展。国际展又可以分为来华展和出国展。根据国际展览局公约规定，有两个以上国家的企业参加的展览会即为国际展。随着世界经济的一体化，展览活动已逐步跨越国界向国际化方向发展，产生了许多知名的国际展览会和展览产品。来华展主要是指在我国境内举办的，有国外参展商和观众参加的展览，如广交会。出国展与来华展相对应，是由中国各级政府、行业协会或展览公司组织国内企业到

国外举办的展览。出国展要求展览经营者具有较强的国内招展能力和国际展览市场运作经验与渠道。虽然出国展有较强的市场需求，但由于招展组织难度大、展出费用较高、各种审批手续繁杂，出国展目前的利润水平并不高，有些甚至还需要获得政府的补贴和资助。

（2）国家展。国家展主要面向国内市场，参展商和观众主要或全部来自国内。如中国出口商品交易会。

（3）地区展。地区展主要面向地区市场，参展商和观众主要来自国内个别地区。如华中旅游博览会。

（4）公司独展。公司独展是指参展商为单个公司，主要展出单个公司的产品。

3. 按照参展企业的性质与展览主题划分

根据国际展览业协会对于展览业的行业划分标准，基于参展企业及展览主题性质划分的展览市场可以细分为综合展览市场，娱乐休闲展览市场，建筑与基础设施、工程、工业、机械、制造、仪器设备、硬件设备展览市场，家具和室内装饰展览市场，纺织、服装和时尚展览市场，农林渔展览市场，餐饮和接待展览市场，交通、后勤和海运展览市场，保险、家居、礼品和玩具展览市场，汽车、摩托车展览市场，健康护理、医疗设备展览市场，IT 和电信展览市场，旅行展览市场，消防和安全、防护展览市场，办公服务和零售展览市场，环保展览市场，能源、石油、天然气展览市场，教育展览市场，电子元件展览市场，美容、化妆品展览市场，房地产展览市场，珠宝、手表及配件展览市场，打印和材料包装展览市场，航空与航天展览市场，化学品展览市场和光学产品展览市场等。这些细分市场基本上囊括了当前各类型企业产品及专业观众的需求和诉求。

图 5-3 是 2010 年欧洲和亚洲各细分展览市场的份额和组成：

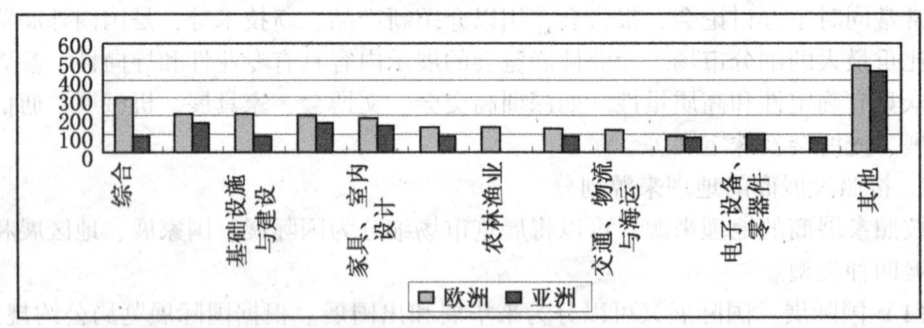

图 5-3 基于总展出面积的 2010 年欧洲和亚洲排名前十的展览行业结构示意图（单位：万平方米）

（资料来源：Global Exhibition Industry Statistics 2011，国际展览业协会，UFI Research Projects，p19.）

4. 按照参展企业的参展目标划分

按照参展企业的参展目标，展览市场可细分为展览会和展销会两种形式。

（1）展览会/博览会。主要是为宣传目标而办展或参展，包括展示会、展评会和展览交流会。这种展览会不做贸易，其目标主要是宣传展示新产品、加强与新闻媒介的联系、宣传和提升企业形象和文化、了解客户的需要、收集市场信息、接触新客户。国外的 Exposition 意即“具有宣传性质的展览会”。

（2）展销会。展销会是另一种重要的展览会。此时，企业参展的目标既包括产品展示，也非常重视展览会上的现场产品销售，很多时候，企业参展的销售目标甚至重于展示目标。这类会展不仅包括一般的展销会，也包括贸易洽谈会、看样定货会。

5. 从形式上划分

从形式上，展览市场可分为传统展览和网上展览两种市场。

（1）传统展览。传统展览是参展商将展品在一定的时间、空间条件下通过直观展示来与专业观众和一般观众传递和交流信息的一种营销方式。传统展览的最大特点是真实性、直观性、综合性、集中性与开放性。目前，全球大多数展览都是传统实体展览，虽然很多展览会也会借助网络信息技术进行会展营销与宣传活动。

（2）网上展览。网上展览是对真实展览会的虚拟，展览组织、展出及相关环节实现电子化，参展单位的各种信息以多媒体电子文件的形式存放在国际互联网的某个服务器里，供各国客商从世界各个角落查阅；组展者、参展商和观众之间的交流通过互联网进行，属电子商务的范畴。网上展览具有市场辐射面广、参展费用低、展出周期长、展出信息容量大、会展信息传播速度快等特点。网上展览将是未来会展业发展的一大趋势，有越来越多的会展活动将会借助网络在虚拟空间里进行。网上中国 2010 年上海世博会就是网上展览的一个典型实例。（见表 5-3）

表 5-3　**网上展览与传统展览的优劣势比较分析表**

	传统展览	网上展览
优势	①会展项目营销管理的技术操作较为成熟 ②参展双方面对面交流接触，能更加直观地了解展品、促进洽谈	①可降低因不可控因素对会展营销管理的潜在威胁 ②可降低办展成本，控制资源的浪费 ③展示媒体丰富，展示周期长
劣势	①受到时间、地点等因素的限制 ②受到瘟疫、天气等不可控因素的潜在威胁 ③参展成本高、资源浪费现象严重 ④展示周期短	①网络技术与管理模式尚不健全，营销效果不稳定 ②交易风险较大，虚拟平台的信用机制建立有待完善 ③由于网络会展起步不久，被大众接受尚需时间

6. 从会展的间隔时间及时长划分

根据会展举办的时间间隔和长短，展览会通常可以分为定期展览和不定期展览，其中，定期展览又包括五年一次（如注册类世博会）、四年一次、三年一次、二年一次、一年一次（中国国际旅游交易会）或一年两次（如广交会）。不定期展览的间隔时间及举办时间的长短则不一致。

站在参展企业的角度，参展企业的会展市场细分行为包含着对于企业参展产品主要需求市场特征和目标市场的分析、判断和选择，以及在选择的市场范围内对会展产品和服务的供给者即会展企业的归类、细分和研判。对会展企业的细分依据则主要包括会展产品的性质和主题、会展企业的规模和市场影响力、竞争者状况、产品和服务的价格和质量等。

7. 按展览面积大小的不同划分

根据展览面积大小的不同，展览可分为大、中、小型展览。

大型展览是指单个展览面积超过 12 000 万平方米的展览会。中型展览是指单个展览面积在 6 000 ~ 12 000 平方米之间的展览会。小型展览是指单个展览面积在 6 000 平方米以下的展览会。

第三节　会展市场定位

所谓市场定位，就是指企业针对潜在顾客的心理进行营销设计，创立产品、品牌或企业在目标客户心目中的某种形象或某种个性特征，保留深刻的印象和独特的位置，从而取得竞争优势。市场定位的根本目的就是要在目标客户心目中创立产品、品牌或企业的良好印象，使本企业与其他企业严格区分开来，使顾客明显感觉和认识到这种差别，从而在顾客心目中占有特殊的位置，最终取得竞争优势。市场定位的内容通常包括企业定位、产品定位、竞争定位和消费者定位四个方面。市场定位的关键是企业要设法在自己的产品上找出比竞争者更具有优势的特性。

会展市场定位是指对会展企业形象、会展产品或服务、会展产品目标市场进行定位和设计，从而使其在目标市场中占有独特位置，表现得与众不同而独具特色。会展营销市场定位的内容主要包括消费者定位、会展企业形象差异化定位、会展产品差异化定位和会展市场竞争定位四个方面。

一、消费者定位

消费者定位是一个目标市场选择和确定的过程，主要是确定会展企业的目标顾客群，包括参展商及观众定位。这是会展营销市场定位的重要内容。

会展企业进行消费者定位时，首先要明确选择目标市场的条件。选择目标市场

的条件通常包括：(1)目标市场上有足够的市场需求（现实需求/潜在需求）；(2)目标市场具有一定的购买力；(3)本会展企业有能力满足目标市场对于会展产品和会展服务的需求；(4)在被选的目标市场上，本会展企业具有一定的竞争优势，即拟选择的目标市场上，竞争对手很少或没有，或者本会展企业有能力击败对手，取得较大的市场占有率。

二、会展企业形象差异化定位

会展企业形象差异化定位是一种企业定位，是指会展企业通过产品及品牌，在基于消费者需求的基础上，将企业独特的个性、文化和形象，塑造于消费者的心目中，并占据一定位置，以形成对消费者的率先吸引力。

会展企业应根据自己的资源优势、制度文化和发展目标，在目标市场上确定本企业的形象，以此吸引目标市场上顾客的关注和理解，并与竞争者相区别。

对于会展企业来说，其企业形象定位可以采取的主要策略包括形象差别化战略。即要借助品牌、标志、媒体等向外界宣传会展企业及其产品的个性特征，通过会展名称、会展标识（LOGO）及标识语、会展企业的情感诉求、价值理念、会展组织方式等方面与竞争者区分开来，创造形象差异，并能为目标市场顾客群体较好地接受。

三、会展产品差异化定位

产品定位主要是指根据产品质量、成本、特征、性能、可靠性、可用性、款式等特征对产品实体进行定位。会展企业应根据市场竞争特点和本企业优势，在会展产品和服务上尽可能做到“人无我有，人有我优”，从会展产品的类型、档次、成本、特性、权威性等方面来提供差异化的会展产品和服务，以便更好地满足目标市场的顾客需求。

在会展行业中，会展服务作为会展产品整体概念中的附加值和附加产品，在会展产品的核心层和形体层趋同的情况下，其营销价值不可低估。随着产品市场竞争的加剧和人性化、个性化服务需求的日益上升，通过提供贴心的星级会展服务，形成会展企业与产品的服务差异，是会展市场营销产品定位的重要内容。

四、会展市场竞争定位

市场定位的实质是竞争定位。会展市场竞争定位就是指会展企业要确定自己相对于竞争者的市场位置，即与竞争者相区别的地方。对于会展企业而言，其竞争定位方式主要有对抗性定位策略、避强定位策略、重新定位策略等。

（一）对抗性定位策略

对抗性定位策略是一种与在市场上占据支配地位的，亦即最强的竞争对手“对着干”的定位方式。企业选择靠近现有竞争者或与现有竞争者重合的市场位置，去争夺同样的消费者。这种市场定位方式通常存在较大的市场风险。只有当一个会展企业或参展企业相对于其竞争对手来说能提供更好的产品、更专业的服务，会展市场容量足够大，本企业相较于竞争对手资源和实力更雄厚时，才可以使用此竞争策略。

（二）避强定位策略

避强定位策略也叫“见缝插针”、“拾遗补缺”定位策略。即会展或参展企业回避与目标市场上已经存在的强力竞争者直接对抗，开发并销售目前市场上还没有的会展产品，开拓新的市场领域。这种定位方式能够较快地在市场上站稳脚跟，较易被市场接受，市场风险较小，成功率相对较高。当某潜在会展市场没有被强力竞争者发现，或潜在市场虽已被发现，但其他企业暂时无力占领时，会展或参展企业才可以考虑这种市场竞争定位策略。

（三）重新定位策略

由于会展企业或参展企业自身实力或市场竞争状况发生变化，企业营销的外部环境发生改变，所以会展企业或参展企业有时候需要对自己已有产品的消费市场重新进行定位，或改变自己的产品特色，使目标消费者改变对企业的原有印象，对企业及其新产品有一个重新认识。

会展企业进行市场定位时，应根据自己在市场、产品与服务质量、信息、管理、理念等方面的优势，针对目标市场消费者心理展开定位，通过设计会展公司营销组合行为，努力造就会展企业和产品在消费者心目中的某一特定地位，将本会展企业及会展产品与竞争者区别开来。同时，会展企业进行市场定位时要具有可传达性、动态性；定位要能为目标市场正面接受，能得到目标市场客户的喜欢和信任。

此外，在会展营销市场定位中，会展企业需要了解和分析目标市场对本企业会展产品和服务的需求和价值理解，在会展产品的名称、价格和包装等方面做文章，给目标顾客留下良好的企业印象，树立良好的企业形象，以吸引更多的参展商和与会观众，以扩大销售、增加利润。

思考与讨论

1. 总结概括会展市场调查的内容、方法及其适用范围和条件。
2. 什么是会展市场细分？会展市场细分的依据有哪些？
3. 如何进行会展市场细分？会展市场细分的步骤有哪些？
4. 会展市场定位的内涵是什么？应如何进行会展市场定位？

本章案例

义乌小商品博览会的市场选择与定位

中国义乌国际小商品博览会（简称“义博会”）是经国务院批准的日用消费品类国际性展览会。“义博会”创办于1995年，每年10月在义乌举行。“义博会”以“面向世界、服务全国”为办展宗旨，是商务部举办的三大出口商品展之一，并获得了国际展览业协会（UFI）的认证。

立足于义乌在小商品生产经营上的规模优势、产业集群支撑优势、商品门类齐全而专业性强的市场优势，义乌的小商品博览会于1995年开展，并一炮而红，成长为目前国内最具规模、最具影响、最有成效的日用消费品展览会。作为全国一个地处内陆的小小的县级市，义乌的小商品博览会为什么会远胜于许多产业基础更强、区位条件更好、会展产业基础更好的大城市举办的会展产品，有如此大的影响力呢？义乌小商品博览会得以取得巨大成功的一个重要因素就是其正确的市场选择与市场定位。

1. 正确的会展产品定位

首先，“义博会”以小商品作为其主要展示和交易产品，其产品定位非常准确。小商品市场是义乌的特色，不嫌利润低微，不怕竞争激烈，经过持久不懈的努力，义乌人硬是把纽扣、标牌、编织袋、饰品、拉链、玩具、工艺品以及其他各种七零八碎、毫不起眼的小商品，发展成为了在国内外市场具有很强辐射力的大产业；这些行业的外销量占整个中国小商品外销量的80%左右。义乌的小商品不仅价廉物美，而且种类繁多、款式新颖、流通便捷。“义博会”的参展企业，99%都是制造商。因此，“义博会”的采购都是源头采购，成本低廉，获利极高，这对买家具有最大的吸引力，对境外客商也具有极强的诱惑力。

此外，“义博会”坚持办展与办会互动，以会议提升展览会档次和专业性，以展览会增加会议内涵和效果，两者相得益彰。

2. “避强”与“渗透”并举的市场战略

“义博会”不与已有的“华交会”或“广交会”进行直接对抗，实行“肉搏战”，而是发掘自己在小商品生产与市场经营上的优势，做一些“人无我有，人有我优”的事情，在所有环节上千方百计降低成本，进行低价渗透。义乌不但小商品的价格低廉，而且市场的摊位租金也很低廉，这让全国乃至全球的商人源源不断涌向义乌，不知不觉中积累了更多的市场腾飞的要素。

3. 先国内后国际的市场开拓战略与国际化市场定位

义乌小商品展最早的定位是“中国最大的小商品博览会”，其主要目标市场是广阔的国内市场。随着义乌小商品博览会在国内外市场中的影响和辐射日渐加大，义乌小商品博览会开始大量吸引海外客商；且义乌小商品博览会也已经在迪拜、印度等国开展，形成一个既能大量吸引海外参展商，又在海外开展的综合性国际展览。

目前，常驻义乌的境外采购人员达8 000余人，经登记设立的境外企业办事处939家，义乌海关日出口集装箱标柜达1 000多只，年出口集装箱标柜40余万只。全球海运20强企业中有8家企业在义乌设立办事处。在新一轮会展城市间的竞争中，外交部、联合国难民署、家乐福亚洲总部先后在义乌市场建立了采购与信息中心，欧美等发达国家已渐成义乌主要出口市场。

因为办展特色鲜明、国际化水平突出、信息功能强劲、服务体系完善、安全卫生保障到位、参展成效显著，在2006年度中国会展（节事）产业年度评选活动中，义乌被评为“2006年度中国会展业十佳会展城市”。在2007年度中国会展之星年度颁奖盛典上，义乌消费品出口交易会被评为“中国最具影响力的行业品牌展览会”。

目前，“义博会”已经成为继“广交会”、“华交会”之后的全国第三大展览会，具有较强的国际影响力。市场与产业的良性互动标志着会展经济在义乌显示了巨大魅力。

（资料来源：改编自中国义乌国际小商品博览会官网，http://www.yiwufair.com/）

思考题

1. 试结合义乌小商品博览会阐明会展市场定位的策略和内容，并解释义乌小商品博览会成功的原因。

2. 仔细搜集并阅读有关“广交会”的资料，比较分析“义博会”与“广交会”STP市场营销战略的异同。

第六章
会展营销战略

学习目标：

1. 理解会展营销战略的概念，掌握会展营销战略的主要内容。
2. 熟悉会展营销策略，并能针对特定会展项目的具体情况制定相应的营销策略。

【导读】

2009年10月11日至13日，“第三届中国可再生能源及节能产品、技术博览会”（以下称“石博会”）在石家庄国际博览中心盛大开幕，200多家企业集中展示了最新科技成果，带来近1 000项新技术和新产品，三天展会成交额过亿元，备受经销商和消费者的关注。

来自山东滕州某节能炉具的参展商兴奋地告诉记者：10月11日展会开幕的第一天，他们带来的50多台炉具就被抢购一空，现在只留下一台用于演示，而且这台也已被客户预订了。因为他们生产的这种炉具真正实现了环保节能、清洁高效，通过演示，让大家实实在在看到他们的炉具好在哪里。该展位虽然位于整个展区相对偏僻的角落，但参展商却很好地发挥了体验营销的直观效果：当场把秸秆装进炉膛，然后点燃，边做演示边讲述每个环节的操作要领和注意事项。当观众看到炉中升腾起的火焰时，露出惊奇的神情，纷纷咨询购买或代理产品的有关事项。

室内一层展示的自动跟踪太阳灶也成功运用了类似的营销形式，让参观者通过操作太阳灶烧水、煮饭来感受它的神奇。据参展商介绍说产品大受欢迎，收到了雪片般的订单。9月份海宁举办“海博会”的时候，四维公司邀请了新丝路模特大赛的获奖选手在现场演示享受太阳能热水器热水洗澡，效果出奇地好，同样利用了体验营销直观、互动的特点。

企业运用让目标客户观摩、聆听、尝试、试用产品等方式，使客户亲身体验企业提供的产品及服务，真实感知产品及服务品质，从而促使客户认知、喜好并购买，这就是体验营销。这种方式以满足消费者的体验需求为目标，以“有形”产品为载体，通过让观众亲身体验，感知产品的“无形”美，让消费者从心里愿意进一步接受企业的产品。可见，好的产品也要运用恰当方式来推广传播。笔者注意到，体验营销的模式不仅令消费者兴趣大增，而且新闻亮点比较突出，容易引起媒体的关注。因此，要想在展会上出奇制胜，需要在布展之前开动脑筋，精心策划一番。

（资料来源：中国产业投资决策网，2010-03-16，http://www.cu-market.com.cn/alfx/2010-3-16/145604.html；有删减。）

第一节　营销战略概述

一、市场营销战略

市场营销战略（Marketing Strategy）是企业发展战略的重要组成部分，是企业战略的核心内容。它是指企业通过对企业外部环境、内部条件的分析，确定市场营销目标，对企业市场营销诸要素进行最佳组合，并制订出实现此目标的长期方针和策略。

市场营销战略作为企业战略的核心内容，其主旨是为了提高企业营销资源的利用效率，尽量使利用效率达到最大化。市场营销战略包括两个主要内容：

（1）STP战略。会展企业根据购买对象的不同，将顾客划分为若干种类，以其中的一类或几类顾客为目标，选定目标市场，并对选定的细分目标市场进行定位，以集中企业优势，满足目标市场需要。

（2）市场营销组合策略。会展企业为满足目标市场的需要，对可以控制的营销要素（如产品质量、价格、促销方式、销售渠道等）进行优化组合，以吸引目标市场的顾客。其策略主要包括产品策略、价格策略、渠道策略和促销策略等。

二、会展营销战略

（一）会展营销战略的概念

会展营销战略是指会展组织者为实现会展项目的经营目标，在综合考虑外部市场需求、机会与会展组织内部资源、优势等因素的基础上，确定会展产品目标市场，选择与之相适应的市场营销策略组合，并进行实施、管理及控制的过程。

随着我国会展业的发展及会展对参展商及观展企业产品销售与企业发展推动与促进作用日益明显，会展在企业市场营销战略中的地位也越来越重要，企业通过参加会展活动进行产品推广、树立品牌形象及企业的整体形象将成为企业市场营销战略的重要内容。

（二）会展营销战略的特点

会展营销战略作为会展的长远规划和发展目标，具有以下几个特点：

（1）全局性。会展营销战略是企业在今后较长时期内营销活动的指导思想和行动方向，对企业的发展方向有着全局性的指导作用。把握好会展营销战略的全局性特征，有利于会展组织者和会展活动参与企业从大局出发，处理好整体与局部的关系，追求全局性的营销效果，也兼顾好局部的效益。

（2）长远性。会展营销战略是对会展企业及会展活动参与企业长期发展进行的系统规划，在制定营销战略的时候不仅考虑了当前的市场需求及内部资源条件，也考虑了今后可能出现的需求及环境的变化，是以长远目光制定的战略性规划。

（3）科学性。会展营销战略的制定是以对会展外部市场需求、机会、竞争者及自身资源、优势的准确分析以及未来发展变化趋势的科学预测为基础，进行科学决策，以符合会展市场的动态变化。

资料链接

企业如何制定参展策略

会展是一项极为复杂的系统工程，从制定计划、市场调研、展位选择、展品征集、报关运输、客户邀请、展台布置、广告宣传、组织成交直至展品回运，形成了一个互相影响、互相制约的有机整体，任何一个环节的失误，都会直接影响展览活动的效果。一个精心策划的会展可以成为营销计划最节省成本的组成部分。那么，企业该如何制定参展策略呢？

（1）明确参展目的。企业的参展目的不外乎展示实力、树立品牌形象、宣传产品、达成交易、物色代理商/批发商或合资伙伴、研究当地市场、开发新产品等。在决定参展之前，企业必须设定自己的参展目标。

（2）选择会展。在众多的会展产品中，企业必须有选择地参加某个会展项目或会展产品。选择会展产品时主要考虑如下一些因素：

①会展的目标市场。会展的目标市场包括其主题定位、目的、观众结构等，企业参展前应确定该会展是否与企业的发展计划相吻合，能否促进企业达到预期的目标。

②会展的规模。成功的会展必然具备一定的规模，规模大的会展可以吸引更多的专业观众，保证参展商达到参展目的。评估会展规模主要看参展商和专业观众的数量以及展览面积的大小。

③会展组织者的能力。选择有影响力、富有经验及行业认知度高的组织者。企业可以从其对外的招展函、广告以及各项组织计划等方面来评估组织者的策划能力和宣传推广能力。

④会展的历史和影响。企业应选择有影响力、知名度高、参展商多且参展商影响力强的会展项目或产品。企业参展前应对拟参展产品和项目的发展历史、会展的效果及影响等信息加以研判。

⑤参展费用。在参展费用越来越高的趋势下，企业应根据自身的财力在预算内选择适合的会展，参展的费用不能对企业造成额外的负担。对于开支谨慎的中小企业来讲更是如此。

⑥会展所在城市和展览馆。一般来说，大城市、国际性大都市的交通运输、酒店、报关、签证以及展馆的配套及服务水平要优于其他城市。我国大部分的会展都在经济、交通、信息、人才、科技、服务等方面拥有综合优势的上海、北京、广州、大连、深圳等大城市举办。

(3) 会前活动。会前活动包括公关活动以及提前辨识可能的客户并给其发送特别邀请。可以利用会展的会刊、展前快讯、展前的媒体宣传等手段来扩大企业的影响力，吸引更多的目标客户。

(4) 会中活动。这是决定企业参展成败的决定因素，主要包括展位的选择、展台的布置、展品的选择及展示方式、展台的人员配备、洽谈环境以及会展期间的相关活动等。

展位的选择涉及展位位置、面积决策。展位的选择一般是根据人潮在整个会场移动的方向来考虑。标准展位的面积通常为9平方米；超过4个或4个以上标准展位面积的展位通常称为特装展位或自由布展区。此时，企业可以根据公司产品特点、技术特点、市场定位、展览期间的活动安排等因素自主决定展位装修情况。

展台是企业显示实力和产品特色的窗口。展台设计的根本任务是帮助企业达到参展目的，展台要能反映企业的形象，能吸引观众的注意力，能提供工作的功能环境。有个性、有视觉冲击力的展台布置可以使企业在众多的参展商中脱颖而出。

展品品质是参展企业给观众留下印象的最重要的因素。在展品的选择上，要选择能体现自身产品优势的展品。展品既要符合展出的目的、

方针、性质和内容，也要体现企业的技术水平、生产能力及行业特点，能和其他同类产品相区别。

在展示方式上，为说明企业产品的全部情况、显示全部特征，一般需要配以图表、资料、照片、模型、道具、模特或讲解员等真人实物，借助装饰、布景、照明、视听设备等展示手段，加以说明、强调和渲染。展示设计应做到内容与形式、整体与局部、科学与艺术、继承与创新的统一等。

人员配备的质量决定着参展企业在会展上的成败，企业配备的人员的能力及其展示反映了企业在行业中的地位。展台的人员配备一般可以从以下方面来考虑：第一，根据展览性质选派相关部门的人员；第二，根据工作量的大小决定人员数量；第三，注重人员的基本素质，如相貌、声音、性格、能动性等；第四，加强现场培训，如专业知识、产品性能、演示方法等。

参展企业还可以在会展期间进行新产品发布会、经销商年会、产品演示等配套活动，这是在稳定老客户的基础上发展新客户的有效手段；此外，营造轻松、愉快的洽谈环境对提高商务成功率也大有帮助。

（5）会后活动及营销策略效果评估。企业应将在会展中收集到的信息纳入企业的营销信息系统中进行分析和评估。企业还应及时将展览结果与预定目标进行比较，总结效果，分析原因。一般来说，会展组织者为了帮助参展商进行会展评价，一般会提供有关会展与会者的统计信息。企业可根据这些统计信息并结合自身实际情况对参展的效果进行评估，并就下次是否参加该会展作出初步决策。

（6）重视网上展览的作用和发展前景。网上展览已成为会展业的一道新风景线，目前只是实物展览的补充和配角。与实物展览相比，网上展览具有成本更低、速度更快、成功可能性更大、机会平等的特点。企业可以自建网站或把产品信息放在专业展览网站上实现实物展览与网上展览的相互补充。目前我国已经出现一些展览专业网站如中国展览总网、中国国际展览网、中国会议网、中国出口商品网、在线广交会、易成商务网站、阿里巴巴网站、美商网等，仅中国出口商品网就已经吸纳了19万家出口企业和100多万种商品，为广大无缘进入广交会的中小企业提供了出口交易的机会。

（资料来源：蔡兴仁，张秀升．会展的营销战略地位及参展策略[J]．商业研究，2002.）

第二节　会展营销战略

会展营销战略是关系到会展营销活动成败的关键环节，会展的组织者要根据目标顾客的需求，分析市场机会、自身资源及优劣势，考虑市场竞争及行业发展趋势等因素，制定会展营销战略，为会展的营销活动提供方向和指导。会展市场营销战略不仅要对行业的宏观发展趋势有正确的判断，还要针对会展市场STP战略，制定与之相适应的营销组合策略。

会展市场STP战略构成了会展市场营销战略的整体框架，是会展营销战略最核心的内容。(见图6-1)

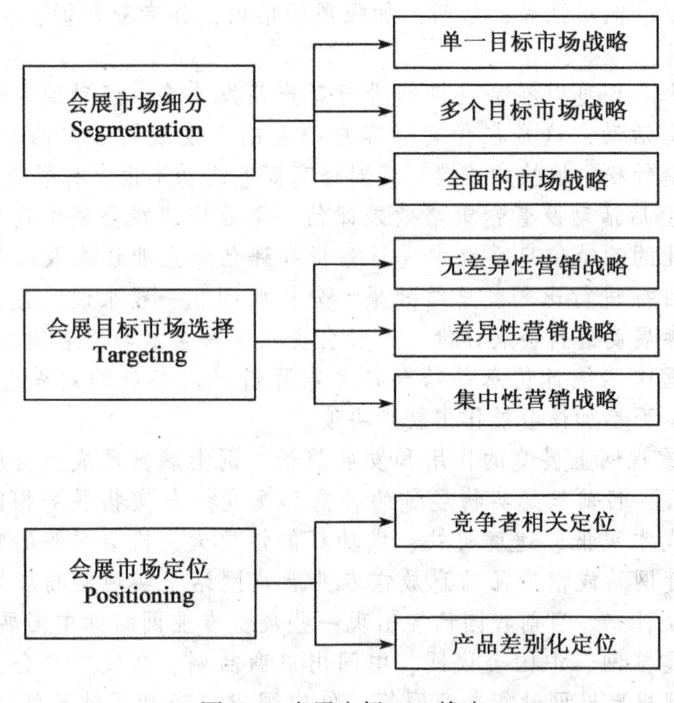

图6-1　会展市场STP战略

一、市场细分的营销战略

1. 单一目标市场战略

会展企业结合市场需求和自身资源情况，将目标市场确定为一个特定的市场。

这一战略的优点是指向明确、市场集中，有利于会展企业集中自身优势对选定的目标市场进行集中的、有针对性的营销活动，从而形成会展产品的特色。但是单一的目标市场虽有特色但不能形成组合优势，市场风险较大。

2. 多个目标市场战略

将客源市场划分为若干细分市场，会展企业选择其中多个细分市场作为自己的营销目标，并根据不同细分市场的不同需求来采取相应的营销策略，这样可以形成组合优势，从而降低会展企业的经营风险。

3. 全面的市场战略

会展企业经营者对市场进行了细分，但其策略指向所有的目标市场，针对每一个细分市场的需求、特征制定相应的营销组合，缺乏针对性。每个细分市场都成为目标市场，虽然"面面俱到"，但由于涉及范围太广，反而造成会展企业缺乏特色性。

二、市场选择的营销战略

1. 无差异性营销战略

它是指会展组织者不考虑参展商需求的差异，不对市场进行细分，将市场作为一个大的目标市场，采取无差异的市场策略进行营销。无差异性营销策略是用单一的营销策略开拓市场，即用一种产品和一套营销方案吸引尽可能多的参展商和顾客，只考虑目标市场需求的共同点，而不关心他们需求的差异性。

办展机构不进行市场细分，可以减少在会展市场调研、营销组合方案制定等方面的营销投入。无差异的广告宣传及促销活动可以节省促销费用、节省经营成本和营销费用，这样办展机构可以集中力量发展某一特定的会展项目，容易形成规模，培养和树立会展品牌。

对于大多数会展来说，无差异性营销策略并不一定合适。首先，参展商的需求千差万别且不断变化，一个会展项目长期为参展商所接受的非常少。当其他办展机构或会展产品针对不同细分市场提供更有特色的会展项目及服务时，采用无差异性营销战略的会展企业可能会发现自己的市场逐渐被竞争对手蚕食，但又无法有效地予以反击。其次，当众多会展都采用这一策略时，会造成市场竞争异常激烈，而一些小的细分市场的参展商的需求得不到满足，这对会展业的长远发展是不利的。

2. 差异性营销战略

差异性营销策略是将整体市场划分为若干细分市场，针对每一细分市场制定一套独立的营销方案。办展机构在综合分析参展商需求及自身资源情况的基础上，选择两个或两个以上的细分市场为目标市场，针对各个细分市场的不同需求及特征，分别推出不同的会展项目及服务。例如，根据参展商行业的不同，设计不同主题的会展；根据参展商的规模和实力，提供不同价位的展位及服务；根据目标顾客的不同，采用不同的宣传、促销手段等。

差异性营销策略有助于较全面地满足多个目标市场参展商的不同需求，扩展会展市场范围。由于会展企业是在多个细分市场上经营，一定程度上可以减少营销风险。而会展企业若在几个细分市场上获得成功的话，有助于提高会展企业及会展产品的形象及市场占有率。该战略的不足之处主要体现在两个方面：一是增加营销成本；二是不利于会展企业资源配置的有效集中，甚至在企业内部出现彼此争夺资源的现象，不利于优势产品的形成。

3. 集中性营销战略

集中性营销战略又叫密集性营销战略，是指会展营销主体在对目标市场细分的基础上，集中优势资源及力量进入一个或少数几个细分市场，实行专业化经营，以期获得较大的市场占有率。实行这一战略的会展企业不是追求在一个大市场内角逐，而是力求在一个或几个子市场占有较大份额。

集中性营销战略的指导思想是“与其四处出击收效甚微，不如突破一点取得成功”，这一战略适合资源力量有限的中小会展企业。中小会展企业由于受财力、影响力等因素制约，在整体市场无力与大型会展企业竞争，如果集中优势资源在大型会展企业尚未涉及或尚未建立绝对优势的某个或某几个细分市场进行竞争，成功可能性相对增大。

集中性营销战略的局限性体现在两个方面：一是市场区域相对较小，使得会展企业的发展受到限制，也不利于会展企业影响力的散播；二是潜伏着较大的经营风险，一旦目标市场发生变化，如参展商需求发生变化，或强大竞争对手进入，或新的、更有吸引力的会展项目及服务出现，都可能使会展企业因没有回旋余地而面临较大经营风险。

三、市场定位的营销战略

会展市场定位就是指会展企业根据目标市场的需求及自身资源情况，建立自身产品及服务区别于其他同主题会展的差异化、个性化的特征，形成自身鲜明而独特的市场形象。

1. 竞争者相关定位

会展营销竞争者相关定位的内容和程序如下：

首先，识别会展企业的竞争者。会展企业的竞争者一般是指那些与本会展营销企业提供的产品或服务相类似，并且有相似的目标顾客和价格的会展企业。

其次，弄清楚每个竞争者的市场目标和行为动力。每个竞争者都有侧重点不同的目标组合，如获利能力、市场占有率、现金流量、技术领先和服务领先等。会展营销企业要了解每个竞争者的重点目标，准确估计他们对不同的竞争行为的可能反应。

再次，估计竞争者的优势及弱点。会展营销企业需要估计竞争者的优势及弱点，了解竞争者执行的既定策略以及是否达到了预期目标。

总之，面对国内外竞争压力，只有做好充分的会展市场调查尤其是竞争者调查，合理运用会展营销竞争战略，会展企业才能生存和发展，会展项目及会展活动才能取得成功。

如果竞争对手采用差异性营销战略，那么本企业应采用差异性或集中性营销战略与之抗衡；若竞争者采用无差异性战略，那么本企业可采用无差异性或差异性战略与之对抗。当市场上同类产品的竞争者较少、竞争不激烈时，可采用无差异性营销战略。当竞争者多、竞争激烈时，可采用差异性营销战略或集中性营销战略。

2. 产品差别化定位

开发与会展企业实力、特色、潜能相适应的会展项目及服务，使每个会展项目具备一定的市场特色和区域优势，通过塑造独特的市场形象来吸引更多的企业和部门来参展，这是会展营销产品差别化定位的关键。会展营销主体应在所拟定的会展主题中突出自己的特色，使之成为号召目标企业参展观展的鲜明旗帜，比如中国最大的展览会——中国出口商品交易会，把出口商品交易和国际贸易促进作为其办展主旨，会展定位的各项决策均循此宗旨而展开、细化，在参展资格、地点、场地、时间和参展费用等方面作出相应的规定。

第三节　会展营销策略

营销战略是市场营销的指导思想，营销策略则是实现该指导思想的方法。是在了解“市场上需要什么？企业需要往哪个方向发展？”的基础上，解决“如何满足市场需求？用什么方法去落实？”等问题。因而，我们可以依据会展营销战略制定出与之相适应的会展营销策略。

一、市场营销策略

20 世纪五六十年代，美国营销专家麦卡锡（E. J. Micathy）和鲍郛等提出和完善了 4P 市场营销理论。根据该理论，如果一个企业的营销组合中包括合适的产品、合适的价格、合适的分销策略和合适的促销策略，那么这将是一个成功的营销组合，企业的营销目标也可以借以实现。20 世纪 80 年代，美国劳特朋针对 4P 存在的“营销近视症”问题，以“满足顾客需求，追求顾客满意”为导向提出了经典的 4C 营销理论。为了改变 4C 营销理论“被动适应顾客需求”的不足，美国舒尔茨（Don. E. Schuhz）以“维护长期顾客关系、建立顾客忠诚”为目标，提出了 4R（关联、反应、关系、回报）营销新理论。信息技术的进步和经济全球化的发展使

得4V营销新策略也应时而生，并形成当前一个独具特色的市场营销新理论（见表6-1）。

表6-1　四种营销策略的内容及优劣比较

营销策略	基本内容	优势	劣势
4P策略	产品策略 价格策略 分销渠道策略 促销策略	（1）使营销理论有了体系感 （2）使复杂的现象和理论简单化 （3）从企业角度出发进行营销组合，为营销提供了易于操作的框架 （4）理论上概括，实践上可操作	（1）只适合制造业中消费品营销和生产者主权的卖方市场 （2）较多地关注企业自身，忽视了顾客和竞争对手，对市场变化反应迟钝，容易导致“营销近视症”
4C策略	顾客策略 成本策略 方便策略 沟通策略	（1）以顾客为中心进行一对一传播 （2）以满足顾客需求为导向进行资源整合，注重宣传企业形象 （3）以传播和双向沟通为基础	（1）与市场经济的竞争导向矛盾 （2）不能形成营销个性、营销优势 （3）未遵循企业经营的双赢原则 （4）未解决满足顾客的操作性问题 （5）被动适应顾客需求的色彩较浓
4R策略	关联策略 反应策略 关系策略 回报策略	（1）以竞争为导向，概括了新框架 （2）体现并落实了关系营销的思想 （3）反应机制为互动与双赢、建立关联提供了基础 （4）回报兼容了成本和双赢的内容	实施4R营销策略需要实力基础或某些特殊条件；引入了更多的不可控变量且缺乏实施工具，使4R实际操作性较差，企业在实际应用中可能会感到无从下手
4V策略	差异化策略 功能化策略 附加价值策略 共鸣策略	（1）弥补了4C策略中的差异化问题 （2）兼顾社会和消费者的利益、企业和员工的利益 （3）可培养和构建企业核心竞争能力 （4）是达成顾客忠诚度的具体途径	进行4V营销策略需要实力基础；4V营销操作性不强，实际中只能作为企业营销行为的指导方针

（资料来源：杜伟锦，章斌，张凤霞．市场营销策略的比较研究［J］．电子科技大学学报，2004. 有更改。）

二、会展营销策略

（一）目标市场竞争策略

会展营销目标市场竞争策略的内容和程序主要包括：

（1）分析竞争目标市场。会展营销主体应该以系统的、动态的观点全面分析竞争环境，寻找目标市场。

首先，通过搜集多种公开信息、内部资料、市场情报或进行市场调查，考察目标市场占有状况、产品利润率大小、消费者对该产品的现实需求量和可能激发的需求量，是否有产品销售的空白市场或潜在市场，市场上是否存在垄断集团等，并由此确定对本会展营销企业的市场营销有较大影响的竞争对手。

其次，从本会展营销企业的营销目标、经营水平出发，根据市场竞争状况、饱和状况、市场进入的难易程度因素，初步进行产品定位和市场定位。

最后，进行目标市场进入的可行性分析，重点是分析预测竞争给会展企业进入不同目标市场带来的预期费用、风险、利润大小等。依据预测的结果，在利润和风险的不同组合中选择适合于本会展企业的结合点，以此确定本会展营销主体竞争性营销的目标市场。

（2）制定营销竞争方案。现代市场的竞争是包括产品的质量、价格、服务以及企业形象的全方位竞争。竞争能力就是企业争取用户、争夺市场的能力。要想在目标市场竞争中取胜，会展企业不仅要努力提供产品和服务质量优异、价格合适、效益良好的会展产品和项目，同时要根据企业自身情况，将市场营销组合的能力水平及其效率与竞争企业相比较，以适时地调整或改进组合。

（二）服务营销策略

提高会展服务意识和服务质量、完善服务内容、增强服务能力是会展企业和会展产品在市场竞争中生存和发展的重要策略。在会展产品性质和规模相近时，谁能提供更专业、更人性化、更高质量的会展服务，谁就拥有更高的会展市场竞争力，就能够吸引更多、更高质量的参展商和专业观众。

会展组织者首先要提供全方位、系列化的专业会展服务。会展企业要努力满足参展企业和观众在展前准备、会展过程、展后各环节的需求，为参展商提供全方位、多元化的优质服务，提高会展服务效率和服务质量。这些服务涉及外语翻译、金融、保险、物流运输、海关、进出口检验检疫等诸多方面。在服务营销过程中，会展企业要注意会展服务细节，要本着把小事做细做好的原则，在服务细节上狠下工夫，及时处理参展商和客户可能遇到的如电源插座的故障及展区内的地毯开裂等细小问题，为客户提供贴心、专业、高质量的会展服务。

在会展活动前，会展企业要及时发布信息引导企业参展，同时也要为参展商和客户提供展台搭建、广告设计、资料印刷、信息交流等服务；在会展过程中，会展企业要积极协助参展商和客户组织好信息交流会、贸易洽谈会、行业技术研讨会等，为买卖双方达成交易、完成交易活动创造机会和条件；在会展活动后，会展企业可以通过现场调查等方式，征求参展商对会展的意见和建议，以了解他们希望解决的问题并为以后办展打下基础。

另外，会展组织者要提供个性化的服务营销，增加个性化的服务内容。会展的个性化服务营销是指在会展营销活动中，针对每个前来洽谈的客户或经销商的个性化要求，为其“量身定做”产品和提供会展服务，从而最大限度地满足参展商或专业观众需要的一种营销模式。前来参会的客户和经销商由于在民族习惯、居住区域、文化、价值观念、个性、兴趣爱好、受教育程度等各方面存在差异，导致他们可能具有不同程度的个性化需要。会展企业要积极主动地针对不同参展商和客户的不同要求，提供有创意的、个性化的服务内容，以最大限度地满足各种客户的不同需求。

（三）品牌营销策略

品牌是企业发展的灵魂，是参与竞争的无形资本。市场营销强调创造产品和价值，而品牌营销则是为了满足识别（象征）需求和情感需求，强调的是创造品牌价值。

会展产品品牌是指用以识别某会展产品的名称、术语、标记、符号、图案或它们的组合。会展营销的品牌策略就是指会展企业及参展企业要通过品牌营销过程塑造企业或产品的品牌，提高企业及企业所提供产品的市场认知度、知名度和美誉度，进而提高目标客户对企业及其产品的品牌忠诚度。要提高我国会展业及相关会展产品的国际竞争力水平，必须创建出一批享有美誉度和知名度的会展产品品牌。会展企业应通过优化自身的资源配置，结合区域特色，合理定位，形成会展品牌营销特色，通过市场化运作，创造出名牌会展产品，以特色提升竞争力。

对于会展企业或参展企业而言，品牌营销策略就是要对企业的产品品牌进行合理定位，强化品牌个性，并通过广告宣传活动向目标市场传播和销售会展产品或参展产品品牌，并赋予品牌以文化内涵。

（四）促销策略

会展促销的主要任务是传递会展组织的行为、理念、形象以及组织提供的产品的信息，以引起消费者的注意与兴趣，激发其购买欲望，促成其购买行为。会展促销的手段是宣传与说服，即宣传会展产品或服务知识，说服消费者购买。

(1) 采用适当的促销组合。适用于会展的促销要素：直接邮寄、广告、公共关系、电子营销、直接销售、销售促进等，对上述要素应灵活地综合运用：通过直接邮寄这一会展营销中最有力的沟通工具，成功地吸引参展商和客户；通过广泛的广告宣传为会展营造一种氛围，加大会展宣传的覆盖面，争取更多参展商和客户的参与；通过派人员进行洽谈以及赠送惠顾券、彩票等促销活动，增大会展营销的成功率。同时，要充分利用互联网技术进行会展营销活动，使会展更具吸引力。

（2）发挥媒体的宣传作用。应充分利用电视、广播、报刊、街头广告等媒体，并根据各个媒体的特点进行频繁的新闻报道和广泛的会展宣传，通过及时发布各个会展的筹备、组织、活动等相关信息，既可以吸引更多的参展商和客户，也可以借此扩大会展市场的影响力和感染力，从而提高会展品牌形象和市场地位，并推动会展业的蓬勃发展。

很多发达国家在会展业上取得成功，很大程度上得益于它们对展览或会议的促销活动。因此我们也必须指定集邮件、广告、公关、网络、促销于一体的促销策略，充分利用各种宣传，做广度的促销活动，使得会展更具吸引力。同时发挥媒体的作用，使会展更具影响力和感染力。

（五）关系营销策略

"关系营销"这一概念由美国营销学者巴巴拉·本德·杰克逊于1985年首先提出，他认为"关系营销就是指获得、建立和维持与产业用户紧密的长期关系"。关系营销就是把营销活动看成一个企业与消费者、供应商、分销商、竞争者、政府机构以及其他公众发生互动的过程，其核心是建立、发展、巩固企业与这些组织和个人的关系。而在会展业中，会展组织者、参展商、消费者和其他利益群体是一个不可分割的有机整体，参展商之间存在着竞争，但也有合作的可能。参展商与会展组织者在公平、互利、信任的基础上建立契约关系，并共同协调、处理与顾客的关系，共同合作以达到实现长远利益多赢的营销目的。

关系营销是一种新型的营销理论，它是指企业以契约、互惠、感同和诚信作为交易的基础，用成熟的交换及履行承诺的方式来协调、处理和发展与顾客及其他利益相关人的关系。它是一种通过识别、建立、维持和巩固关系的不断努力来实现营销目标的营销策略，它鼓励企业与客户、企业与政府以及企业与企业之间形成良好的合作关系，互相促进。发展关系营销的作用不单纯体现在营销上，更重要的是它为企业营造了一个协调的外部环境。关系营销策略在会展旅游的市场营销中有着很重要的运用。

随着现代会展业的发展，各种会议和展览基本上都是连续多次举办，那种只举办一次或两次的会展已经很少了，会展连续举办的前提是必须要取得参展企业的连续支持。如果参展企业有时参加有时不参加，会展的招展工作将会受到很大的影响，尤其是那些知名企业更是如此，因此，争取有关企业的长期参展对会展的稳定发展非常重要。关系营销就是要通过与会展企业以及其他各方利益相关人建立长期的稳定关系来获得会展企业及其他各方对会展的长期支持，以实现合作共赢。首先会展旅游企业应衡量和分析会展参与主体的价值地位，据此确定在实施营销行为时的成本投入力度，并在此基础上对参与者主体实施关系管理，其目的是了解各方盈利能力和价值需求。可以通过设立一个专门的机构和信息反馈循环控制系统，用来跟踪、反馈会展参与主体的态度与表现，并不断改进和完善企业提供的产品与服务，了解顾客的价值期望，以便更好地提供顾客需要的产品与服务。

另外，会展旅游企业在进行业务操作时，不可避免地要与酒店、餐饮、交通、娱乐、物流行业发生联系，应协调好与这些部门的关系，处理好各种突发事件。同时，会展旅游企业还要加强与政府的联系，获得政府对会展旅游的支持。为此，会展旅游企业在经营会展旅游业务时，必须树立良好的公众形象和声誉。

（六）网络营销策略

网络营销就是利用网络资源展开营销活动，是目标营销、直接营销、分散营销、顾客导向营销、双向互动营销、远程或全球营销、虚拟营销、无纸化交易、顾客参与式营销的综合。网络营销是随着电子商务的发展而发展起来的一种新兴的营销理念和营销方式，是连接传统营销，又引领和改造传统营销的一种可取形式和有效方法。网络营销飞速发展的实践说明，必须从战略高度预见网络经济的发展和走势，实现网络营销和传统营销的融合互补，以帮助企业赢得市场、商机和财富。

从会展营销的角度来看，组展商可以通过互联网技术便捷地将会展信息传达给目标市场，利用互联网技术进行会展项目的宣传推广，也可以通过专门网站和现代信息技术实现网上招展、招商、席/展位预订、贸易洽谈和交流、网上展示、网络在线会议等一系列会展活动，全面实现网上虚拟展览或网络会议的全过程。对于参展企业而言，参展商可以通过网络及时发布自己的参展信息和参展产品信息，也可以通过网络进行企业品牌形象传播，还可以通过网络预定展位，对客户咨询作出及时的回应。网络营销还可以通过网络的互联性增强会展组织者、参展商的合作关系，可以通过 logo 互换、链接等进一步满足双方的利益需求。另外，网上社区的推广还有利于培养稳定的客户群体，让消费者有更多的自主权。

资料链接

新兴产业的会展营销策略

新兴产业利用会展进行营销被普遍认可，但任何会展都不会自行实现企业的参展目标，这就需要参展商长远的规划和精心的设计，打造出适合新兴产业发展特点的会展营销策略。

一、大力推行关系营销

新兴产业一般是社会关注的焦点，有参加会展活动、推广企业和产品的需求。但是，仅凭一些简单的参展营销手段来宣传造势往往很难实现参展营销目标。在展览会中，一些实力雄厚、名声在外的传统企业往往两三个甚至一个企业就能够租用一个展厅。办展机构在与它们商谈展位租用的价格问题时，也会被迫作出许多让步，而新兴产业却由于知名度

不高和参展经费不足等原因难以赢得办展机构的青睐。因此，新兴产业要充分利用社会、政府机构关注其产业发展的优势，推行关系营销，通过合作增加关系各方的利益，实现“双赢”或“多赢”。

二、注重个性化服务营销

关于个性化服务营销是指企业面向消费者，直接服务于顾客，并按照顾客的特殊要求制作个性化产品的新型营销方式。它避开中间环节，注重产品设计创新、服务管理、企业资源的整合经营效率，实现了市场的快速形成和裂变发展。特别是随着信息技术的发展，个性化营销的重要性日益凸显。

新兴产业里的企业往往个性突出，不仅产品趋于个性化，甚至新兴产业的工作方式、企业文化也很个性化。对于这类企业，标准化的参展模式固然可用，但满足不同消费群体需求的个性化服务一定必不可少，新兴产业相关企业要在会展个性化服务营销上倾注更多的心思，下更多的工夫，使产品具有独特性，满足不同消费群体的独特需要。

三、注意参展目标的选择

制定准确的参展目标是新兴产业取得会展营销成功的必要条件。常见的参展目标有：建立、维护企业形象，向市场推出新产品或服务，建立新客户关系，发掘潜在客户及零售商等。

著名研究机构IFO曾对德国慕尼黑展览公司举办的世界最大规模的机械工程设备类展览会BAUMA进行过“企业参展目标”专门调查，其结果为：85%的企业参展目标为提高知名度，70%的企业为联系客户而参展，63%的企业参展目标是扩大市场占有率；60%的企业为推介新产品而参展，还有58%的企业为提升产品知名度而参展；为交流信息、了解客户需求、影响客户决策、签订销售合同目标而参展的企业占全部参展企业的比例分别为50%、50%、33%和29%。

可见，对成熟的参展商而言，其参展的关键是通过展会展示企业实力。所谓企业实力，是一种对产品供销的市场保障能力与提供服务的执行能力，也就是企业强大实力基础上形成的企业信誉，其在展览会上的表现形式就是展示企业形象和提高企业知名度。

新兴产业发展日新月异，新事物层出不穷，这类企业在决定参展时一定要紧紧围绕参展目标和定位，在知名展览会上集中精力“展示企业形象”和“推介创新产品”。

四、加强整合营销传播

整合营销是以整合企业内外部所有资源为手段，重组再造企业的生产和市场行为，充分调动一切积极因素以实现企业目标的全面营销策略。整合营销主张把一切企业活动都进行一元化整合重组，使企业在各个环节上达到高度协调一致，紧密配合，共同进行组合化营销。

新兴产业既是社会关注的焦点，也是媒体竞相报道的热点，应通过参加会展综合运用多种媒体力量，用新兴产业立足创新的巨大驱动力基于消费者需求进行整合营销，提升知名度，建立品牌的忠诚客户。

（资料来源：赛娜. 新兴产业会展营销策略研究［J］. 现代营销（学苑版），2012. 有整理。）

思考与讨论

1. 试分析会展营销战略的内涵及其特点。并据此分析会展市场营销的STP战略的具体内容和方法。

2. 总结概括会展市场营销战略与策略的具体内容，并仔细理解二者之间的关联。

3. 试分析组展企业与参展企业的市场营销战略之间的区别与联系。

4. 随着经济的进一步发展，会展业的营销战略将融合新的营销理念，请举例预测会展营销战略的发展趋势。

本章案例

从广州茶博会看会展营销

在刚刚结束的第十届广州国际茶文化节、2009广州国际茶业博览会上，广州人民广播电台飞扬88频道与大会组委会共同主办了一场题为“从广州茶博会看中国茶产业的会展营销”的现场访谈活动。邀请业内资深行家、办展方代表、参展企业代表和媒体代表作为嘉宾，透过正在举办的广州茶博会，剖析目前国内茶展现象，探索茶叶会展营销之路。

会展营销，顾名思义，即要精心策划，在会展中有目的、有计划地参展并组织销售。近年来，会展营销在企业市场营销中的地位越来越重要，全国各地茶展也如雨后春笋。不过，由于定位和主体不同，茶展的侧重面不同，有的茶博会规格高，侧重展示、打造品牌，参展的大企业较多，观众以专家学者为多，是业界

的盛会；而广州茶博会由于广东人有根深蒂固的饮茶习惯，会展坚持走市场化营销路线，除了专业观众以外，市民参与度颇高，成为商家必争之地，广州茶博会是被称为茶商、茶厂通路的茶博会。

本届广州茶博会展位1 100个，参展商450多家，观众络绎不绝。茶博会为营销搭建了大舞台，参展商在此各显其能、充分表演，展示产品、做渠道、招加盟商、现场订货卖货。在充分展示的前提下，武夷星茶业3天完成了去年参展的营业额，大益集团第一天收获订单及销售产品共计60万元，滇红集团展期未结束展品已卖空，深感茶叶市场回暖，广州、广东全省乃至香港的知名茶叶字号更是把此次茶博会看作一年一次的重要营销机会。

会展怎样成功实现市场化运作?

长期以来，不少人认为会展只是办展方的事情。事实上，会展营销的主体应包括政府、办展方、参展商甚至还有媒体。会展营销的主体复杂、内容广泛，决定了会展必须事先通过各种渠道开展宣传，做好策划，以达到预期的营销目的。参展企业在会展中不是只拿一个摊位这么简单，参展也并不只是几天的事情。要想在这个舞台上表演好，得到观众认可，必须做好充分的准备，重视参展前后的各个工作环节。展前要做好周密的计划和准备，包括通知客户参观、印刷宣传资料、准备新产品、进行人员培训；展中要现场服务到位，工作人员必须通晓在会展现场所需的一切服务知识和营销技巧；展后要进行客户回访、落实订单，做好跟进工作，同时应对会展成果做深入的分析，以避免前功尽弃。

会展存在的意义是为参展商和观众创造一个良好的交流平台，参展商参展的目的就是把自己的产品拿给观众看，并在展会上找到合适的买家。能否同时为参展商和买家提供优质服务是会展可否取得成功的关键。在会展期间，观众和参展商的参与性都很强，如果办展方只把服务好参展商看作头等大事，而对观众不重视，就有可能导致观众对会展服务不满意不来参观，出现整个场馆只有参展商的局面。因此，要想办展成功，办展方必须设法与参展商实现互动，为观众设置丰富的会展服务项目，共同提高观众的满意度。

国际上评价会展成功与否的一个重要指标是人流。为了烘托人气，这次会展首先通过整合，将历年同期在广州举办的一节一会合二为一，让参展商与观众达到高度集中。其次，办展方在会展期间组织了20多场活动，通过茶艺师大赛现场评比、各种论坛和讲座、万人品茗、露天茶艺歌舞表演、抽奖等，吸引观众到场，让展位内外遥相呼应，活动与展销高度融合，促成了人员的大规模流动和消费。

尝试与媒体联手推动会展营销。本届茶博会承办方做了与媒体联手推动会展营销的新尝试。如与广州人民广播电台共同举办了“从广州茶博会看中国茶产业的会展营销”现场访谈活动；与本报联合出版并现场发放了《茶周刊·广州茶博会纪念专刊》，重点宣传了会展亮点及会展专用八大指定产品。

当然，媒体的宣传是不能取代会展的，但会展与媒体联手，把在媒体上做文章与策划会展营销结合起来，参展企业在会展上就不只是单纯卖产品了，通过宣传产生的是立体营销效果，使企业的知名度大大提升。

广州茶博会的案例表明，会展营销是茶叶市场营销的重要一环，潜力巨大，对中国茶叶市场发展及茶产业发展具有很好的推动作用。成功的会展不局限于现场达成了可观的成交额，也不只是简单意义上的展示产品、推销产品、购进产品，它已成为获取信息、交流沟通的重要渠道。它带来的是连锁效应：新产品的开发、产品宣传的创意、不同的营销模式探索、营销渠道的拓展、新的客户、营销终端的管理、品牌的打造。这一切为参展商提供了新思考和相互学习的机会，为买家提供了更多的选择，也给卖家带来了新的期待。

（资料来源：张永立. 中华合作时报，2009-12-08(B01).）

思考题

1. 广州茶博会上运用了哪些会展营销方法？其创新之处在哪里？

2. 从会展营销战略角度剖析广州茶博会保持市场竞争力的可行性策略，并说明原因。

3. 搜集我国现有的茶展产品和项目，比较其市场营销战略的异同和营销效果。

第七章 会展营销组合

学习目标：

1. 熟悉市场营销组合理论，掌握不同阶段的理论特点。
2. 理解会展营销组合的内涵与特征，掌握4P和7P营销组合理论。
3. 了解会展营销组合创新方法，能用会展营销组合理论分析实际问题。

【导读】

2012年3月19日，由深圳市家具行业协会主办的第27届深圳国际家具展览会在深圳会展中心顺利拉开帷幕。搜房家居网、《南方都市报》、《深圳商报》、中国时刻组成媒体联盟，将全方位、多角度报道本届展会。开幕当天，展馆内人气火爆，新品闪耀，不少亮点为本届展会留下了永恒印记。

亮点一：家具电子商务展厅

本届展会的最大亮点在于推出了家具电子商务展厅，整合网络平台、家具企业、经销商、运营商、物流、售后服务等多方资源，旨在推动家具行业电子商务的健康快速发展。在电子商务展厅内，3D全景、视频、交互等多项多媒体技术有效结合，为参展企业打造出了全新的电子商务体验馆。观众可自由体验与参观各展区企业的虚拟展馆，可在线下单购买产品，更能实现与企业实时互动。

亮点二：未来生活国际品牌跨界大展

据主办方介绍，本届展会依旧从设计角度出发，凸显出设计在家具甚至家居生活中的重要作用。在创意2012设计巨蛋现场，米兰顶尖现代设计品牌为大家介绍艺术般的作品和天马行空的创作力，也有代表美式奢华的品牌为大家展示品位与传统手工艺的完美融合，更有多位著名设计师与大家分享当代设计潮流与发展趋势。

亮点三：品牌家具展开启时尚生活之旅

在本届家具展现场，品牌家具展馆人气不输往年，不仅有顶级时尚的品牌SHOPPING秀，更有经典家具奢华秀，为本届家具展锦上添花的同时，更为广大观众开启了时尚生活之旅！

亮点四：新品成功引领新潮流

从床类产品新品来看，大多朝着智能化、科技化方向发展，在造型、面料、款式等方面也出现了很多改变和创新。路福寝具作为床品业的龙头老大，在本届展会上推出的新品不仅引进了许多国外先进设计，更在确保产品高品质的基础上，最大限度地降低了产品成本，新品更接“地气”，以求让更多更广的客户群体受益。

亮点五：外销转型企业参展积极

从2008年开始，不少外销型企业开始转向国内市场，也陆续在国内各大家具展上展示品牌风采，发出自己的声音。而本届家具展对2011年外销转型企业来说显得尤为重要，这不仅是它们迎来的第一个机会和挑战，也将对品牌传播和市场渠道拓展起着举足轻重的作用。

（资料来源：选编自深圳会展中心网站，2012-03-20，http://www.szcec.com/zgxgzx/zhzx/mtbd/201203/t20120320_14450.htm）

第一节 市场营销组合理论

“市场营销组合”（Marketing Mix）是指一整套能影响需求的企业可控因素，它们可以整合到市场营销计划中，以争取目标市场的特定反应。这是由美国哈佛大学奈尔·鲍顿（Neil Borden）教授首先提出来的，现已成为市场学的一个重要概念。市场营销理论和实践的发展经过了漫长的过程。市场营销组合理论大致经历了以卖方市场为主到以买方市场为主，再到生产者与消费者之间互动的营销组合理论的发展过程。

一、以卖方市场为主的营销组合理论

1953年，美国哈佛大学教授奈尔·鲍顿（Neil Borden）提出“市场营销组合”概念，其意是指市场需求或多或少地在某种程度上受某种“营销变量”或营销要素的影响，为了寻求一定的市场反应，企业要对这些要素进行有效的组合，从而满足市场需求，获得最大利润。在鲍顿的“市场营销组合概念”一文中，把12项要素和手段结合起来，描述了“市场营销组合”的大致轮廓。1960年，密歇根大学

麦卡锡（Mc Carthy）教授在其著作《基础营销学》一书中提出了以企业为核心的4P组合理论，进一步发展了"市场营销组合"的概念。他把鲍顿教授提出的有关营销要素和手段重新分类组合，认为可供企业运用的市场营销要素和手段固然很多，但企业可以控制的、能有效运用的因素归纳起来只有四大类：产品(Product)、价格(Price)、分销渠道(Place)和促销(Promotion)，即"4P组合"，其中每一类P又包括许多因素，形成每类P的次级组合，构成了市场营销组合的四大基本策略。麦卡锡的市场营销组合更加强调营销组合的可控制性特点，是迄今为止最具影响力的营销组合模式，但其也存在一定的局限性，受到一些学者的批评。

20世纪80年代以后，许多企业界和理论界人士纷纷提出传统的4P组合存在较大的局限性，不断对其进行批判，同时提出新的营销组合模式，呼声最为集中的是服务界。1981年，波姆斯(B. H. Booms)和比特勒(M. Bitner)在《服务企业的市场营销战略与组织》一文中，把市场营销组合描述为7P结构，即产品(Product)、定价(Price)、分销渠道(Place)、促销(Promotion)、人员(People)、服务过程(Process)、有形展示(Physical Evidence)。1986年菲利普·科特勒在《大市场营销》中提出了6P的观念，认为在通常所说的4P之外，还要加上政治权力(Political Power)和公共关系(Public Relations)，因为在许多市场上，这两个因素对市场营销的成败有着至关重要的影响。后来，菲利普·科特勒在大市场营销的基础上，逐渐形成了其战略营销的观点和理念，即通常所说10P和11P组合。科特勒认为，麦卡锡的4P只是市场营销的战术性组合，如何确定这4P的战术，则要用市场营销的战略性要素来进行指导。这些战略性要素包括以下方面的基本内容：探查（Probing）、细分（Partitioning）、优先（Prioritizing）、定位（Positioning）。所有这些要素形成了战略营销的8P。加上前面所说的政治权力（Political Power）和公共关系（Public Relations），就组成了大市场营销组合的10P模式。最后，科特勒吸取了服务营销的成果和观点，在他的营销组合中加进了一个非常重要的因素，那就是第11个P——人（People），它的意思是理解人、了解人，以调动员工的工作积极性。这是在服务营销提出的内部营销和外部营销的互动基础上的扩展。至此，营销组合已经从4P发展到了11P，完成了从战术营销到战略营销的提升。

综上所述，在营销组合理论的发展过程中，每一种新的营销组合模式都是对营销实践发展的回应，也不断吸收了营销领域发展的新成果。应该说，从纵向的角度，科特勒的11P已经把营销组合发展到了一个全面而且庞大的系统，但是由于它仍是在原有立足点上的扩展，难免带有卖方市场的痕迹。

二、以买方市场为主的营销组合理论

随着市场不断向买方市场转变，企业的指导思想也必须不断地发生变化，否

则，企业将难以生存。从买方的角度来看，每一个市场营销工具首先应该是用来为顾客提供利益，然后才是企业利润的考虑。另外，消费个性化、人文化、多样化特征也日益突出。正是基于这样的转变，1990 年罗伯特 · 劳特伯恩(R. Lauterborn)提出了与 4P 相对应的顾客 4C 市场营销组合模式，其包括顾客需要与欲望(Customer Needs and Wants)、对顾客的成本(Cost to the Customer)、便利(Convenience)、沟通(Communication)。在这里，对企业经营者的关注转向了对消费者的关注，它实际上倡导了市场营销中的另一种思维方式，即创造顾客比生产产品更重要。这种新的营销组合概念的扩展是以买方为中心的扩展，它使得营销组合的方向发生了由内而外的变化，关注的重心从企业的内部转移到企业的外部。4C 营销组合模式被认为是对 20 世纪 80 年代初期 7P 组合的延续和发展。与此同时，这种发展还对传统营销组合的定义产生了一个根本的震撼，这个震撼在于内部性和可控制性。在以顾客为中心的营销组合模式中，其中心元素顾客是外在于企业而存在的，既然是外在的存在，当然也就不可能是企业可以控制的因素，因此新的营销组合的定义就需要重新加以界定。

20 世纪 90 年代，美国哈佛大学的两位教授瑞查德（Riochheld）和塞斯(Sasser）经过对服务性企业的研究，发现在服务性企业中，市场份额对企业的赢利并没有直接的影响，而顾客忠诚度高的企业赢利能力明显较强。鉴于此，他们提出了服务性企业的 3R 模式，即：Retention（尽力留住顾客）、Related Sales（注重销售和提供顾客关心的产品和服务）、Referrals（鼓励顾客向亲朋好友宣传满意的消费经历）。3R 营销组合模式不仅发生了从关注生产到关注顾客的转变，而且把重心放在了让顾客成为稳定的回头客方面。正是这个对顾客的忠诚度和满意度与企业利润关系的研究，开创了市场营销学的新领域。承前启后的 3R 组合使营销学从传统营销走向了关系营销的研究领域。

三、生产者与消费者互动的营销组合理论

由于市场营销组合策略的制定已经从以卖方为中心走向以买方为中心，总是要受到企业外部环境中诸多不可控因素的制约，因此，企业的营销组合要适应外部环境，就必须适时地加以修改，一种新的营销组合理念应运而生：Related（关联）、Reaction（反应）、Relationship（关系）、Reward（回报），这是由美国的舒尔茨(Don. E. Schultz）提出的营销组合新理论。该理论的重点不仅是由关注企业内部资源转向关注顾客，而且由静态的关注转向了动态的关注，由关注企业自身的竞争发展到关注战略联盟的竞争。其最大特点是以竞争为导向，着眼于企业与顾客的双赢，把企业与顾客联系在一起，形成竞争优势。

随着社会经济的进一步发展，企业营销市场环境出现了许多新的特点。首先，企业之间的竞争是全方位的，单靠某种营销组合的应用很难在市场竞争中取胜，营

销组合理论逐步与战略管理相融合，出现了战略营销的新观念，即4I营销组合：关系营销（Incorporating Marketing）、权力营销（Influence Marketing）、形象营销（Image Marketing）和信息营销（Information Marketing）。其次，进入20世纪80年代后，随着高科技产业的迅速崛起，高科技企业、高技术产品与服务不断涌现，营销观念、方式也不断发展，并形成独具风格的新型4V营销理念，即差异化（Variation）、功能化（Versatility）、附加价值（Value）、共鸣（Vibration）的营销组合理论。再次，随着互联网技术的发展，网络营销和电子商务成为企业新的营销市场，于是出现了适用于电子商务的4S营销组合理念，即范围（Scope）、网站（Site）、协同（Synergy）和系统（System）。

综上所述，从营销组合发展的脉络中，可以看到整个市场营销实践和理念的变化，这个变化与市场的发展是同步的。不同的营销组合产生于不同的市场环境，因而也适用于不同的市场条件。因此，每个企业和组织都应根据自身的内部条件和外部环境确定具体的营销策略，形成营销组合。

第二节　会展营销组合内涵与特征

一、会展营销组合的内涵

会展营销组合是市场营销组合的一个分支，是企业为了进入目标市场、满足顾客，在市场营销工具或手段层面上的“整合”。

会展营销组合是会展企业依据其营销战略对营销过程中的构成因素进行配置和系统化管理的活动。有效的营销组合是会展企业市场营销活动能否成功的关键。具体而言，会展营销组合即指企业为了满足目标市场的需要，对会展产品、参展价格等各种可控因素（Controllable Factors）的组合使用。

会展营销组合中包含的可控因素很多，目前比较流行的有两种要素排列组合。第一种是传统的4P要素模式，另一种为7P要素模式。4P大致可以概括为四个基本变量，即产品（Production）、价格（Price）、分销渠道（Place）和促销（Promotion）。其中，每一种变量又包含许多内容，从而形成若干亚组合。会展营销活动的实质是综合发挥会展企业的相对优势，做到产品、价格、促销等多方面的“适合”和各种可控因素的动态组合。7P是指除了上述四项传统的产品营销组合要素外，还包括人员（People）、有形展示（Physical Evidence）和服务过程（Process）三个营销要素：

1. 产品

会展产品必须考虑提供服务的领域、服务质量和服务水准，同时还要注意品牌保证以及售后服务等。

2. 价格

价格方面要考虑的因素包括价格水平、折扣、折让、佣金、付款方式和信用。价格与质量间的相互关系是会展企业必须予以重视的要素。

3. 分销渠道

会展服务提供者的所在地以及其地缘的可达性在会展营销中都是重要因素。地缘的可达性不仅是指实物上的，还包括传递和接触的其他方式。所以，销售渠道的形式以及其涵盖的地区范围都与服务可达性的问题密切关系。

4. 促销

促销包括广告、公关、人员推销、销售促进或其他宣传形式的各种市场沟通方式。

5. 人员

把人员看作营销组合的一个要素，这在会展营销中有两方面的含义：

第一，在会展公司和会展场馆中任职的人，在顾客眼中其实就是会展产品的一部分，其工作人员担任着服务表现和服务销售的双重任务。也就是说，会展公司和会展场馆的服务提供者工作得如何，就像一般销售活动中销售能力如何一样重要。据此，营销管理必须和作业处理工作协调配合。

第二，对会展业而言，顾客与顾客间的关系也应重视。因为一位顾客对一项服务产品质量的认知，很可能是受到其他顾客的影响。在这种情况下，管理者应面对的问题是如何在顾客与顾客间相互影响中进行质量控制。

6. 有形展示

与一般服务业相比，会展业的显著特点是其有形展示的部分会影响顾客对会展企业的评价。有形展示包括的要素有实体环境以及提供服务时所需使用的实物装备。

7. 服务过程

服务产生和交付给顾客的过程是会展营销组合中一个主要因素，所有的工作活动都是服务过程。服务过程包括将一个产品或服务交付给顾客的程序、任务和日常工作。把服务过程看作营销组合的一个独立要素，是由于它对会展服务质量的重要性，这个要素对那些没有存货可以储存的服务行业而言其作用尤为突出。会展服务过程的变化状况主要取决于人员。因此，服务过程和人员是紧密联系在一起的组合要素。会展服务过程因此也是一个在加强定位和产品开发中能起到实质作用的营销组合要素。

二、会展营销组合的特征

因此，会展营销组合具有以下特性：

（1）可控性。会展营销手段是企业可以控制和运用的各种因素。比如，一个

会展企业可根据目标市场决定生产什么，制定什么价格，选择什么渠道，采用什么促销方式。市场营销手段的这一特性决定了市场营销组合的可控性。会展市场营销的各种不可控因素构成了市场营销环境的内容，单个企业谈不上对它们的整合、协调使用。市场营销管理的核心正是通过艺术性地运用市场营销的可控因素，在动态适应不可控因素的过程中实现预期目标。

(2) 动态性。会展营销组合不是固定不变的静态组合，而是变化无穷的动态组合。构成特定会展市场营销组合的工具或因素受到内部条件、外部环境变化的影响，必须能动地作出相应的反应。比如同样的产品、同样的价格和同样的销售渠道，企业根据需要改变了促销方式，或其他因素不变，企业提高或降低了产品价格等，都会形成新的、效果不同的市场营销组合。

(3) 复合性。构成会展营销组合的四大类因素或手段各自又包括了多个次一级或更次一级的因素或手段。以产品手段为例，它由质量、外观、品牌、包装、服务等因素构成，每种因素又由若干更次一级因素构成，如品牌便有多种使用方式。又如促销手段，包括人员促销、广告、公共关系促销和营业推广；其中，广告依据传播媒体的不同，有电视广告、广播（电台）公告、报纸广告、杂志广告和网络广告等，每一种还可继续细分。市场营销组合不仅要求四种手段的协调配合，而且每种手段的组成因素之间、每个因素的更次一级组成单位之间都必须协调配合。

(4) 整体性。会展营销组合的各种手段及组成因素不是简单地相加或拼凑而成，而应成为一个有机整体，在统一目标的指导下，彼此配合、相互补充，进而取得大于局部功能之和的整体效应。

第三节　会展营销组合策略

一、4P 营销组合策略

如前所述，4P 是以产品（Production）、价格（Price）、分销渠道（Place）、促销（Promotion）为代表的，以生产为中心的营销四要素组合的总称。以下将以会议场所为例，从会议场所产品生命周期的角度探讨 4P 市场营销组合策略。对会议场所产品生命周期进行阶段划分，有利于根据不同阶段的产品特点，有的放矢地实施市场营销策略。不同产品生命周期阶段的市场营销策略是会议场所营销的关键问题。

（一）产品策略

(1) 产品投入期的营销策略。会议场地企业在投入期的营销策略应突出一个“短”字，即以最短的时间迅速进入和占领市场，为进入成长期打好基础。营销策略包括产品、价格、促销、分销渠道及服务质量等要素，如果以产品价格和促销活动为坐标，则投入期的营销策略有以下四种组合方式：

①迅速撇油策略。即以高价格和高水平的促销活动推出会议场所新产品，高价策略的目的在于尽可能多地获取销售利润，高促销的目的在于快速打开销路，占领市场。这种策略的适用条件是：潜在市场上的客户以前不了解本产品，但出于感情动机产生购买行为并照价付款。由于高价格会吸引众多潜在竞争者，所以会议场地企业可扩大销售量，以准备降价。

②缓慢撇油策略。即以高价格和低水平的促销将产品推上市。一面高价出售，一面降低销售成本，缓慢撇油策略无疑能使会议场地赚取更多的利润。但是，采取这种策略也有特定的条件：市场容量较小，潜在的竞争威胁不大，这样就不需要用高促销来抢占市场；同时，市场上的客户已经比较了解会议中心，并且亟待购买，所以宁愿出高价。

③迅速渗透策略。指用低价格和高水平的促销推出产品，其优点在于能以最快的速度取得尽可能大的市场占有率。尽管价格低、销售成本高可能使企业利润微薄，甚至亏损，但是迅速渗透策略不仅能迅速占领市场，而且能减少潜在竞争者的介入。当市场规模较大，大部分会议公司对价格反应敏感，并有强大的潜在竞争力量时，会议中心可以采用这种策略。

④缓慢渗透策略。即以低价格和低水平的促销推出新产品，逐步打入和占领市场。低价格使产品容易被会议组织者接受，低促销可以尽可能地降低成本。实施这种价格策略的适用条件是：会议市场容量大，客户对价格十分敏感，并已相当了解本产品。采用该策略时，会议场地还要密切注视潜在竞争者，否则会被竞争者抢先占领市场。

(2) 产品成长期的营销策略。会议场地企业在这一阶段的营销策略应该突出一个“快”字，以便抓住市场机会，迅速取得最大的经济效益。在成长期，会议场地产品营销策略的主要内容如下：

在产品上，积极组织人力、物力和财力，引进新的设施设备，改进服务质量，赋予会议场所新的功能和特性，提升产品的附加值。

在广告宣传上，改变广告内容，从提高会议场地企业的知名度转变为说服潜在客户预订和购买，为会议场所企业树立产品形象，进一步提高企业在社会上的美誉度。

在分销渠道上，对于投入期价格较高的会议场地产品，应在扩大出租面积、降低经营成本的基础上，选择适当时机降价，这样既能吸引对价格敏感的客户群，又可以有效抵御同行业竞争者的成功介入。

若会议场地企业采用上述策略，就能够有效巩固自己的竞争地位，但实施这些策略也要付出额外代价。因为，在成长期，会议场地企业将面临一个问题——是选择高市场占有率，还是选择高额的当前利润？也就是会遇到长远利益和眼前利益的冲突。如果想长期在市场竞争中处于领导地位，会议场所企业就不得不暂时放弃诱人的当前利润。

（3）产品成熟期的营销策略。会议场所产品进入成熟期后，就进入了产品生命周期的黄金时代。在这个阶段，产品的销售量达到顶峰，给会议场地企业带来了巨额利润，此时的营销策略应着重于延长产品的成熟期，也就是突出一个"长"字：

①市场改进策略。市场改进策略就是要为产品开拓更广泛的市场，对于酒店和会议中心而言，就是提高会议场地的出租率。会议室的销售量往往用销售面积来表示，因此，为了提高销售量，会议场地企业应从提高会议设施的出租率和提高每次会议的场地使用面积两个层面入手。具体来说有五种常用方法：第一，改不用者为使用者；第二，进一步细分市场，发展新的目标客户；第三，争夺竞争者的客户；第四，开发会议场地的新用途；第五，利用促销手段，激励客户以更高的频率使用本会议场地。

②产品改进策略。处于成熟期的会议场地产品可通过对产品质量、功能、服务等方面做某些改进而吸引新的客户。常用的策略有三种：提高质量策略，即提高会议设施的使用性能，以高质量稳定老客户，吸引新客户；改进特性策略，给产品增加新的特性，扩展产品的功能；改善服务策略，即从提高服务速度、增加技术服务及提供个性化服务等方面提升服务质量，以建立客户忠诚度和赢得更多的市场。

③市场营销组合改进策略。即综合改进产品（包括服务）、定价、分销渠道和促销这四个因素，以刺激销售量的回升。例如，在价格上，降低会议场地的出租价格，以吸引更多低层次的客户，此外，还可以实行特价、早期预订折扣价、放宽信贷条件等间接降价方法吸引客户；在分销渠道上，开辟更多新的分销渠道，并在原有的分销渠道中增加更多的销售网点；在促销方面，采用多种促销手段，如加大广告力度，开展赠奖、竞赛、折让等促销活动，加强人员推销等。

④产品衰退期的营销策略。会议场地产品是否已进入衰退期，需要酒店和会议中心成立一个由各个管理部门代表组成的审查委员会，根据市场占有率、价格、成本、利润等资料，作出评估。如果确实进入了衰退期，则企业应尽早把资本投入到新产品的开发中。因此，在衰退期的营销策略中，会议场地企业应突出一个"转"字。

⑤维持或缩小策略。在产品衰退阶段，很多会议场地企业纷纷退出市场，但是如果这种产品在市场上仍能满足一部分落后客户的需求，酒店和会议中心就可以根据自身条件适当地保留一部分。

⑥延长寿命策略。即会议场地企业通过降低产品成本，实现进一步降价；通过经营创新或引进新设备，增加产品功能；加强市场研究，开辟新的目标客户；改进

服务，提升会议场地的品牌形象等，从而使产品生命周期不断实现再循环。

⑦彻底淘汰策略。将老设施进行转让或出售给其他会议服务公司，把自己投向新的会议场地建设或其他领域，从而进入一个新的产品生命周期。

（二）价格策略

在很长一段时期内，价格都作为主导因素对消费者的选择行为起着决定作用，但20世纪90年代以来，在消费者的购买选择中，非价格因素变得越来越重要。然而，价格仍是决定企业盈利率和所占市场份额的最重要的因素之一。而且，在营销组合中，价格是唯一能产生收入的因素，其他因素则表现为成本。因此，价格策略是会议场地营销组合的重要内容。

定价策略是指会议场地企业为了在目标市场上实现自己的定价目标而使用的策略。在实际经营中，会议场地企业应根据某一种或几种定价方法，为产品确定一个基本价格幅度，并对可能的价格变化作出预计，从而构建一个合理、灵活的价格体系。

（1）心理定价策略。对于会议场地企业而言，心理定价策略是指以会议主办者的心理因素作为定价的依据，制定出合乎其心理状况的价格，以引导客户的购买行为。主要包括尾数定价策略、整数定价策略、分级定价策略、声望定价策略和招徕定价策略。

①尾数定价策略。指会议场地企业为了迎合客户求廉的心理，给产品制定一个以空头数结尾的非整数价格，如9.95元等。尾数定价可以给客户留下价格低的印象，并能使客户对企业定价认真负责的态度产生信任感。

②整数定价策略。即酒店和会议中心把产品价格定为一个整数，不带尾数，以满足一些特殊层次客户的心理需要。其基本方法是价格尽量往上靠，以凑足位数，譬如，若价格在9 000元左右，不如直接定为1万元。

③分级定价策略。会议场地企业有时将产品按档次分级，每个级别定一个价格，以满足不同消费层次客户的心理需要。档次高的，可满足高级别客户的优越感；档次低的，可满足低消费客户的求廉心理。

④声望定价策略。即酒店和会议中心凭借自身在公众心中的良好信誉及客户对名牌产品“价高质必优”的心理，以较高的价格吸引客户购买。采用这种定价法需要做详细的市场调查，除了要考虑客户能接受的最低、最高价格限度外，尤为重要的是，产品的价格必须与质量相吻合，这样才能符合会议场地企业的声誉，不损害客户的利益。

⑤招徕定价策略。即会议场地企业暂时把少数几种产品降价，以招徕生意，其目的是把客户吸引到酒店和会议中心来，在消费这些低价产品时购买其他产品。但采用这种定价法必须要注意：会议场地企业的规模一定要大；选择降价的产品品种和数量要适当；削价必须能真正吸引客户。

(2) 折扣与让价策略。所谓折扣，即企业按原定价格少收一定比例的货款，让价则是在原定价格中少收一定的数量，两者实质上是一样的，都属于减价策略。会议场地企业的折扣与让价策略主要包括数量折扣、现金折扣、季节折扣、同业折扣和佣金。

①数量折扣。一般来说，客户的购买数量越大，所享受的折扣就越大。实行数量折扣可以起到鼓励客户增加购买量，建立长期业务关系的作用，同时使会议场地企业的平均费用降低。数量折扣有两种基本形式：一是累计数量折扣，主要用于批发关系。即规定在一个时期内，当客户的购买总量超过一定数额时，按总量给予一定的折扣。二是非累计数量折扣，主要用于一次性购买。即客户一次性购买的数量或金额达到规定的要求时，就可以得到某种折扣优待。

采用数量折扣定价一般应遵循下列原则：第一，享受折扣的数量标准不宜太高，要使大多数客户都能享受这种优惠，否则达不到吸引客户扩大购买量的目的；第二，数量折扣定价的大批量出售以降低营销费用、增加利润为基本依据；第三，定价办法对所有客户都一视同仁，即规定的价格和条件都是相同的。

在会议业中，常见的数量折扣形式是会议价，即与会者通常支付相同的价格。因此，一般情况下，酒店和会议中心都把客房数量最多的房价定为团体价，而提供的客房结构不同。在有三种房价的会议中心里，给予与会者的各种客房数量比例应为20%：60%：20%；若会议中心有五种房价，则比例一般为10%：20%：40%：20%：10%。

酒店和会议中心把整个会议看成是一种特殊安排，有些与会者得到较好的客房，而另一些人只能住差一点的房间，因而大部分会议场地企业力图按比例出售各类客房。但是，如果会议期间客源不足，而会议主办方又要求较大折扣，酒店和会议中心便很可能同意按团体价收费。

②现金折扣。现金折扣也叫付款期折扣，是对在约定付款期以现金付款或提前付款的顾客给予原定价格的一定折扣的定价方法。会议场地企业通常在交易条款中注明“1/10，净价30”，其含义是若客户在成交后10天内付款，就享有1%的现金折扣，但最迟也必须在30天内付清全部欠款。采用该方法的目的是改善会议场地经营的资金周转状况，减少呆账损失，降低收款费用。

实行现金折扣的关键是：第一，要合理确定折扣率，其基本原则是折扣率的上限要低于会议场地企业加速资金周转所增加的盈利，其下限必须高于同期银行贷款的利率；第二，确定允许客户推迟付款的时间；第三，明确允许哪些客户赊账；第四，确定对逾期未付款的客户应采取什么措施。

③季节折扣。季节折扣指会议场地企业在淡季给予顾客的优惠。会议场地产品的不可储存性在客观上要求经营者想方设法去刺激淡季需求，折扣便是最直接、最有效的方法。

④同业折扣和佣金。同业折扣是会议场地企业给予中间商（如会议公司等）的价格优惠。加强与旅行社、会议公司等中间商的合作是会议场地企业营销工作的重要组成部分。另外，许多会议场地企业除了让会议公司享有优先预订的权利外，还给予它们一定的折扣或佣金，具体操作方法和佣金标准有所不同。

值得强调的是，采用同业折扣和佣金价格策略会使会议场地企业的平均价格下降，因此，会议场地经营者必须在事前仔细研究应如何操作并制定合理的价格。只有在降价增销所带来的营业收入高于所需的直接成本时，实施这种特殊价格才是可行的。

（三）分销渠道策略

对于会议场地企业而言，分销渠道是指会议设施和服务从酒店或会议中心向客户转移过程中所经过的一切取得这种产品和服务的所有权（使用权），或帮助所有权或使用权转移的企业和个人。换言之，即出售或代理出售会议设施的组织和个人。合理利用分销渠道往往会给酒店或会议中心带来意想不到的惊喜。

会议场地企业的分销渠道包括向酒店或会议中心代订场所、客房、餐饮和其他服务项目的代理人（中间商），批量出售会议设施的批发商以及处于分销渠道起点和终点的会议公司等。它是会议中心营销组合的一个组成因素，其作用在于能使会议场所的各种设施和服务更方便地让客户得到。

（四）促销策略

促销就是会议场地企业在了解顾客（会议组织者）需求的基础上，为扩大和保持产品销售，将特定信息在特定时间和特定地点，以特定方式传达给特定顾客。作为会议场地与市场联系的主要手段，它包括了多种活动，主要有人员推销、广告、营业推广和公共关系等。为了以最小的投入获得最大的经济回报，会议场地企业需要对各种不同的促销活动进行有机组合来构成促销计划，这种组合就是促销策略。

二、7P 营销组合策略

7P 即在传统的 4P 的基础上加上新的 3P（人员、有形展示、服务过程）。

（一）人员

在营销组合里，人员意指人为因素，扮演着传递与接受服务的角色。换言之，也就是公司的服务人员与顾客。我们都知道会展营销主要依靠服务，而服务的特色之一是“服务的产生与顾客消费可以同时进行”，因此，会展企业的服务人员极为关键，他（她）们可以完全影响顾客对服务质量的认知与喜好。事实上，服务人员与质量即“产品”不可分割的一部分。公司必须特别注意服务人员质量的培养与训练，时时追踪他们的表现。尤其是服务业，人员素质参差不齐，服务表现的质量就无法达到一致的要求。人员也包括未购买及已购买服务的顾客。营销经理人不

仅要处理公司与已购顾客之间的互动关系，还得兼顾未购顾客的行为与态度。例如一位店长对于未购顾客所反映上来的不满，仍然得谨慎地加以处理。

（二）有形展示

有形展示可以解释为“在一个购买环境里，服务得以传送，任何有形的商品透过服务传播及表现而更完整”。有形展示的重要性在于顾客能从中得到可触及的线索，去体认你所提供的服务质量。因此，最好的服务是将无法触及的东西变成有形的服务。有形展示本身（如外观、装潢、摆设、配置等）是顾客评估服务程度与质量的依据，特别是对于餐厅、旅馆而言。简言之，有形展示是产品本身不可或缺的一部分。

（三）服务过程

这里的过程是指“顾客获得服务前所必经的过程”。例如超市的自助式服务与高级餐厅的全套服务完全是两码事。进一步说，如果顾客在获得服务前必须排队等待，那么这项服务传递到顾客手中的过程，时间的耗费即为重要的考虑因素。营销人员必须了解“排队与等待中所耗掉的时间”能否被顾客接受。

波姆斯与比特勒认为，特别对于服务营销，产品决策应再加入上述的三项新要素：人员、有形展示、服务过程，并将传统的4P予以强化。此外，这三项新要素对服务业来讲，其重要性毋庸置疑。它们在顾客接受服务前，或是使用服务时，直接映入顾客眼里，也是公司可以掌控的要素，并可用来改变顾客的行为与态度，因而必须列入营销组合里，其影响力主要来自：让公司与顾客之间直接保持高度接触，让服务过程视觉化，让服务与消费同时进行。

第四节　会展营销组合创新

会展企业在开展会展市场营销活动时，必须把握住那些基础性措施，合理组合，并充分发挥整体优势和效果。在企业探索消费需求的过程中，企业本身可以控制的因素归纳起来主要有产品（Product）、价格（Price）和探索（Probe），即3P组合。只要在这三个方面有所创新，就一定能在市场上占据一定的份额。

一、产品创新法

产品是指能提供给市场，用于满足人们某种欲望和需要的物品。产品策略就是考虑企业应生产什么产品才能卖得出去，以满足消费者最迫切的需要。企业销售产品不在于销售产品本身，而在于满足消费者的需要。因此，产品策略也就必须以满足消费者的需要为目的。产品的创新就体现在满足消费者的程度上。

首先，要以不断创新的产品满足消费者的需要。随着社会的发展、人们生活水平的提高，消费需求也将发生很大变化。而且任何产品都有一个从引入到成长、成熟和衰退的发展阶段。因此，企业不能只埋头生产和销售现有产品，而必须随着产品生命周期和消费需求的发展、变化不断创新，及时用新产品代替老产品，以满足消费者的需要。

其次，要通过产品的多样化或多元化经营满足消费者多方面、多层次的需要。一般情况下，企业通过增加产品组合的长度和深度，扩大经营范围，实行多员化经营，可以充分发挥企业的特长，使企业资源、技术得到充分利用。同时，也可以占领同类产品更多的细分市场，迎合更广泛的消费者的不同爱好，以招徕、吸引更多顾客。

二、价格创新法

价格是市场营销组合因素中十分敏感而又难以控制的因素，传统的价格策略就是确定一个合适的价格，至于到底多少才是合适的，只有消费者自己才知道，因此价格创新法体现在制定产品价格的原则与技巧上。

（一）价格分割法

价格分割是一种心理策略。企业对产品进行定价的时候，采用价格分割法，无疑能够让消费者在心理上产生价格便宜的错觉，进而调动消费者购买的积极性。现在经常在一些报纸或杂志上看到这种价格分割法的运用。如一台 HP 笔记本电脑原价需要 5 268 元，但消费者只要每个月支付 439 元（连续支付 12 个月）就可以买到这台 HP 笔记本电脑：一块阿玛尼优雅坦克情侣对表原价需要 999 元，但消费者只要每个月支付 83. 25 元（连续支付 12 个月）就可以买到这块阿玛尼优雅坦克情侣对表。其实，这就是一种分期付款的价格策略，看似高额的单价，经分割，价格立马就拉下来了。这种价格策略就是把单价分割成较小的单位进行报价。

（二）弧形数字定价法

根据一项国外市场的调查发现，数字使用频率排序先后依次是 5、8…0、3、6…9、2、4、7、1。而这种现象并非是偶然出现的，究其根源是消费者购买心理的作用。在国内市场，很多人喜欢 8 这个数字，认为它会给自己带来财运而数字 4 则因为与“死”同音，被人忌讳；数字 7，人们一般感觉不舒心；数字 6 因为中国老百姓有“六六大顺”的说法，所以也比较受欢迎。如每年的新春佳节更体现了这种价格策略：“138 元”真心意的礼品装，“298 元”喜气洋洋的礼品装，“368 元”骏业宏开的礼品装，“698 元”招财进宝的礼品装，“888 元”大展宏图的礼品装，“988 元”鹏程万里的礼品装，“1 388 元”鸿运当头的礼品装等。

总之，合理的价格策略能够成为提升企业利润的利器，所以企业应巧妙地运用这把利器。

三、探索创新法

所谓探索创新法是指不拘泥于原有的传统营销模式，探索和开创新的营销模式。

（一）网络营销

自从互联网广泛普及以来，它已不再只是消费工具，网络营销作为利用互联网创造财富的新兴手段，得到了广泛运用和长足发展。网络营销有它的优势：①网络媒介具有传播范围广、速度快、无时间地域限制和版面约束、内容详尽、多媒体传送、形象生动、双向交流、反馈迅速等特点，有利于提高企业营销信息传播的效率，增强企业营销信息传播的效果，降低企业营销信息传播的成本。②网络营销无店面租金成本且有实现产品直销的功能，能帮助企业减轻库存压力，降低经营成本。③国际互联网覆盖全球市场，通过它，企业可方便快捷地进入任何一国市场。尤其是世贸组织第二次部长会议决定在下次部长会议之前不对网络贸易征收关税，网络营销更为企业架起了一座通向国际市场的绿色通道。

（二）绿色营销

绿色营销不仅要满足消费者的需求并由此而获得利润，而且要满足和符合环境保护长远利益的需要，合理使用资源，正确处理消费者需求、企业利益和环境保护之间的矛盾，把三方利益协调起来，统筹兼顾。向用户和消费者提供绿色产品和服务从各方面都要做到“绿色”。也就是说，一是要节约能源和资源，而不是为了眼前的利益和我们这一代人的利益，无节制地使用各种资源，只留给子孙后代贫瘠的未来；二是不使用有害化学物质，不能为了企业自身的眼前利益，忽视某些化学物质对环境和人体的危害；三是创新开发新的替代产品或服务手段，对污染严重、资源耗费大和破坏环境的产品和服务取而代之，满足需求；四是产品失去使用价值或服务完成后不对环境造成危害，或废物的回收成本低、自然降解容易。

思考与讨论

1. 会展营销组合有哪些内涵与特征？
2. 会展营销组合的4P和7P分别指什么？如何理解？
3. 会展营销组合如何创新？

本章案例

"上海世博会"的模块组合营销

2010年，中国上海迎来世界博览会（The World Exposition Shanghai China 2010）的举办，这是世博会历史上首次在发展中国家举办。上海世博会的主题是"城市，让生活更美好"（Better City，Better Life）。会期从2010年5月1日起至10月31日，历时184天。主办机构预计目标是吸引200个国家、国际组织前来参展，世界各地7 000万人次参观者前往，总投资达450亿元人民币，超过北京奥运会。这将是世博会历史上规模最大、参展国家和国际组织最多、观众数量最多的一次盛会。

一、世博会的整体营销模式

2010年上海世博会的营销模式就是指通过网络等高科技手段，在政府、社会组织、企业和公众之间实现无障碍沟通和协调，让各方的积极性和优势都得以充分发挥，达到各个利益团体和公众的多赢。而菲利普·科特勒对此种营销的定义是这样的：为了成功地进入特定市场并在那里从事业务经营，在策略上要协调地运用经济的、心理的、政治的和公共关系的手段以博得外国或当地若干参与者的合作和支持。

二、世博会的战略营销模式

世博会的战略营销就是积极组织政府、国际团体、国内社会团体、行业协会等机构对世博会进行一种广泛的探讨与研究，包括对整个世博会的运营进行具体的规划。一方面是为世博会的举办集思广益，另一方面也从多维、立体的角度为世博会项目作推介。

据联合国人居中心数据显示，到2010年世界有55%的人口生活在城市，2025年将达到65%。随着城市人口的迅速增长，日趋严重的城市病正困扰着世界各地的城市居民。如何治理城市弊病、如何改善城市生活质量、如何创立更多的就业机会等问题是现代城市人所共同关心的。同时，一些城市发展的先进理念，如生态型城市、可持续发展城市、数字化城市等，也广受关注。2010年上海世博会的主题"Better City，Better Life（城市，让生活更美好）"正是全世界都在热切关注的话题，因此赢得了广泛的理解和支持。

在上海世博会的筹备期中，市场营销计划将分为三个阶段：第一个阶段是从2003年至2005年，目标是让国际社会、国内外企业、民众进一步了解上海世博会；第二个阶段是从2005年至2008年，目标是推动招商、招展和引资工作；第三个阶段是从2008年至2010年，目标是吸引、组织更多的游客。在这6年中，各相关媒体除了日常宣传外，还辟出相对固定的版面和时段，形成稳定的传播渠道。

三、世博会营销推广策略

世界博览会是全球最高级别的贸易促销和经济招商的展览会，不涉及任何交易信息或产品信息的参展者多是国家或国际组织。但是其仍会有相应的市场开发计划，签约全球合作，包括中国东方航空、中国移动、中国电信、交通银行、上汽集团、通用汽车、西门子公司、可口可乐、中国人保财险、国家电网、宝钢集团、腾讯公司等。其中麦肯光明和实力传播被上海通用汽车公司任命安排一个推广2010年上海世博会的宣传活动。

而在上海世博会的全球营销和推介活动中，广告发挥了重要作用。通过广告，世博会主办方塑造了世博会独特的、易辨认的品牌，向世界各地的政府、企业、媒体、文化界及民众发布直接信息。上海世博会的广告内容和图案体现了跨文化、多语种的特征，涉及各种商业性的媒体渠道。上海三大媒体集团——解放日报报业集团、文汇新民联合报业集团、上海文广新闻传媒集团签约成为中国2010年上海世博会合作媒体。而腾讯作为唯一一家互联网服务高级赞助商，将为上海世博会提供全面的互联网服务，其中包括全面承担上海世博会官方网站的内容发布和平台建设，负责网上世博会基于互联网平台的总集成、总运行和总维护。还进行世博网络宣传，帮助上海世博会的合作企业进行各种世博主题相关的网络宣传和营销推广等一系列互联网服务。世博会主要宣传方式及特点如下：

1. 站在国家层面对外宣传造势

通过各种媒介进一步阐明了举办世博会对中国发展的重大意义，从而激发了广大民众、社会各界以及各地方政府、企业参与世博会的热情，在全国范围内掀起一股“世博”热。强调2010年世博会是“国家层面”的战略决策和举措，同时明确提出了举办世博会不仅仅是上海人民的事情，全国其他省市的居民同样也是世博会的东道主，这样把世博会上升到国家和民族的层面，从而取得总体宣传造势上的成功。拍摄系列主题宣传片——《城市，让生活更美好》。自2007年6月18日起，国家旅游局驻纽约办事处联合上海旅游事业管理委员会，首次在纽约隆重推出2010上海世博会流动车体户外广告活动。纽约时报广场中心位置有一个高十米、宽十米、中英文对照的上海世博会资讯的大广告，此世博会广告从2010年3月1日开始将会在纽约时报广场竖立长达3个月，国家旅游局驻全球各地的19个办事处已经从2010年2月开始，在全球上百个城市，通过文字、户外广告以及说明会等形式，对外加强世博旅游的宣传。

2. 新闻发言人制度

参照全国“两会”模式，在世博会筹备后期及中国2010年上海世博会举办期间，建立“新闻发言人”制度，定期接受国内外媒体采访，并通过电视、网络等现场实况直播的形式举办新闻发布会，让社会公众及时、准确、方便地了解有关上海世博会的一些重要信息，扩大世博会的影响力。

3. 设立上海世博会专用电视频道

为了有助于广大社会公众更好地了解世博会、参与世博会，从世博会筹备后期到世博会举办期间，上海东方卫视改为“世博频道”，主要播放与上海世博会相关的内容，同时中央电视台相关频道每天设立世博会专题报道或栏目。

4. 媒体全方位的宣传

世博会利用中央电视台、《人民日报》、新华网以及全国各省市一些主要新闻媒体作为平台，在央视黄金时间以及网络、报纸等媒体的醒目位置每天播报或刊载世博会举办日的倒计时时间，提高了全社会公众对中国2010年上海世博会的关注度；同时在全国各省市电视、报纸、电台等主流媒体设置专栏，集中宣传世博会的相关内容，让全国人民都切身感受到世博会就在身边。上海三大媒体集团——解放日报报业集团、文汇新民联合报业集团、上海文广新闻传媒集团签约成为中国2010年上海世博会合作媒体。三大媒体集团将抽调精干力量组建世博报道团队，做好上海世博会的新闻宣传报道，在海内外广泛开展世博特色推广活动，并积极利用新媒体平台宣传推广世博会。在上海政府的积极推动下，公交移动电视、地铁移动电视、出租车车载媒体、手持电视、楼宇电视、水上巴士电视终端等悄然布满了上海的每一个角落。拥有超过10万辆签约出租车的触动传媒透露，公司正在引入一些政府所要求的新功能，包括在沪出租车上加入地图和一些地标功能服务，而眼下最核心的互动按钮就是“2010世博互动公益广告”。

5. 充分利用景观标志性建筑等户外广告宣传

上海一些主要景观标志性建筑物、交通枢纽，如东方明珠电视塔、人民广场、浦东国际机场、虹桥国际机场、新客站、上海南站等地方设立了世博会倒计时牌和宣传标识，并组织广大志愿者发放2010年上海世博会的相关宣传资料，宣讲世博会的有关知识。在纽约推出上海世博会流动车体户外广告，由170辆纽约市双层旅游观光车和公交车组成，高约5米、长约11米的双层旅游观光车车体高大别致、面积巨大，整幅招贴广告高3米，长10米，面积约30平方米，喷绘有巨幅上海外滩、浦东图片及“上海欢迎您——2010世博会”中英文字样，而双层观光车将于6月中旬至8月中旬在曼哈顿主要大街和景点穿梭不止。同时，上海世博会广告还将出现在纽约市内公交车上，这将覆盖曼哈顿更多的街道和线路。公交车广告高0.76米，长6.10米，张贴于车窗和车轮之间，十分抢眼、醒目。

6. 加大对上海世博会吉祥物“海宝”的宣传推广力度

从产业化的角度出发，以“海宝”为核心，进行上下游相关产业、产品的深度开发，全国一些主要城市设立“海宝”纪念品连锁专卖店，面向国内外市场开发、制作以“海宝”为主角的儿童书籍、漫画、网络游戏、动画片等及相关的衍生产品。据了解，在深入市场调研的基础上，组委会还设立了“海宝”主题公园，让广大国内外游客参与知识性、趣味性、休闲性的互动活动，让“海宝”真正走入千家万户，逐步使“海宝”成为具有鲜明上海特色的、国内外知名的创意产业品牌。

7. 广告新技术的大力运用

(1) LED技术的使用

世博会是展示全世界前沿科学技术，指导人类最新生活理念的盛会。参观世博会，我们关注到一些技术领先、形式新颖、实用性强的新产品。在欧盟馆排队必经之处有一台蓝底黄星涂装的LED车不间断地滚动播放前世界球星、现任欧足联主席普拉蒂尼出演的欧盟馆主题宣传片，成为了游客在参观欧盟馆时的第一体验。形容这台LED转播车为“欧盟馆之眼”一点也不为过。在注意宣传片内容之余，相信那台涂装鲜亮、设计新颖、科技含量颇高的LED广告车也让人耳目一新。作为最新式的传媒车，它具有移动便捷，可随时变更地点、更换信息，画面动静结合，能完成多形式、多方位、多种类信息发布等优点，正适合世博园户外大型传播。而从目前投入使用的效果来看，该车的各大优点在世博会这个舞台上发挥得淋漓尽致，受到了使用者和游客的广泛好评。

迎世博公益广告也使用了先进的光束投影技术，由20多台投影仪射出不同画面拼成，面积达2 600多平方米。据悉，这组大型迎世博公益广告使用了目前世界上先进光束投影技术，成为上海市中心夜空中的一道亮丽景观。2010年上海世博会开幕以来，电信技术的应用在世博园区内随处可见，如可随时浏览园区情况的信息亭、能够充当对讲机的手机以及全球最快的宽带网络。在园区内随处可见的LED显示屏及其展现出的形式多变、色彩缤纷成为世博会上的最大亮点，特别是黄浦江边那巨大的LED显示屏，长300米，高30米，总面积超过9 000平方米，像素点距15厘米，是目前全球最大的户外LED显示屏，把人们带入了前所未有的梦幻殿堂。从世博会开幕式到各展馆都能充分体验到LED大屏幕带给我们的视觉享受和乐趣!

（2）网上世博会应用

作为2010年上海世博会的两大创新亮点之一，网上世博会项目将涵盖推介、导览、教育、展示四大功能，分为浏览型、体验型、创意型三类展馆。其中网上世博会平台、浏览型展馆、创意型展馆将由组织者进行建设；体验型展馆将由参展者开发建设。对参展者而言，网上世博会能使全球广大网民，特别是没有机会到世博会现场的网民，通过网上世博会体验到上海世博会的精彩，参展方也能更好地展示其形象，充分借助互联网的独特优势，建设性地探索新的展览方式和传播渠道，实施“网上世博会”项目。相信网络的参与能够协助组织者进一步实现上海世博会“成功、精彩、难忘”的目标。

（资料来源：改编自百度文库，http://wenku. baidu. com/view/5ed444efaeaad/f346933fod. html）

思考题

1. 如何评价上海世博会的营销组合战略？
2. 上海世博会还可进行哪些营销组合创新？

第八章
会展营销理论创新

学习目标：

1. 理解关系营销理论，掌握会展关系营销策略与实施手段。
2. 理解网络营销的内涵与特征，熟悉会展网络营销实施措施。
3. 掌握树立会展品牌及实施会展品牌营销的方法。

【导读】

汉诺威是德国下萨克森州首府，北德重要的经济文化中心。它承办过两届世界博览会，拥有世界上最大的展览场馆——汉诺威博览中心，世界十大展览会中的5个在汉诺威举办。

汉诺威会展业发达的原动力来自政府的高度重视和支持。在会展业极为发达的德国，许多城市的政府普遍将展览业作为支柱产业加以扶持，政府对展览业的支持力度很大，比如，汉诺威展览公司的两大股东——下萨克森州政府和汉诺威市政府，就分别持有其49.8%的股权。

汉诺威会展业的蓬勃发展也离不开汉诺威展览公司多年的成功经营。从1947年举办第一届工业博览会至今，汉诺威展览公司已发展成为世界第一大展览公司。目前它负责协调和筹备在汉诺威举办的所有展会，每年平均承办的国际展会达二十多个，几乎月月都有一到两个大展览，其中最著名的当属每年春季举办的工业博览会和信息、通信及办公室自动化博览会。两大展会的观展人次每年均在30万以上。同时，汉诺威展览公司还在新兴国家和经济增长较快的地区大力开拓海外市场，一方面是吸引了大量的德国及欧洲以外的厂商到汉诺威参展，另一方面就是在海外建设新场馆，并将自己成熟的展览会延伸到海外。

去过汉诺威的展览界人士都有这样的感受：这里的会展气氛特别浓厚，每逢展会期间，来自五湖四海的客商都会涌入这个城市。人们如此热情地去观看展览，是因为这里有两个基本的保证：一是汉诺威过硬的城市基础设施；二是汉诺威找到了自己的会展商业运作模式，保证良好运营。在城市基础设施建设上，尤其是展览会的各种硬件设施上它都堪称世界一流。以世界最大的汉诺威博览中心为例，这一会展场馆几经扩充，现已占地100万平方米，内有1万至2万平方米的巨型展厅24个，其中好几个是多层展厅。室内展出面积达47.9万平方米，露天展场27.8万平方米，还配备有功能齐全的会议中心。另外，博览中心还拥有设备完善的、欧洲最大的专用客运火车站两个，还有专用的货运站。一到这个城市，市内的交通就为展览大开绿灯，开设专线地铁，观展人士甚至还可以坐直升机到达展馆。

在这里，一切都围着展会转，围着参观者服务，展场布置把舒适放在第一位，空气流动，光线明亮，温度适宜，布局宽松，在众多展场之间设有咖啡座，供人们休息、聊天、交流、洽谈业务，在市区乘车凭展馆出入证“一证通”，十分便捷。参观者真正是在享受“上帝”的待遇。

除完善的硬件设施外，汉诺威在展会的组织和服务等“软件”方面也有口皆碑，为展商和观众提供一本小册子或一本书，内容不仅包括历年展会的情况回顾，而且还介绍整个欧洲甚至整个世界某个行业的发展趋势和动态，同时涉及参展费用、装修费用等信息。此外，汉诺威展会网站还有强大的在线服务功能。比如在线预约，所谓在线预约功能是主办者为参展商和观众提供的一种网上交流功能，观众可以通过此功能在展会开幕前通知该参展商准备在展会的第几天大约几点参观该展商展位，大致对哪类产品和服务感兴趣，以便于参展商提前作出安排。网站为参展商、观众和媒体提供了强大的行业信息、展会信息查询功能和在线服务功能，展会参观者可以通过展会网站提前获取展会相关信息，安排自己的参观计划。

（资料来源：http://www.doc88.com/p-4731603341422.html，有删改。）

第一节　会展关系营销

一、关系营销理论

（一）关系营销的概念

两位美国营销学家Copulsky和Wolf于1990年8月提出了一个大胆而具有创新性的新营销观念：关系营销（Relationship Marketing）。根据他们的观点，关系营销是对一般性的广告、促销、公关及直接营销的组合，并创造更有效、更经济的方法来掌握消费者。其发展关键在于消费者与产品（服务）间的一种连续性的关系。运用关系营销，营销费用与销售成果间的关系将变得可衡量。1985年，巴巴拉·杰克逊在产业市场营销领域提出“关系营销”这个概念，他认为：“关系营销是指获得、建立和维持与产业用户紧密的长期关系。”现在一般认为，所谓关系营销，是指企业在主要合作伙伴（如供应商、客户、经销商和员工等）之间，为谋求共同发展而构筑、发展和维护长期的、有成本效益的交换关系。

关系营销的核心是“关系”，与传统营销相比，关系营销从更加广泛的角度看待市场，它不但涉及企业与狭义客户市场（所有购买产品或服务的个人或组织）的关系，还涉及内部市场、推荐渠道（如媒体）、影响市场与供应商市场等诸多复杂关系。会展行业是典型的服务性行业，其业务主体——各类会展公司的企业规模一般不大，但却需要管理和协调遍及全国乃至全球的营销和代理网络，与大量分散的客户保持联系，还要与政府、协会、媒体、观众等打好交道。

（二）关系营销的核心思想

关系营销的核心思想是建立和发展与公众的良好关系。与传统营销强调创造客户相比，关系营销更加重视保护客户。关系营销的经营哲学是，采取不同的方式对待不同的客户。了解企业的“金牌客户”是哪些人，他们有什么特点，如何能够吸引他们，对关系营销的成功是至关重要的。长期以来，营销界称争取一个新客户要比保持一个老客户多花5至10倍的费用。对于展览企业来说，吸引一个新客户，费用确实不小，比如推销成本、委托成本、信用调查成本、数据库成本等。而当客户流失时，他们不仅带走了当前交易的利润，而且带走了未来可能实现的利润。目前，国内展览业出现相当严重的内容同质化、竞争白热化的局面，据统计，大部分展览会平均每年都有25%的客户流失。展览企业必须要充分重视保持自己的客户资源，通过关系营销来提高顾客的忠诚度。

（三）关系营销的实施

1. 建立营销资料库

确认并建立现有及潜在顾客的资料库。这个资料库包括的内容应相当完整，包括个人及家庭的年龄、性别、收入、职业、教育程度等人口统计资料，还应存有生活形态（活动、兴趣、意见）及购买行为的资料。

顾客资料库对厂家来说将是最重要的资产。可是并非每个顾客都适用于关系营销，也不是每个目标对象都是企业的消费者，因此，最初建立的资料库必须不断地更新及再细分。最重要的一点是开始建立资料库时的设计要得当，才可不断配合新科技和新策略的发展，充分运用关系营销。美国宝洁公司在这方面可谓独领风骚，它运用消费咨询电话，掌握了敏感性皮炎药品的消费对象，并成功地运用到新洗洁精的营销策略上。花旗银行也利用各分行建立了详细的顾客资料系统，除自用外，还提供给其他企业。

2. 有针对性的信息传播与营销

根据资料库所显示的顾客特征及喜好，依其不同需求，通过不同的传播渠道，分别传播不同的信息。事实上，目前美国的媒体已大部分能配合这种新的营销方式。如许多发行量大的杂志，可以提供给广告客户两项新的服务，叫作选择性装订及喷墨式印刷。运用这两项科技，一家汽车厂可以设计一则高级车种的广告给某些对象。在同一本杂志上，可分成不同的版本，发行给不同的对象。利用喷墨式印刷，能制作出如亲笔函件的广告，并列出该目标顾客附近的经销商。

3. 追踪产品与消费者、销售成果与成本之间的关系

运用关系营销可长期监控和评估每一个消费者购买本企业产品的情况，可明确了解企业花在他们身上的哪些销售费用有效。

传统的广告效果衡量标准是以每千人次成本、视听人数、发行量来进行的，即根据“花了多少”来判断，而关系营销可根据“花出去后的结果”来判断，如目标对象的渗透率及销售成果。在新的营销环境下，衡量的基础将从“每千人次成本”转变到“一个目标市场的价值”。广告客户必须精确地算出维持一个长期顾客的成本及效果。

二、会展关系营销意义

会展业的关系营销，简而言之，就是寻找特定的市场，并在该特定市场内与个体决策人建立并保持融洽的合作关系。会展关系营销不仅可以巩固顾客和企业的关系，培养忠实顾客，和渠道商合作默契，达到双赢，还可以促进员工之间亲密、有序的合作。

首先，关系营销有助于企业间的合作。在传统会展营销中，企业间只有残酷的竞争，这种关系既不利于经济的发展，也不利于企业的壮大。而关系营销能够加强企业间的协调与合作，这种关系不仅能帮助企业拓展市场范围，扩大市场份额，还能增强企业的应变能力和抵御风险的能力。

其次，关系营销有助于建立并维持与顾客的良好关系。会展营销的一个重要特点是促进服务和设施提供者与购买者之间的关系，在双方之间建立诚信，发展长期密切的关系。例如会议策划组织者与会展协会组织之间应发展相互了解和彼此信任的关系；会展协会可以对会议场地提供全面而客观的评价，可以帮助会议策划者安排考虑会场，给予建议；承办会议的会场方面也要和会议组织者之间建立诚信关系，会议地点的销售经理、活动经理与会议组织者之间都需要以诚相待，充分进行沟通，并严格地遵守协商的条款。在竞争日趋激烈的今天，企业要想发展、壮大，就必须有大量忠实的顾客。要想拥有忠实的顾客，就必须和顾客建立良好的关系。关系营销能帮助企业更加深入地研究顾客、更好地了解顾客需求、更好地满足顾客需求，进而和顾客建立良好的关系。良好的顾客关系可以使顾客成为企业忠实的顾

客。忠实的顾客既可以帮助企业将产品和服务传播出去，又能帮助企业稳定市场份额，稳固市场地位。

再次，关系营销有利于企业优化资源配置。一个企业的资源是有限的，关系营销能够使每个企业发挥自身优势，共享资源，分摊费用，快速地将产品推向市场。另外，关系营销能够使企业充分利用现有的人力、物力、财力及信息资源，有助于新产品研发费用的降低和研发周期的缩短。

目前我国的会展机构很多都还没有建立起基本的信息管理平台，大量关于客户、合作单位、产品、交易记录和商业机会的信息十分分散，对客户资源缺乏整合，只是零散地、原始地采取了一些关系营销的手段，鲜有全面地进行系统化关系营销的。在竞争日趋激烈的市场环境中，如果会展业还未对营销效率低下、客户资源流失等问题引起重视并着手改善，就很难获得具有品牌忠诚度的客户，从而影响其获利能力。我国会展业需要切实更新营销理念，迅速顺应关系营销的大潮流。

三、会展关系营销的实施

下面以展览公司为例，探讨会展企业关系营销战略的实施手段和策略。展览公司的关系营销应该是一种全面的关系营销，是涉及各个利益相关主体的营销活动。每一个具体展览项目都有各自的特点，展览公司的营销对象及营销工作重点也会发生相应的变化。例如，会议策划组织者与会展协会组织之间应发展相互了解和彼此信任的关系；会展协会可以对会议场地提供全面而客观的评价，并帮助会议策划者安排考虑会场，给予建议；承办会议的会场方面也要和会议组织者之间建立诚信关系，会议地点的销售经理、活动经理与会议组织者之间都需要以诚相待，充分进行沟通，并严格地遵守协商的条款。

（一）获得政府及各类行业协会等机构的支持

展览公司应该充分重视面向政府的关系营销。政府的关注度与市场定位是相统一的，研究展会定位，可以研究政府关注什么，市场需要什么，只要抓住政府关注和市场需求的关键点，就容易获得政府的支持，而政府的支持又是成功的保障。政府的重视往往会给参展的一些企业传递一种展会的价值信息：这个展会是代表国家行业发展的，是受到国家或地区支持的。

在中国，对于展览公司来说，经常需要与外经贸系统、贸易促进会、旅游局等政府机构打交道，它们是企业重要的信息来源和支持力量。政府可以帮助企业获取国际专业客户的信息，将大客户组织过来，还可以提供一些比较权威的市场分析资料等。因此，平时要密切关注政府机构及人员设置的动态信息，注意加强与相关要员的沟通，保持紧密的长期合作关系；在展览项目前期可与政府交流关于活动的一些信息，听取有效建议；在展览会中对政府开展关系营销，方式通常有特邀有关领导出席开幕式及发表演讲、向有关机构的人员发送展览会入场券、特邀政府部门组

团出席等。

行业协会是展览公司营销活动的又一个有力支持者，也是一个重要的营销对象。其中一类是国际性或区域性的展览专业协会，如国际展览业协会（UFI）、上海市会展行业协会等。展览公司应该积极与这类组织主动联系，利用组织的影响力来提高企业的知名度，提高展览项目的权威性。另一类是指某一展览项目中具体涉及的某个行业的协会，如中国汽车工业协会、中国包装协会等，通常是作为展览的主办方与展览公司开展合作的。作为展览公司，需要取得协会组织的信任和支持，充分利用协会的组织体系和关系网络来拓展营销渠道。许多展览会都是长期的、固定的项目，因此与协会保持长期的合作关系就显得非常必要。

如果国际性的项目属于展览公司的经常性业务的话，那么展览公司还十分有必要向各类驻外机构和国际商业公司展开关系营销。各大驻外使领馆、各种友好组织的海外联络处等机构比较熟悉当地的政治、经济、法律和社会文化情况，有助于营销活动的顺利开展。而各类管理咨询公司、市场调查公司、公关公司等国际商业公司都具有很强的市场信息处理能力，并且还掌握着一批客户资源，在资金许可的前提下可以适当选择一些来进行合作，有效地提高对参展商、专业观众等营销活动的效率。

（二）留住参展商

参展商的档次和实力将直接影响到观众特别是专业观众的数量和质量，影响到展会品牌的塑造。举办一个行业的展会，一定要与这个行业内排名前十甚至前二十的企业保持良好的沟通和联系。并不仅仅是在招商时给对方发个传真件那么简单。在招商招展的过程中，要经常让自己的目标客户知道自己的招商进度，有时候某个客户会因为这个展会刚好与自己的市场推广计划相吻合而参加，也有一些客户当听到自己的竞争对手参加时，出于商业竞争的考虑自己也会参加。因此，招商其实存在于平时的客户关系维护过程中。面向参展商的关系营销要注意以下几点：①建立完善的参展商数据库，对参展商进行分类管理。根据企业情况、产品特点、资信情况以及以往参展表现等，将它们分为重点营销对象和一般营销对象。②在向有可能的参展商发出展会资料之前，有必要对其企业和产品做一定的了解，进行个性化的交流，懂得从利益的角度来激发它们参展的兴趣。③可以采用人员亲自拜访的形式，重点对行业内的领头企业、知名企业进行关系营销。如果能够吸引它们参展，不仅将大大提升展会的档次，还能吸引众多其他同行或上下游的企业参展，同时又将吸引一大批的专业观众。在展会期间，可邀请他们参加宴会、演讲等活动，在场内为他们设立 VIP 休息厅等。④展会结束后应将感谢信、展会评估结果和参展商需要的其他资料寄送给他们，并传达下一次展会的有关信息。⑤不断走访老客户，或至少通过电话保持联系，通过他们的关系网络来开发新的客户。在可能的情况下为他们提供参展费用折扣或其他优惠活动。

（三）长久保持专业观众

专业观众倾向于了解参展企业及其产品的详细信息，或有关论坛、交流会等活动的情况。专业观众的质量和实际观展效果是衡量一个展会成功与否的重要标志。德国被誉为展会王国，在展会的各个方面都已经有一套相当成熟的做法。就观众及会展统计问题，德国会展统计数据资源控制组织（FKM）的定义是，购票入场或是在观众登记处登记了姓名和联系地址的人都被称为观众，记者、参展商、馆内服务人员和没有登记的嘉宾不算在观众之列，这个行规在欧洲普遍适用。对于展会，最重要的是观众的质量，而不是数量。参展商和其目标观众有了密切接触的机会后才有可能进行商务交流，参展商参加展会的目的也因此达到。如果参展商面对的是数量更多的普通观众，他们就需花费更多的时间和力气从中分辨出真正的客户。

展览公司平时就应该注意搜集和随时更新专业观众的信息，可以加强与专业会展媒体和相关行业媒体的沟通合作，如在《中国展览》、《中国展会》等杂志上寻找关于各种展会和专业观众的信息；在招展工作进行到一定阶段时，组织者应该及时将有关信息传达给目标观众群，吸引他们前来观展；另外，现在规模较大的展会一般都没有观众登录系统，今后这一信息统计功能还需要进一步加以完善；在展会结束后，应积极组织观众调查活动，充分重视观众的反馈意见。

（四）与媒体有效沟通

企业参展的目的不仅是做成几笔生意，更重要的是通过展会强大的宣传推广功能来树立良好的企业形象，提高知名度。因此媒体在展会上的作用不可小视。对于展览公司来说，选择合适的媒体，搞好面向媒体的关系营销，是确保一个展会成功的必要条件。其中要注意以下几点：①目标地区的媒体成百上千，其定位和传播效果各异，一定要根据展会的市场定位和主要观众来选择媒体，而与影响力大的媒体有必要经常保持联系。②关系营销强调互惠互利，对于盈利性展会来说，媒体的宣传不是无偿的，展览公司的预算也是有限的。因此，必须使媒体意识到展会的新闻价值。③强调“一对一”的关系营销。媒体人员每天接触的信息量巨大，应该建立和保持好牢靠的个人关系，将信息尽可能准确地传达给最感兴趣的部门和个人。④展览会期间，可通过召开新闻发布会、举办专门的欢迎宴会、发送入场券等方式与媒体保持紧密联系，积极争取它们的正面宣传报道；在危机事件发生时要加强与媒体的沟通，妥善地联手解决问题。

（五）对员工内部关系营销

关系营销的兴旺需要企业文化的支持。搞好对内部员工的营销既是关系营销的题中之义，也是关系营销成功的必要条件。展览公司内部营销的重点是与员工加强思维方式和工作流程上的沟通，促进重视关系营销的企业文化的发展；同时，尽量满足内部市场各方面的期望和需要，并尝试采用一些新的激励方式，例如可考虑结合客户获利率、客户渗透和客户保持等指标来奖励员工。只有当员工相信自身的发

展与企业是息息相关的，执行关系营销策略是对自身有利也对整个组织有利的，企业在外部市场上的营销活动才会有成功的内部保障。

四、会展关系营销策略

（一）建立有效的会员制

由于会展业具有服务替代性较强、客户比较分散等特性，会展结束后，会展公司和客户很容易就此失去联系，而会员制恰好提供了一个会展企业与客户继续保持联系的机会，为下一次活动建立客户基础。

会员制营销的重点是返还利益的问题。一般来说，业务往来次数越多，价格越低。但是，想要吸引更多的会员，仅靠和别的公司相差不大的折扣是远远不够的，需要不断地在应对策略上推陈出新。如果企业规模相对较大，便可以利用自身的优势进行立体营销，会员的返还利益可以不仅限于展览，还包括会议、宣传、市场调研、技术交流，甚至媒体监控等。当然，会展业会员制与其他行业会员制一样，存在一定的风险，如品牌管理、成本负担、推广周期等。

（二）充分利用“会前会”与“会后会”

通常的“会前会”指会前筹备会，即主办方将参展商集合起来，统一安排工作进程并当场解答参展商的各种问题。当然，这是一种可快速沟通的好办法，现在很多主办方都采取了这种方法。这里说的“会前会”是指专门针对即将筹备或已经开始筹备的展览而策划的技术研讨会。这种研讨会技术性强，主题与展会密切相关，为展会服务。举个例子来说明这种研讨会。某公司在策划电子产品展时，根据行业热点，先筹备了一个“无铅技术”研讨会，主要请了以下四个方面的人：学术界代表——讲解无铅技术发展史；政府代表——讲解无铅产品的政策内容；无铅制造的高端公司代表——讲解其公司对于无铅技术的应用；电子产品的客户代表，这是真正的目标市场。试想，在这样一个成功研讨会的造势之下，该公司的电子产品展会不用花费太多精力，就已经抓住目标市场了。

可见，这种“会前会”的优势在于：技术性强，容易吸引高端客户；在宣传上比单独宣传展会更容易让人接受；技术研讨会本身就可以被视为商业会议，可以适当收取费用，不牵涉宣传成本提高的问题；可以被视为一种市场调研，投石问路；有效提升展会的档次。但是，应该注意的是：“会前会”人数不应太多；在人员邀请上应走高端，宁缺毋滥；主题应与展会密切相关或者是行业内的热点问题。

“会后会”是指各种展会的后继服务。目前在国内，这项服务似乎仍被忽略，尤其是对那些举办定期展会的主办方，会后服务更显得重要。“会后会”不一定真的要开会，要视情况而定。比如：会后主办方可以通过多种方式追踪参展商对展会各项服务的满意程度，并根据参展商的反馈进行改进。

（三）展前阶段促销

市场竞争日益激烈，使得展前促销在整个展会营销计划中变得越来越重要，其效果也愈加突出。一个策划良好的展前促销能够像广告一样达到很好的宣传效应，增大参展企业在展会期间受关注的程度。一般的展前促销计划有：

（1）直接邮寄：在展会前，通过电子邀请、邮寄宣传材料，或者与主办机构合作在其对外的邮寄资料中宣传，让你的合作和潜在客户知道你将参加的一些行业展会和具体摊位号，在他们心目中树立良好的形象。要注意把握好直接邮寄的时间与方式。

（2）媒体宣传：制定周密的媒体联系计划，选择恰当的时间通过报纸、行业刊物传递企业的参展信息和参展动态。内容力求新颖、明了。

（3）展位赠品：恰当选择的展位赠品会给企业的展位带来活力，有助于品牌认知度的建立和招徕更多的潜在目标客户。赠品要有个性，这样才能走进客户的心里。还要注意所选用赠品的数量和质量。高质量的赠品会给与会者留下深刻的印象，数量上则要根据观众类别数据作充足的准备。同时，还应该特别注意赠品的派送方式，营造赠品稀缺的氛围以激活赠品的生命力，提高客户对它的价值感。不要让参观者随意拿取赠品，而应该把它作为一种"酬谢"赠送给那些和公司代表交谈或留下名片、填写客户信息、观看产品演示的专业观众。总而言之，创新地运用各种奖励方法能够事半功倍，为你的展位吸引更多的注意力。

（4）赞助活动：在展会举办期间，成功的展会主办机构会组织各类活动，以使展会灵动起来，锦上添花。参展企业可以根据需求与展会主办机构事先共同设计一些个性化的赞助活动，增加公司对行业人士的曝光机会，提升形象。传统的展会期间赞助活动有研讨会、嘉宾宴会、开幕式、新闻工作室、贵宾休息室、网络屋、就餐区、穿梭巴士、主题展示、评选活动等。

（四）展后阶段反馈

许多参展企业会发觉在展会期间参观者很多，对该公司的产品也比较关注，可展会后的业务反馈效果却不尽人意。这很可能是疏忽了展后阶段的工作。古人云："行百里者半九十。"展会的效果要反映到最后的商业交易中，离不开扎扎实实的、快速有效的展后工作的展开。展后工作一般包括即时跟踪、后续跟进和展后评估。

（1）即时跟踪：在展会期间，对那些很关注公司产品或实力较强的买家，要即时派出业务负责人与之接触，安排更深入的商业交谈。

（2）后续跟进：一个运转良好的后续跟进系统能够对在展会上所收集到的信息进行快速而有效的分类处理，并尽可能快速地与潜在目标客户建立进一步的详细联系，使商业合作落到实处。后续跟进主要有三种方法：直接材料邮寄、电话营销和上门拜访。企业可根据不同客户的实际情况，灵活地综合运用这些方法，使得后续跟进的活动顺利展开，为商业合作的成功实现做好铺垫。

(3) 展后评估：展会营销是一种持续的市场推广手段，在许多知名的行业展会上我们几乎每年都能看到该行业知名企业参展的身影。对众多的参展企业来讲，展会已成了一种强有力的市场推广手段，同时也是业内企业定期交流的一个平台。展后评估既是对该届展会的一个总结，也为下一次企业参展提供借鉴。主要有以下几个方面的工作：对当前参展效果的分析，并与会前制定的参展目标进行对比；进行成本与成效的最终分析；对未来参展提出建设性的建议；总结报告，为企业调整或制定产品和市场策略提供依据。

第二节 会展网络营销

在网络时代，网络技术的开发和应用改变了信息的分析和接受方式，改变了人们生活、工作、学习、合作和交流的环境，企业也必须积极利用新技术变革经营理念、经营组织、经营方式和经营方法，搭上技术发展的快速列车，促使企业飞速发展。网络营销是适应网络技术发展与信息网络时代社会变革的新生事物，必将成为21世纪的营销策略。所谓网络营销（Online Marketing or E-Marketing），就是以国际互联网为基础，利用数字化的信息和网络媒体的交互性来辅助营销目标实现的一种新型的市场营销方式。简单地说，网络营销就是以互联网为主要手段进行的，为达到一定营销目的的营销活动。

一、网络营销的内涵与特征

网络营销就是利用国际互联网开展营销活动。它不仅仅是一种技术手段的革命，而且包含了更深层的观念革命。它是目标营销、直接营销、分散营销、顾客导向营销、双向互动营销、远程或全球营销、虚拟营销、无纸化交易、顾客参与式营销的综合。互联网作为跨时空传输的“超导体”媒体，可以为顾客所在地提供及时的服务，同时互联网的交互性可以帮助企业了解顾客需求并提供有针对性的响应，因此互联网可以说是消费者时代中最具魅力的营销工具。网络营销赋予了营销组合以新的内涵与特征。

（一）网络营销跨时空性

营销的最终目的是占有市场份额，由于互联网具有超越时间约束和空间限制进行信息交换的特点，因此使得脱离时空限制达成交易成为可能，企业有更多的时间和更大的空间进行营销，可24小时随时随地提供全球性营销服务。同时“国际化”是近几十年来会展营销的一个发展趋势。然而传统的国际会展营销受到种种限制，如要负担巨额费用、营销活动的深入程度参差不齐等，无论在参与主题个数还是活动内容上，都仅仅是准国际营销性质。而在网络上，凡以 .COM 为后缀的域名都代表商业公司。网络正在使地球日益成为一个村落，减少了空间区域带来的限制，会展营销的国际化程度进一步提高了。

（二）网络营销的双向互动性

互联网可以展示商品目录、联结资料库提供有关商品信息的查询，可以与顾客做互动双向沟通，可以收集市场情报，可以进行产品测试与消费者满意度调查等。消费者有权自由访问，既可以只看标题，粗略浏览，也可以从头到尾详细查看。在交互式广告页面下，受众对感兴趣的话题可以一步步深入查询，直到满意为止。"消费者是上帝"在网络营销中将得到充分体现。而且互联网被设计成可以传输多种媒体的信息，如文字、声音、图像等信息，使得为达成交易进行的信息交换以多种形式存在和交换，可以充分发挥营销人员的创造性和能动性，可以增加与消费者交流的广度。

（三）网络营销的高效性

电脑可储存大量的信息，待消费者查询，可传送的信息数量与精确度远超过其他媒体，并能适应市场需求，及时更新产品或调整价格，因此能及时有效地了解并满足顾客的需求。互联网一个明显的优势在于方便组织随时更改页面布局，以更好地进行商业运作，特别对于一些卖货的 B2C 而言。依据免费的网页数据统计系统，组织可以清晰地比较出哪种页面布局更适合卖货——行话叫作"转化率"。有一个卖化妆品的网站，将商品单页的评论区从通常的页面下方提到了中部位置（也就是在商品照片之下），他们原来只是一种想象中的推论：消费者应该很在意别的消费者的评价。几天之后，数字清晰地告诉了他们，这个推论是正确的——转化率提高了好几个千分点。此外，互联网上的营销可由商品信息至收款、售后服务一气呵成，因此也是一种全程的营销渠道。另一方面，企业可以借助互联网对不同的传播营销活动进行统一设计规划和协调实施，以统一的传播资讯向消费者传达信息，避免不同传播的不一致性而产生的消极影响。

（四）网络营销的超前性

互联网是一种功能最强大的营销工具，它兼具渠道、促销、电子交易、互动顾客服务，以及市场信息分析与提供的多种功能。它所具备的一对一营销能力正符合营销的未来趋势。互联网上的促销是一对一的、理性的、消费者为主导的、非强迫性的、循序渐进式的，而且是一种低成本与人性化的促销，避免推销员强势推销的干扰，并通过信息提供和交互式交谈与消费者建立长期良好的关系。而且通过互联网进行信息交换，代替以前的实物交换，一方面可以减少印刷与邮递成本，可以无店面销售，免交租金，节约水电与人工成本；另一方面可以减少由于迂回多次交换

带来的损耗。

二、网络营销组合

（一）产品营销

在网络营销中，消费者不能触摸到产品实体，所以网上的产品以提供信息为主要内容，利用计算机的声、像及多媒体等功能将产品的性能、特点、品质以及为用户提供的服务显示出来。主要做法包括：①开辟网上对话区，了解消费者需求和市场趋势，寻求市场机会。②设立消费者意见专栏和自我设计区，征求消费者对产品的意见和建议，允许消费者在网上对自己订购产品的颜色、样式、配件等组合提出要求，从而最大限度地满足消费者的个性化需求。③提供网上自动服务系统，根据产品销售的品种适时提供有关产品的服务信息。网络营销不仅可以同时服务于所有上网用户，而且可以开展一对一的信息咨询服务。④实行域名注册，传统营销强调商标注册，网络营销首先要进行域名注册，域名是互联网的单位名称，它与企业到工商局办理营业执照一样重要，是网络营销的必备条件，是上网消费者查询企业信息的“门牌号码”。

（二）价格营销

网络营销中价格策略的制定应当充分考虑每个消费者的价值观。传统营销定价主要考虑产品的生产成本和市场上同类产品的价格。但在网络上，消费者购物基本属于理智型，价格是否合适取决于其价值理念，因此企业要掌握消费者购买信息，使买卖双方能够充分相互沟通。主要做法包括：①提供价格查询，客观准确地提供同类产品或相关产品的不同厂商的价格目录，便于消费者了解行情及市场总体水平，为其作出理性判断提供必要的信息；②开发自动调价和智能议价系统，自动调价系统可根据季节、市场供求、促销状况等调整价格水平，智能议价系统是给消费者一个在网上直接协商价格的环境，以满足其心理需要；③设立价格讨论区，对企业新上市的产品，可以通过该区了解消费者普遍接受价格，为制定和调整价格策略提供参考。

（三）渠道营销

网络营销使生产企业可以直接面对消费者，将货物展现在他们面前，并回答有关产品的信息咨询，接受订单。对中间商的选择与传统的要求发生了一定的变化，特别是选择国外中间商不再是以代理商为主，唱主角的是负责送货的寄售或销售代理。主要做法包括：①设立产品展示区，将产品图像进行电脑技术设计，通过立体形象的声、影、形、色等虚拟的产品橱窗展现在上网用户面前，并根据各国文化、季节等需要，24 小时为各种客户提供服务。②选择合适的销售代理，网络营销面对全球客户，企业必须在各国建立相应的销售代理网点，以保证按时送货、销路畅通。③网络营销与银行结算联网，开发网络结算系统，将网上销售的结算与银行转

账系统联网，使消费者能够轻松地在网上购物、网上结算。

（四）网络促销

网络促销主要借助网络广告，将信息辐射到全球每个角落，可以与消费者建立一对一的联系。主要做法包括：①网络广告促销，一类是规范的产品和企业信息发布，另一类是以趣味性、信息性、知识性的卡通片促销。②开展网络公关，宣传企业文化和经营理念，以增强消费者对企业及其产品的信心。③举行丰富多彩的网上联谊活动，吸引消费者经常参与，以加深对企业的印象，扩大企业的知名度。

三、会展网络营销

（一）会展网络营销的作用

1. 信息发布

网络营销可以通过多种信息发布工具，让展会信息传播到世界任何一个地点。既可以增加信息覆盖面，又可以形成地毯式的信息发布链；既可以创造信息的轰动效应，又可以发布隐含信息。信息的扩散范围、停留时间、表现形式、延伸效果、公关能力、穿透能力都是最佳的。并且在网上发布信息以后，可以能动地进行跟踪，获得回复，可以进行回复后的再交流和再沟通。因此，信息发布的效果明显。

2. 开拓销售渠道

网络营销避免了传统营销方式下的经济壁垒、地区封锁、人为屏障、交通阻隔、资金限制、语言障碍、信息封闭等不利因素带来的影响，快速地打通封闭的坚冰，疏通种种渠道，打开进击的路线，实现和完成市场的开拓使命。

3. 扩展与延伸品牌价值

网络不仅拥有品牌、承认品牌，而且对于重塑品牌形象、打造品牌资产，具有其他媒体不可替代的效果和作用。

4. 实现经济效益增值

网络营销可以提高营销者的获利能力，使营销主体提高或获得增值效益。这种增值效益的获得不仅是由于营销效率的提高、营销成本的下降、商业机会的增多，更是由于在网络营销中，新的信息量的累加会使原有的信息价值实现增值。

随着时代的发展，网络已日益成为人们生活中的第二空间，我国的会展业应该充分利用网络的信息资源优势，在现实世界之外打造出知名的中国会展网络品牌。而网络品牌的建立主要从企业网络形象塑造、网络展会的建设以及开展网络营销等方面进行，借助网络优势开发出形象、生动、交互性能良好、功能强大的网络展会平台。网站是一个交互性极强、反应迅速的媒体，通过网站搜集消费者的信息及反馈，有助于提高客户服务的质量，从而强化企业网络形象，为企业赢得更多的客户，创造更多的效益。

21世纪是网络营销的世纪，网络营销是知识经济与网络技术飞速发展的产物。

简单地说，它是利用互联网进行的商品营销。会展业中的各参展企业（参展商）需要充分利用这一现代高新技术，积极开展网上品牌展销及其组合活动。利用互联网在参展商和客商间建立一个即时反映交互式体验的信息交流系统，拉近参展商与客商之间的距离，进行全天候24小时的无国界区域界限的商品展览洽谈活动。网络营销可以不需要展位、真实商品、服务人员，通过形成虚拟的展览会或博览会就可完成营销活动，不仅使参展商和相关公众获得互动的体验，而且网络成本低、效益可观。最后，网络品牌的缔造同样离不开对品牌的宣传和推广。在网络世界，品牌的推广可以通过两种渠道实现：其一，将网络资源登录到国内外知名的搜索引擎上，便于人们建立相关的链接，对于专业性比较强的行业来说，该方式可能是较为有效的；其二，与网民展开互动型的公关活动同样可以达到网络品牌推广的目的。

（二）会展网络营销的实施

1. 建立网站

具体措施包括：①建立展会主题专业网页，与国内外各门户网站、与该主题相关专业网站建立友好链接，推广展会信息。②邀请主流报刊、电视台、电台、网站等作为展会支持媒体，参与会展论坛营销。企业利用论坛这种网络交流的平台，通过文字、图片、视频等方式发布企业产品和服务的信息，从而让目标客户更加深刻地了解企业的产品和服务，最终达到宣传企业品牌、加深市场认知度的网络营销活动，就是论坛营销。③加强与各类报刊等专业媒体的广告交换和投放。如北京车展与《汽车报》、《汽车导报》、《中国汽车画报》、《汽车之友》、《汽车杂志》、《汽车族》、《车》、《车王》、《贸易资源》、《全国汽车配件市场》、《汽车驾驶与维修》等各类报纸杂志进行了良好的沟通与合作。

2. 搜索引擎营销

搜索引擎营销就是根据用户使用搜索引擎的方式，利用用户检索信息的机会尽可能将营销信息传递给目标用户。简单来说，就是人们用搜索引擎（百度、谷歌、雅虎等）搜索车展信息的时候尽可能将营销信息传递给目标客户。

3. 交换链接

交换链接又称互惠链接，是具有一定互补优势的网站之间的简单合作形式，即分别在自己的网站上放置对方网站的 LOGO 或网站名称并设置对方网站的超级链接，使得用户可以从合作网站中发现自己的网站，达到互相推广的目的。交换链接的作用主要表现在几个方面：获得访问量，增加用户浏览时的印象，在搜索引擎排名中增加优势，通过合作网站的推荐增加访问者的可信度等。更重要的是，交换链接的意义已经超出了是否可以增加访问量，比直接效果更重要的在于业内的认知和认可。

4. 网络广告

几乎所有的网络营销活动都与品牌形象有关，在所有与品牌推广有关的网络营

销手段中，网络广告的作用最为直接。标准标志广告（BANNER）曾经是网上广告的主流（虽然不是唯一形式），进入2001年之后，网络广告领域发起了一场轰轰烈烈的创新运动，新的广告形式不断出现，新型广告由于克服了标准条幅广告条承载信息量有限、交互性差等弱点，因此获得了相对比较高的点击率。网络广告的主要形式有：①网幅广告：在网页上静态地显示一幅固定的图片，如展会中展台摆放的图片；②动态广告：拥有会运动的元素，或移动或闪烁，比如可以将最近一期展会的链接做成动态移动的标志，方便浏览者第一眼发现；③交互式广告：如游戏、插播式、回答问题、下拉菜单、填写表格等；④文本链接广告：是一种对浏览者干扰最少，但却最有效果的网络广告形式；⑤电子邮件广告：把一段广告性的文字放置在新闻邮件或经许可的e-mail中间，也可以设置一个URL，链接到会展公司主页或提供会展服务的特定页面。

5. 许可e-mail营销

许可e-mail营销不是简单的邮件群发，而是基于用户许可，向用户介绍自己的服务或产品。基于用户许可的e-mail营销与传统的推广方式或未经许可的e-mail营销相比具有明显的优势，比如可以减少广告对用户的滋扰、增加潜在客户定位的准确度、增强与客户的关系、提高品牌忠诚度等。开展e-mail营销的前提是拥有潜在用户的e-mail地址，这些地址可以是企业从用户、潜在用户资料中自行收集整理，也可以利用第三方的潜在用户资源。比如国内的51mymail、拓鹏数据库营销都属于此类。与传统的直复营销相比，e-mail营销不仅易操作而且成本低，是具有与用户需求有关内容的准确的目标定位并且有趣的信息沟通。

6. 论坛营销

其实人们早就开始利用论坛进行各种各样的企业营销活动了，当作为新鲜媒体的论坛出现时就有企业在论坛里发布企业产品的一些信息，其实这也是论坛营销的一种简单的方法。在这里结合网络策划的实践经验简要地说一下什么是论坛营销，论坛营销就是企业利用论坛这种网络交流的平台，通过文字、图片、视频等方式发布企业的产品和服务的信息，从而让目标客户更加深刻地了解企业的产品和服务，最终达到宣传企业品牌、加深市场认知度的网络营销活动。常见的论坛有天涯社区、猫扑社区、百度贴吧、新浪社区、搜狐社区等。

7. 网络图片营销

网络图片营销现在已经成为人们常用的网络营销方式之一，我们时常会在QQ上接收到朋友发过来的创意图片，在各大论坛上看到以图片为主线索的帖子，这些图片中多少也含有一些广告信息，比如展会图片右下角带有会展公司的网址等。这其实就是图片营销的一种方式，目前，国内的图片营销方式多种多样，你如果很有创意，可以很好地掌握图片营销。供求信息平台、在线黄页服务、网上拍卖、网站资源合作、网上商店营销等都属于网络图片营销。

第三节　会展品牌营销

品牌是一个复合概念，它最持久的含义和实质是其价值、文化和个性。品牌不是“商标”，品牌是产品或服务的象征，品牌所涵盖的领域包括商誉、产品、企业文化以及整体营运的管理，是一个企业竞争力的总和。品牌营销（Brand Marketing）是通过市场营销使客户形成对企业品牌和产品的认知过程，企业要想不断获得和保持竞争优势，必须构建高品位的营销理念。品牌营销不一定需要建立庞大的有形营销网络，而是利用品牌符号，把无形的营销网络铺建到社会公众心里，把产品输送到消费者心里，使消费者选择消费时优先选择这个产品。

一、会展品牌的树立

（一）政府、权威协会与行业代表的坚强支持

在国际上，政府一般不干预企业办展，展会的成功与否多取决于整个行业和企业对其的认可。会展企业若能得到权威行业协会和该行业内主要代表的支持和合作，无疑就增加了该展会的商誉和可信度，使其规模不断扩大，并带来巨大的宣传效果和影响力。在国内，除了获得权威协会和行业代表的支持外，政府的支持也必不可少。

（二）强势的媒体宣传

媒体宣传是塑造品牌的一个重要环节。一个好的展会虽在行业内有一定的知名度，但频繁的新闻报道和适当的“炒作”更能促进展会宣传，以此形成良性互动，使展会更具吸引力。世界上几家著名的贸易展览公司如 Miller Freeman 和 Reed 集团同时经营着世界上著名的商业出版社。这些得天独厚的条件为其会展品牌的树立提供了竞争优势和条件。

（三）获得国际权威机构的资格认可

国际展览业协会（UFI）对申请加入其协会的展览项目和其主办单位有着严格的要求及详细的审查程序。由于有了这套较为成熟的资质评估制度，UFI 资格认可和 UFI 使用标记就成了名牌展会的重要标志。目前全球得到 UFI 资格认可的展会有近 600 个，而中国只有 6 个。

（四）坚持长期的品牌战略

培养一个品牌展会并不容易，必须要有长远眼光，要敢于投资、敢于承担风险、精心呵护、耐心培育。会展企业必须确立长远的品牌发展战略，从短期的价格竞争转向谋取附加值、谋取无形资产的长期竞争，用先进的品牌营销策略与品牌管

理技术抢占会展市场的制高点。

要培养我国会展业的品牌展会，首要的一点就是要树立牢固的品牌观念，认识到走品牌化的发展道路才是中国会展业持续健康发展的唯一途径，并从场馆设计、主题立项、展会规划、展会组织与管理等具体方面来实施会展业品牌化发展。

二、会展品牌营销的实施

会展品牌营销是一个复杂的系统工程，它不仅需要会展企业从微观层面对自身资源进行整合，而且需要关注会展客户的心理满足、提供难以忘怀的体验、探索如何通过体验实现会展产品与服务的价值增值。

（一）会展内部营销是前提

所谓会展内部营销，是指会展企业在内部开展的一系列积极的、营销式和协同活动的全面管理过程。对于会展组织内部的员工尤其是新进人员，组展商、承建商、服务商要向他们宣传会展品牌的理念，使其认识到走品牌化的发展道路才是中国会展业快速发展的唯一途径。

内部营销以积极的营销方法激励员工，使他们的工作体现市场导向（或顾客导向），通过内部营销可以使企业各项活动系统化、战略性地适应市场（或顾客）需要。内部营销主要包括以下两个方面：一是会展组织内部的经营者与管理者尤其要树立牢固的品牌观念，制定长期的会展发展规划，确立会展的品牌发展战略。只有全员树立了这样的品牌观，才能从场馆设计、主题立项、展会规划、展会组织与管理等具体方面来实施会展项目的品牌化发展。二是会展企业可充分利用企业内部的局域网进行在线培训，将不同的培训课程载入内部网，鼓励员工在职、在岗进行自我培训。要培育以质量文化为核心的企业文化，并通过内部营销活动，使企业倡导的质量意识、价值观内化为员工的行为。只有这样，才能凝聚起员工的参与意识，共同体验会展企业品牌文化，在企业品牌经营活动中风雨同舟、尽心竭力。

（二）塑造会展品牌形象是基础

CIS战略是会展企业塑造鲜明品牌形象的重要手段之一，在形象识别系统中，品牌形象主要通过企业的理念识别、视觉识别以及行为识别来传递给受众，而上述三个方面正好是会展品牌营销的表现途径。

会展企业要建立具有较高知名度和美誉度的品牌形象，应全面导入CIS战略，并把服务质量作为树立独特品牌营销的保证。首先是运用理念识别系统树立会展品牌形象。理念和文化都有助于会展企业培养员工的团队精神，增强参展商归宿感，加深公众对展会的认同程度。此外，会展理念识别系统还体现在会展主题上界定适当，有独特、鲜明风格的会展品牌能够给参展者带来强烈的体验和心理认同感。在

实际操作中，可以把会展和旅游结合起来，为会展客商量身定做专业性旅游产品，或者一日游项目，或者安排一些娱乐项目或观看文艺演出，或者游览著名的自然风光和文化景观。

其次是运用视觉识别系统展示会展品牌形象。这具体体现在两个方面：一是场馆选择。会展中心的经营者应了解不同项目的需要，提供恰当的项目策划、场地布置、视听、通信、保安、清洁、餐饮等服务，以便使活动顺利进行，尤其是给参展商、观众和当地居民带来“畅”的感觉。二是展台设计。从主题、设计、材料、颜色、图案、灯光、声音、服装、人员等方面精心打造，摒弃以往单调的展品设计和材料散发，以精致产品为导向，在展台中渲染一种气氛，制造一种意境，给人一种体验。

再次是运用行为识别系统提升会展品牌形象。会展营销应根据产品本身的不同特点，在产品设计、生产、销售的某个、几个，甚至所有的环节都要以顾客为导向，至少要在销售环节上让顾客有这种感觉。

此外，我们要运用各种经营方法和手段，拓展会展品牌的空间。会展品牌的拓展空间具有三维性，即时间、空间和价值。时间是指品牌的影响力随着时间的延续而不断发散和扩张。一般来说，展会延续时间越长，则参展商与客商之间的交流越充分，展会的效果就越显著。国外的展会延续时间大约有十来天，而我国的展会往往只有三五天时间，这对于会展品牌的拓展是远远不够的。空间指品牌在地域上的扩张。德国汉诺威展览公司就通过在上海举办汉诺威办公自动化展（CEBLL），成功地迈出了世界性扩张的第一步。价值指品牌作为会展企业的无形资产，其经济价值的含量是可以增加的，品牌价值的提升实际上也为会展业品牌在时间上和空间上的拓展创造了条件。

（三）优质会展服务是关键

提升服务质量主要从展会的硬件和软件两个方面入手。会展的硬件设施是影响品牌质量的一个重要因素，国际上著名的品牌展会中所使用的设备往往是最先进的。因此，要实现展会品牌质的飞跃要求会展公司加大投入，不失时机地更新展会的硬件设备。会展的软件服务一方面要求会展企业加大专业人才的引进力度，另一方面要求其积极加入国际性的会展组织，通过这些途径实现展会服务与国际接轨。

总的来讲，会展活动的消费者主要有二类：一是参展商，二是观众。按照消费者导向定位原则，其定位逻辑顺序是第一步确定参展商和消费者，第二步确定相关观众，最后确定其他营销元素。基于“主题会展营销”理论的“消费者导向定位策略”，即把满足消费者需求放到第一位，所有的展会组织服务以此作为宗旨，代表着我国会展营销未来发展的方向。会展企业服务品牌不可替代的优势为会展企业

赢得声誉并丰富企业的核心竞争力，从这个意义上讲，会展品牌实质上是一种服务品牌。

会展品牌定位可以深圳高交会展为例，它成立了客户服务中心，为主办单位和参展商提供“一站式”服务，将商务、海关、工程、货物运输等机构一揽子集中起来，为主承办机构、参展商提供一条龙服务。客户服务中心为主办单位提供的服务项目包括展馆租赁、会务预定、展位搭建、消防报建等，为参展商提供的服务内容主要包括展具租赁、展品运输、仓储等。此外，客户服务中心还提供票务、酒店、商务等配套服务，同时还为主办单位、参展商提供量身定做的个性化服务。成立客户服务中心最直接的作用体现在三个方面：一是建立和完善自己的服务体系和服务标准，通过提升服务在全国起到带头作用；二是培养一支各个岗位有机合作的展览服务队伍，形成多兵种协同作战的能力；三是将员工的服务素质和服务技能提升到一个新的高度。

思考与讨论

1. 会展企业如何进行关系营销？
2. 会展网络营销有何优势，如何进行会展网络营销？
3. 如何确立会展品牌？会展品牌营销有哪些实施策略？

本章案例

日本小松山公司的营销创新

小松山是日本一家生产推土机和巨型挖掘机的集团公司。小松山的参展目标并没有特别之处，无数参展商每年都制定出相似的主题和可以比较的目标。但是，小松山突出的地方却是用高明的措施，真正留住了买家。

一、汇聚人气

小松山展区的焦点是前区和中区，这是一个有着80个座位的剧场式的主活动场所，舞台的台窗点缀得像色彩斑斓的飘扬的风筝，是参观者到达小松山展区的第一站。每隔半个小时，沃比-格林公司派出的四个演员就会来一段12分钟的演出，节目直接表现展销主题，即生产率、可靠率和价值率。节目间隙，小松山播出婴儿潮时期出生的人喜欢听的摇滚音乐，目的是吸引这群人。不出所料，当熟悉的摇滚音乐响起的时候，他们纷纷从其他展台来到小松山的活动场所，并坐下来欣赏美妙的音乐。既然坐下来了，加上受到演出后抽奖送望远镜以及每人发一

顶帽子的鼓励，他们也就索性看完一场演出。5 天的展览，80 个座位坐无虚席，现场的气氛还感染着 100 多个围观者。初步估算，至少有 8 500 人获得了 12 分钟演出传达的信息，超过了预先设定的 7 500 人的目标。

二、推动观众

每场演出结束时，迷人的女主持就会把小松山的帽子发给要离去的观众。这些美女并不是演员代理公司派出来的，而是麦克林先生亲自挑选的。她们聪明、礼貌、可爱，都是最有效率的观众组织者。这种印象不仅因为她们通过了精心的挑选，还因为她们有偿参加了博览会开幕前一天的培训课程，并同小松山另外 85 名展区服务人员进行了配合演练，对展览的整体情况了如指掌。

大约 80% 的观众为演出所吸引，进入小松山的展区，只有 1/5 的人去了其他展区。进入小松山展区的参观者很快就发现，这些女主持对他们很有帮助，因为主持人熟知产品经理、工程师以及具体产品的销售代表，她们可以帮助潜在买家与小松山的任何管理者见面。

三、持续推动

如果参观者在产品演示结束之后不愿意参与销售代表组织的活动，也不想在电脑上查阅挖土机的技术指标，那么他们一定会注意到，在展区后部的轮转装货机模拟装置司机室和操纵杆是真实装货机上的复制品。这种装置就像一个复杂的虚拟现实的视频游戏，人们可以通过它来测试自己的操作技能，就像一个真正的重型机械的操作手。

四、网站点击

价值 180 万美元、型号为 PCI800 的巨型液压挖土机只适用于采石和开矿，但却是会展上最大的挖土设备。这台挖土机是从日本拆装后运到会展举办地，然后再拼装起来的。对于参观的承包商来说，这台机器就像硕大的巨兽，本身就具有吸引力。但是，小松山把它带来并不仅仅为了展示其笨重的外表，还有其他用途。参观者们被邀请站在 1 414 立方英尺的挖土机的铲斗里，拍摄一张数码照片，照片会立刻被贴到相关网站上，并被这个网站保留大约 6 个月。但小松山是如何让这些人回来访问它的网站呢?

个人照片是对参观展览的回忆，这种回忆证明是对上述问题的绝妙回答。在展中和展后的 6 周时间里，网站就被点击了 375 000 次。由于点击者要查看他们的照片，所以他们也能查看小松山在博览会展出的所有 21 种机械产品的技术指标。

五、收集客户资料

被认为是潜在客户的参观者才是客户资料的收集对象。小松山在会展上收集了 2 700 份客户资料，麦克林先生认为他们完全达到了目标。90% 的客户资料都包括了合格的问题答案，48%来自从未购买过小松山产品的人。这说明，在现有客户的基础上，这次展览成功地扩展了潜在客户群。

自参展以来，小松山每周都通过保存在“快速反应系统”内的客户资料来追踪分销商的销售进展。到6月中旬为止，由于参展的缘故，他们已经做成了好几笔买卖，包括博览会第二天就做成的交易。

（资料来源：http://www.doc88.com/p-117630896355.html，有删改）

思考题

1. 日本小松山公司采用了哪些营销策略？
2. 从日本小松山公司的案例中，你能得到哪些启示？

下　篇

会展营销实务篇

第九章

会 议 营 销

学习目标：

1. 理解会议营销的相关概念，了解会议营销模式。
2. 熟悉会议的市场定位，掌握会议宣传的渠道及会议策划的主要内容。
3. 能较好地把握会议营销策略，并能根据会议举办方的具体情况实践会议营销。

【导读】

西安软件园是国内软件与服务外包产业的专业园区、国家火炬计划软件产业基地、国家软件出口基地、国家服务外包基地城市示范区，是目前国内四个拥有国家软件“双基地”的园区之一。目前，移动互联网产业，在国内以前所未有的速度和规模向前发展。西安软件园园区希望利用已有的产业发展综合优势，加大宣传力度，提升沟通质量，吸引更多的移动互联网企业到园区进行投资，营造移动互联网西部发展的新生态系统。为此，西安软件园区管理部门策划和组织了一次会议营销活动。

项目执行

- 会议议题、流程调研及策划
- 中英文邀请函撰写、宣传网页及易拉宝设计制作
- 演讲嘉宾邀请
- 目标企业信息搜集整理
- 目标企业邀请
- 会议现场统筹

直接收益：

20家目标企业高层、2家行业协会领导及行业知名媒体共32人参加了本次活动，园区领导与目标企业进行了高效的沟通，参会企业为园区的移动互联网产业发展建言献策，并传递出代表性企业投资发展的需求。除此之外，这次活动还实现了以下目标：

- 提升西安软件园在国内移动互联网领域的知名度
- 建立并发展与移动互联网产业链各端企业的关系
- 促进西安软件园与意向投资企业的接洽
- 推动园区重点项目的引进工作

实际到场的嘉宾主要有：

- 中国软件行业协会　多媒体软件分会副秘书长　手机软件发展中心主任
- 摩托罗拉　移动终端事业部产品市场部高级经理
- 三星电子　在线业务部高级总监
- 爱立信（中国）通信有限公司　企业及行业大客户部副总经理
- 3G门户　总裁
- PP. CN　CEO
- 深蓝创娱　CEO
- 当乐网　副总裁
- 冠图信息技术　CEO
- 唔築搜索　CEO
- 易查　副总裁
- 赢点传媒　总裁
- 美科互动　总裁

长期价值：

- 与会议邀请过程中所有沟通到的企业保持良好关系。

对会上所收集到的企业及联系人信息进行快速有效的分类处理，推进与具有投资意向企业的后续沟通工作，实现企业的签约落地，加快园区移动互联网产业的健康发展。

（资料来源：改编自IMForce会议营销案例，http://www.imforce.com.cn/case/case_conference.html）

第一节　会议营销模式

一、会议营销的含义

会议营销是直复营销的一种形式，指企业基于市场需求及自身资源情况，选定

目标消费者，运用各种会议形式，结合不同的营销方式和手段，进行针对性销售的一种营销模式。狭义上的会议营销是指以“联谊会”、“茶话会”、“产品说明会”、“培训会”、“客户答谢会”等形式将客户集中起来进行产品或服务直复营销的活动。广义上的会议营销则是一种数据库营销，它通过建立、分析和整理消费者信息数据库，对消费者需求状况进行分类，确定目标消费人群并邀请其参会，利用会议的形式，运用心理学、行为学、传播学等理念，与消费者或者用户面对面地进行有针对性的宣传、服务，以便达成销售。从本质上讲，会议营销是关系营销的延伸与发展。

会议营销的关键利益相关者包括主办方、潜在与会者和演讲者三方。会议主办方精心设计会议议程，直接为与会者提供配套的会议服务，还聘请演讲者为潜在与会者进行演讲培训，向与会者传递预定的信息和知识，以激发与会者对主办方产品的购买欲望，提升会议主办企业在目标市场客户心中的形象和地位。

综合来看，会议营销的内涵主要包括：

(1) 会议营销是企业进行的一种直接销售形式，企业将产品直接销售给顾客，不需要通过中间商来进行销售。

(2) 会议营销是企业在各种会议现场而不是其他场所（如超市和大卖场等）进行的销售。

(3) 进行会议营销需要对潜在的顾客进行筛选和分析，并不是面向所有的顾客。会议营销是现代企业有效应对市场风云变化的途径之一。

资料链接

金沙港湾三色幼儿园家长会——一个成功的会议营销案例

时间：2011 年 4 月 13 日

地点：沙坪坝金沙港湾三色幼儿园门口广场

开场：由幼儿园老师到园长发言，再到教育专家+作家出场，生动形象地讲解了教育小孩的若干问题，举例若干，从赖斯到自己的儿子，很是精彩。刚开始很多人都被迷惑，这个幼儿园真是不错，开家长会还请专家指导，真是为父母着想。直到家长会的尾声。

专家讲了：自己编了一套书，一本给家长看的，三本给小孩子看的。里面有关于“小孩上网怎么办”、“小孩乱花钱怎么办”等丰富内容。由于时间匆忙没带多少，家长如有需要可以现场购买；如果书不够，家长可以留下电话，回头让工作人员派送。

最后的事实证明，这是一场精心策划的会议营销。大概卖出200套书左右，总销售额3万元左右，大大超过门市售书的效果。此次会议的主办方、幼儿园、专家三方获利。总结这次会议营销的成功之处，不难发现以下几个关键点：

第一，出版商找到幼儿园合作（给幼儿园分成），由幼儿园以开家长会的名义组织顾客。

第二，以知识讲座的名义和形式，使家长在没有防备的情况下很容易接受专家的引导。

第三，推销产品时，抓住顾客心理（书里有“小孩上网怎么办”、“小孩乱花钱怎么办”等问题及解决办法，而这些问题都是家庭里让家长头疼的问题。

第四，产品选择上，书本是知识的象征，是对小孩的投入，很值。

第五，定价方便找零，4本书150元。

第六，促销策略得当，以“由于时间匆忙没带多少”来制造紧张气氛，让家长在此气氛下匆忙抢购。后来的实际情况是，书卖完一摞，又搬来一摞，卖完一摞又搬来一摞，带来的书并不少。

（资料来源：http://bbs.city.tianya.cn/tianyacity/content/45/1/1300196.shtml）

二、会议营销的特点

会议营销就是通过会议的形式，向顾客展示企业形象和产品知识，以专家顾问的身份对目标顾客进行持续不断的关怀和隐藏式的销售，最终达到销售的目的。与传统营销相比，它有以下特点：

（一）操作简单，针对性强

会议营销是一种直复营销，营销主体无需与媒体和经销商打交道，操作相对简单。由于是一对一传播，目标受众精准，避免了传播对象的不确定性和传播的盲目性。

（二）低成本，高产出

会议营销直接针对目标市场进行一对一营销，确定性和针对性强，不需投入大量媒体广告费用，节约广告宣传费用，也减少了广告宣传的盲目性和不确定性，资源的利用率较高。通过会议营销的模式，主办方可以针对潜在顾客进行全方位的产品介绍，能更有效地开发顾客需求。在目前市场严重同质化的情况下，容易树立企

业的形象和产品的独特性。

(三) 市场信息反馈快

会议主办方通过整个活动流程能够迅速、直接地了解市场一手信息，在较短的时间内获得消费者对企业、产品的反馈情况，有利于企业及时调整产品和营销战略。表9-1列出了会议营销与传统营销的区别：

表9-1 会议营销与传统营销的区别

	会议营销	传统营销
销售方式	通过各类手段，让业务代表把目标消费者邀请到指定地点，现场销售或订货	通过大量广告，把目标消费者吸引到传统终端，从而产生购买行为
适用产业	医疗保健、美容、保险、教育、房地产等	绝大部分产业
适用人群	适合赋闲在家的老人、容易组织的群体	具有购买能力的任何消费者
信息传递	通过业务代表的宣传，进行一对一信息传递	通过各类媒体渠道进行大面积信息传播
销售渠道	会场、宾馆、专卖店	各大卖场、商场、超市等
广告投放	基本不投放广告，广告所占费用低	非常重视广告投放，所占费用也很高
营销主体	会议演讲者、服务代表	终端业务员
模式关键	服务+直销	广告+终端
服务措施	可以针对每个消费者进行长期的跟踪服务	不可能针对每个消费者进行长期跟踪服务

（资料来源：邬敏．广东骏丰频谱实业有限公司会议营销模式研究［D］．兰州大学，2010.）

(四) 服务营销更富于人性化与个性化

现代消费者不仅关注产品是否能给自己带来心理满足、情感满足以及大于产品功能的超值享受，也关注与产品相关的服务。相较于传统的间接营销，会议营销过程更具人性化和个性化。传统的借助广告的营销模式容易忽视消费者的个性需求，而会议营销注重与消费者面对面、一对一的情感交流，能够直接、及时地了解每个顾客的不同需求，并及时进行有针对性的服务调整，较好地解决了营销过程中服务不周的问题，使顾客达到最大满意度。

（五）会议营销主体多样化

会议营销的主体是指公司、协会会议的策划者及一些以组织会议、提供专业会议服务为盈利手段的会议策划和组织机构，如会议专业组织机构（PCO）和目的地管理公司（DMC）。

会议专业组织机构是指可以协助会议策划者做好各项工作的公司。会议主办机构可以雇用会议专业组织机构来协助会议的组织工作，包括选择会址、策划会议议程、会议营销、报到注册、住宿、展览、预算、会计及会后后续工作等。当然，会议主办机构要为这些服务向会议专业组织机构支付高昂的服务费用，包括最低限度的保证金和按照一定比例抽取的与会者的注册费。

目的地管理公司也是公司会议和协会会议的产品、服务供应商之一。目的地管理公司本是一个地方性服务机构，基于对所在地区的深入了解为会议或展览会提供咨询服务以及会后活动的组织和管理服务。目的地管理公司在美国很常见，其业务范围包括预订娱乐活动、预订会址、报到注册、策划社交活动等服务领域，目的地管理公司一般也会收取一定的专业服务费用，其性质基本接近欧洲和亚洲的会议专业组织机构。

三、会议营销的流程

会议营销的流程主要包括会前、会中、会后三个阶段的工作安排（见图 9-1）。

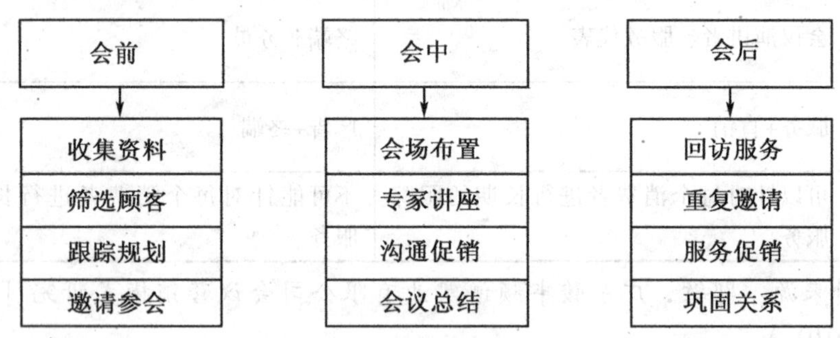

图 9-1　会议营销流程图

会前营销的主要工作就是收集准顾客名单，并通知目标客户到会议现场参会；会中营销主要是在会议现场运用各种促销手段和促销活动，尽可能激发顾客的购买欲望，促成会中销售；会后营销则是指会后对到会准顾客进行再次筛选，做好会后顾

客的回访、售后服务、重复销售等工作。

（一）会前营销

在会议筹备阶段，会议活动举办方要从以下几个方面来进行会议准备和营销布置：

1. 收集资料，筛选顾客

会议策划人员应通过各种市场调查方法、数据来源获取尽可能多的一、二手资料，根据销售产品的服务对象对准顾客数据（个人身份信息、联系方式、家庭收入、健康状况、产品需求等）进行收集汇总。会议策划人员也要准确获知企业产品在当地的使用量及市场表现、客户对该产品的感受及意见、主要竞争对手的情况、客户需求等信息。

在客户资料及市场信息充分掌握的情况下，会议策划人员对这些数据资料进行分类归档，分析和筛选潜在的会议参加者，判断会议营销的区域、行业、客户群特征及目标客户。

2. 跟踪规划

会议策划者要事先对会议主题、会议规模、会议举办的时间和地点、会议议程、会议营销预算、会议营销人员分工协作等进行总体规划安排，形成一个合理的会议营销方案，并进行跟踪规划和调整。会议策划者可将会议营销团队分解成策划组、邀约组、谈单组和行政组，将会议营销工作内容和责任落实到每一个人。

在进行会议策划时，要求会议主题新颖、行业定位准确；会议日期尽量避开传统节假日和周一工作日，可以借用具有一定意义或国家颁布重大相关政策的日子，如3·15、9·9等；会议地点要根据会议的规模、规格和内容等确定，尽可能选择交通方便、停车方便、会议设施设备齐全、会议场馆布局合理（一定要有独立签单区或较开阔的洽谈区）的酒店或广场进行。确定会议规模与规格的依据是会议的内容或主题，并尽可能精简高效。

会议营销预算通常包括会议文件资料费、邮电通信费、会议设备和用品费、会议场所租用费、会议办公费、宣传交际费、食宿费、交通费和其他费用等。

3. 邀请参会

会期确定后，会议营销团队要设计好合适的会议宣传资料及会议邀请函，并采用多种营销沟通方式对目标客户进行信息传播，邀约目标客户参会。

一般情况下，一份会议宣传资料（尤其是第一份邮寄品）应包括以下基本内容：

（1）会议基本情况介绍，如会议主题、举办时间、地点、演讲人及会议议程安排等。

（2）会议能给与会者带来的利益。会议宣传材料最好能高度概括出会议与会者的各种可能受益。

(3) 会议服务的创新。

(4) 会议的配套服务项目。

(5) 以往成功的范例。

(6) 注册信息，如会议主办单位的联系方式、提前报名的优惠措施等。

进行会前营销时，要锁定目标客户群圈子里面的某一个或几个核心人物，争取进行约访。面对陌生客户时，营销人员要先同陌生客户进行感情沟通和交流，此后才可以就公司的新产品开发计划、五年发展规划及现在样板市场的成功操作模式、行业的发展前景、行业市场容量的分析等展开话题，充分沟通。只有业务人员和客户进行充分有效的沟通，并得到目标客户的肯定，受邀请人员才会来参加会议。

在与目标客户初步接触后，业务员同客户之间建立了一定的感情基础；为了不使客户由于时间的影响而遗忘，业务员应与客户保持电话联系。为了确保参会人数，营销人员应要求客户填好邀请函的回执单并传回，以便公司统一安排客户，进行会议准备。

（二）会中营销

会议过程中，会议主办者要对会议参与人员及其工作任务作出明确安排，强调服务意识，以保障具体工作的实施，确保会议活动正常进行。会议主办者可将工作人员分为接待组、迎宾组、主持组、现场总协调、后勤组和安保组。

会议主办方还应根据会议主题及参加会议顾客的实际情况布置会场，准备好所有会议用品，并选择确认合适的会议主持人和演讲嘉宾。实践证明，通过专家专业讲解的授课式方式是最为便捷有效的会议销售模式。所以，会议演讲嘉宾应该专业、权威。

会议中，演讲嘉宾的演讲主题要与会议主题一致，要迎合与会者的需求，并能解决与会者的问题，给与会者提供解决问题的最好方案。会议主持人在会中应设计一定数量的游戏或互动活动（如有奖问答活动、抽奖活动等），以缓解顾客因听讲座而带来的困倦感，拉近与顾客的距离，促进销售。

在会议中场休息时，会议主办方和营销人员应通过亲切沟通、交换名片等方式和与会者进行一对一沟通，了解客户身份、其对研讨会的认可度和客户需求等，以便在随后的会议议程中进行有针对性的宣讲与沟通。

（三）会后营销

会议营销的最终目的是通过向顾客提供全方位、多角度的服务，与顾客建立长久稳固的关系，提高顾客的满意度和忠诚度。因此，会议结束并不意味着营销活动的结束。营销人员还需对参会客户进行电话回访，了解其产品使用情况、产品满意情况、使用意见及建议等，并针对顾客反馈的信息，及时改进产品，提供相关服务，以巩固双方关系。

会后，营销人员应通过对与会者的信息分析及反馈情况，重新筛选目标客户。对于重点客户，要通过热情的后续跟踪联系和良好的售后服务来保护和巩固客户关系，以提高顾客忠诚度。

对联谊会上未购产品的顾客，营销人员要在两天内回访，进一步探求顾客未购原因并做相关解释，借专家造势进行深入沟通，力争促成购买。对已购产品的顾客，则第一次会后回访时间一般从购物之日起一周内，第二次回访时间即首次回访后一月内。

第二节　会议市场定位

会议市场定位就是指社会组织、会议场地企业、酒店等为在目标顾客心目中寻求最佳位置而设计品牌形象及会议产品并进行营销的活动；是会议营销者运用市场营销的手段，对产品进行设计包装、对产品目标市场进行选择定位并对企业形象进行塑造提升的综合管理过程。它涵盖会议产品市场定位（产品属性差异定位）、企业市场定位（企业形象和竞争优势定位）和目标市场定位（客源市场定位）三个层面。

一、会议市场定位的依据

有效的市场定位依据主要包括如下几点：

（一）企业自身的竞争优势与劣势

会议举办企业应该分析自己的优势和劣势，针对优势制定市场定位策略，使企业的优势得到充分发挥，扬长避短，从而满足顾客的需求，在目标顾客的心目中树立独特的形象。

（二）主要竞争对手的优势、劣势与经营方向

在竞争过程中，企业需要明确主要竞争对手，了解他们的优劣势及经营方向；企业应充分发挥并突出自身竞争优势进行定位，使目标顾客较为容易地把本企业与竞争对手区分开来，使一部分偏好本企业提供的特殊利益的顾客成为主要目标市场，提高竞争能力。了解主要竞争对手的优劣势，也有利于企业有针对性地采取多种竞争策略，争取主动。

（三）主要目标顾客的特征

会议营销的最终目的是满足目标顾客需求，企业获得合理回报。而要达到这个目标，就需要了解主要目标顾客的特征，针对他们的特殊偏好设计产品和服务，并据此进行市场定位，以提高顾客满意度。

二、会议产品与服务定位

会议展示内容一般属于某一个既定产品、服务或具有紧密联系的产品服务组合。不同企业的产品及服务的发展趋势和要求不尽相同，这在客观上决定了会议定位应展示和突出企业特点，否则就不能突出会议的专业化、独特性形象。

会议组织者要想吸引顾客购买其产品和服务，就需要了解目标顾客的需求特征，分析其对产品和服务价值的理解，在产品、服务、价格、包装等方面做文章，提供满足顾客需求的产品和服务，给目标顾客留下好印象，以确立企业形象，增加销售利润。在具体实施过程中，要把产品和服务的特征与重要的目标顾客寻求的主要利益连接起来。

会议本身也是一项产品，会议的主题就是会议产品的核心卖点。一个好主题的会议本身就是一个好的产品，对潜在会议市场具有较好的吸引力。好的会议主题通常包括节日话题（如“2·14”情人节、“3·15”消费者权益保护日、父亲节、母亲节、儿童节、七夕节等）、健康话题（这是医药会议营销的主要话题，也是会议营销最为成功的会议主题）、社会热点话题、争议和敏感话题、产品推介话题等。

三、会议客源市场定位

会议营销模式的实施需要多方面的配合。在会议进行之前要按照企业的具体情况进行相应的市场开发与策划活动，首先要做的是选择会议的目标市场。一般来说，会议最好在目标市场顾客相对集中，市场需求大的地方举办。这个地方应该有许多该企业的下游经销商和分销商，他们对该企业的产品有着强大的采购需求，即应用市场需求；目标顾客相对集中，对该企业产品和服务较为青睐，有较大需求的市场也应该成为会议客源市场的上佳选择。

企业要根据自身优势和产品特点对市场进行细分，并对细分的市场进行评估和选择。会议市场选择策略主要有无差异性市场营销策略、差异性市场营销策略及集中目标市场营销策略三种策略。

在无差异性市场营销策略指导下，企业将整个市场当作自己的目标市场，整体化进入市场。这种策略忽视需求的差别，使用大规模生产方式，通过大规模经营赢利。

基于差异性市场营销策略，企业为不同的目标市场供应不同的会议产品，运用不同的定价方式、营销组合策略来满足目标市场需求，取得不同的经济效益。

集中目标市场营销策略指企业集中所有力量，以一个或少数几个性质相似的子市场作为目标市场，试图在较少的子市场上拥有较大的市场占有率。实施会议营销的企业一般具有消费者情况和资料基础，其服务对象通常比较集中。因此，实施会议营销的企业一般采取集中目标市场营销策略。此前，会议营销做得比较成功的企业大多是在老年健康市场。因为会议营销首先要解决的问题就是把顾客召集到一

起，而老年人是最有兴趣和闲暇的。

当然，即使在集中、固定的目标市场中，消费者的需求也有所不同；会议营销的优势在于能够为顾客提供个性化的服务，因此，在考虑具体的营销策略时要注重差异性。

四、会议企业形象定位

会议市场定位的关键在于通过会议展现企业形象，使得企业形象与其在目标顾客心目中的位置相适应。会议举办企业的产品和服务在消费者心目中的位置和形象受诸多因素影响，包括消费者因素，如消费者的学识、经历、收入水平、社会地位、性格等；还有企业因素，如企业所处的位置、历史、外在形象等，都会在一定程度上影响其定位。企业市场形象定位要结合实际情况，因地制宜地进行形象定位或形象调整。

会议举办企业应通过建设企业品牌、树立良好的公众形象，在主要目标市场顾客的心目中留下较好的印象。在主要目标顾客的心目中，企业及企业形象是一个统一的整体。市场定位一旦确立，企业的营销组合策略就需要作出相应的调整，即根据定位作出产品、价格、渠道、促销等方面的决策。定位具有一定的稳定性，如果稳定性较差，就需要重新定位，相关策略、人员的一再调整会造成很大的浪费。但是，定位的影响因素是可变的，而且有些影响因素的变化具有不确定性，这就要求在进行市场定位时分析影响定位的因素，考虑这些因素的发展变化趋势及对定位的影响，使定位能够在较长的时间内相对稳定。

资料链接

中国汽车产业发展国际论坛

中国汽车产业发展（泰达）国际论坛致力于推动中国汽车产业的可持续发展，以全方位的视角、战略性的高度探讨汽车行业重点、焦点问题，历届论坛所形成的观点与共识已经成为行业发展的重要决策参考。

1. 会议基本信息

会议的年度主题：经济转型与汽车产业变革

会议日期：2012 年 8 月 31 日—2012 年 9 月 2 日

会议地点：天津滨海新区　万丽泰达酒店

会议网址：http：//forum. autoinfo. gov. cn

指导单位：国家发展和改革委员会、科学技术部、工业和信息化部、财政部、环境保护部、商务部

主办单位：中国汽车技术研究中心、中国汽车工程学会、中国汽车工业协会、中国汽车报社、天津经济技术开发区管委会

承办单位：中国汽车技术研究中心情报所、天津经济技术开发区贸促中心

协办单位：中国石化汽车行业技术合作中心、能源基金会、日本汽车工业协会、欧洲汽车工业协会、美国汽车工程师学会

2. 会议品牌定位：中国汽车行业规格最高、影响力最深远的国际性会议

历经七年的精心打造，中国汽车产业发展（泰达）国际论坛已经成长为国际性汽车行业高端品牌盛会。论坛紧扣行业发展形势，通过多种会议形式和鲜明的会议主题，创造高效有序的研讨氛围，使中国汽车产业发展（泰达）国际论坛成为获取最新政策动向，把握行业发展脉搏的重要平台。所以，该论坛的定位为：中国汽车行业规格最高、影响力最深远的国际性会议。为了凸显这一会议品牌，每届会议都会围绕最前沿、权威的汽车行业发展动向和热点话题进行互动研讨。为了提升会议服务质量，会议组织者除了提供先进完备的会议设施和服务，还专门设置中、英、日同声传译服务，以最大程度地满足来自不同国家的与会者的需求。

3. 会议主题定位：

中国汽车产业发展（泰达）国际论坛的永久主题是：中国汽车产业可持续发展。

进入21世纪以来，我国汽车产业步入了快速发展的轨道，汽车产销规模跃居世界之首。随着宏观经济形势的转变，汽车产业的变革与调整迫在眉睫，亟待通过内生性增长动力推动汽车产业健康、可持续发展，为国民经济的健康、平稳发展贡献力量。2012年，我国宏观经济发展的总基调是“稳中求进”。国家将加强和改善宏观调控，加快推进经济发展方式转变和经济结构调整，加强自主创新和节能减排，实现经济平稳较快发展。在此背景下，2012年度的会议主题就锁定为：经济转型与汽车产业变革。

“2012中国汽车产业发展（泰达）国际论坛”于2012年8月31日—9月2日在天津滨海新区召开。100余位政府领导和企业领袖、600余位国内外业界嘉宾围绕“经济转型与汽车产业变革”的年度主题进行经验交流和成果展示。

4. 会议客源市场定位

在会议营销过程中，其目标与会者锁定为国内外与汽车行业相关的参会者。具体包括：

(1) 国家发改委、科技部、工信部、财政部、环保部、商务部、统计局等有关部委主管领导；

(2) 欧、美、日现任相关高层官员；

(3) 国务院发展研究中心、国家信息中心、清华大学、北京大学、湖南大学、吉林大学、同济大学、能源基金会、日本汽车工业协会、欧洲汽车工业协会、美国汽车工程师学会等国内外汽车行业、金融经济领域的专家学者；

(4) 一汽、东风、上汽、长安、广汽、北汽、奇瑞、吉利、比亚迪、华晨、重汽、陕汽、丰田、日产、通用、福特、标致雪铁龙、大众、宝马、本田、戴姆勒、捷豹路虎、潍柴、玉柴、万丰、博世、霍尼韦尔、电装、麦格纳、AVL李斯特、康明斯、森萨塔等国内外汽车业界高层。

(资料来源：中国汽车产业发展国际论坛官方网站，http://www.autoinfo.gov.cn/zhuanti/special/guojiluntan/A110477index_1.htm)

第三节 会议宣传与策划

一、会议宣传渠道

任何一个会议的成功举办都离不开有效的会议宣传。会议宣传渠道主要包括广告宣传、公关宣传、人员推销、网络推广；最为常见的是广告宣传，其优势是可以让信息广泛传播。在会议广告宣传中，运用最多的广告方式主要包括媒体广告、户外广告和与会议宣传相关的其他方式。

(一) 媒体广告

包括专业媒体（内部刊物、行业专业杂志等）和大众媒体（电视、广播、报纸、各类杂志等)。会议组织者应围绕不同的会议需求和产品、服务特点来进行宣传，按区域、分目标市场地设计和制作不同的广告。

(二) 户外广告

是指利用人流量较大的公共场所，如机场、车站、码头、商业街道和广场等地点，以海报、广告牌、宣传布幅等形式，进行广泛宣传。其目的是营造会议的声势，形成广告宣传攻势。现代会议营销的操作越来越重视宣传广告的投入力度和宣传质量，在一定程度上，广告宣传的效果是会议成功与否的关键因素，是打造品牌的有效方法。

（三）其他宣传方式

可以通过邮寄的方式进行宣传，包括展会宣传手册、明信片、桌卡、台历等。充分发挥会刊、会展网站的宣传作用。会刊是会议举办企业对其产品和服务的介绍，留有联络方式，便于日后联系，而会刊的电子光盘版是一种更便捷、更先进的信息承载方式。会展网站是外界了解某行业、企业动态的最主要的宣传工具，其主要特点是信息容量大、传播范围广、内容更新快，因此需要注重会展网站的建设，增强其吸引力和权威性。

资料链接

2012 中国汽车产业发展国际论坛拟邀请的媒体名单

中国汽车产业发展国际论坛作为一个知名的会议产品，会议主办者倾力邀请媒体对其会议产品进行宣传报道和专题广告。2012 年，其宣传营销媒体包括电子媒体、纸质平面媒体和网络媒体，且几乎涵盖了汽车领域及国内知名的媒体。

电子媒体：中央电视台、中央人民广播电台、中国国际广播电台、新华通信社、凤凰卫视、北京电视台、湖南卫视、天津卫视

纸质媒体：彭博新闻社、路透社、《人民日报》、《科技日报》、《天津日报》、《今晚报》、《中国汽车报》、《中国工业报》、《中国经济导报》、*China Auto*、《世界汽车》

网络媒体：中国汽车工业信息网、汽车之家、凤凰汽车、新浪汽车、搜狐汽车、腾讯汽车、网易汽车、天津政务网、车讯网、北方网、中国消费网、信息网、和讯网、人民网等。

（资料来源：中国汽车产业发展国际论坛官方网站，http://forum.autoinfo.gov.cn/forum/yeforum/gylt/webinfo/2011/04/1333011314331115.htm）

二、会议宣传与推广的工作流程

宣传是一种单向的信息传递，即会议组织者单向地向潜在目标客户传达企业产品和服务的信息。因此，会议的宣传与推广可以在很大程度上激发目标消费者的参会和购买欲望，从而完成会议营销的销售任务。会议宣传与推广工作的基本流程如图 9-2 所示。

（一）制定宣传计划

会议营销者首先应根据企业确定的目标客户的特点，选择有效的宣传媒介，保证目标客户能够及时得到会议的相关信息。同时也要制定宣传预算及宣传进度

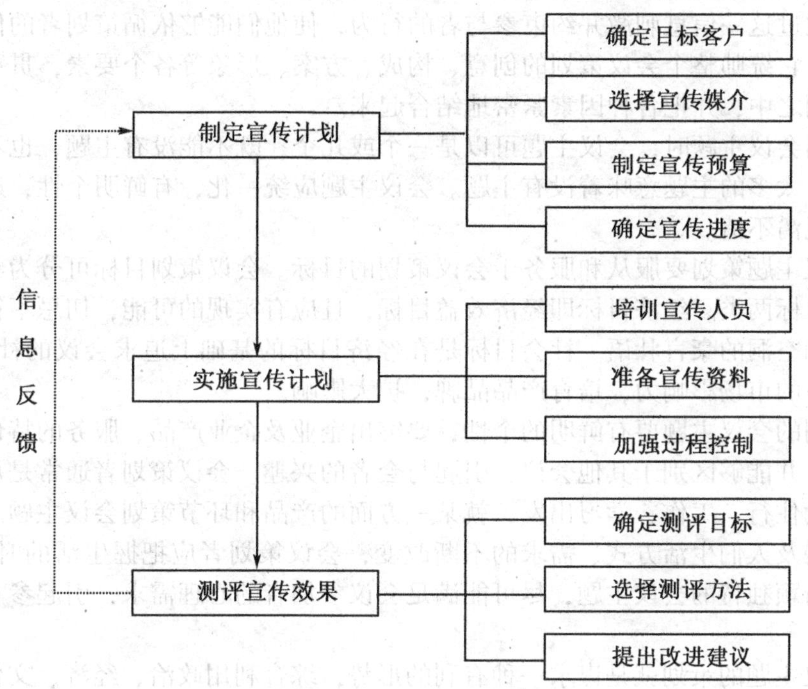

图 9-2　会议宣传与推广工作流程

计划。

（二）实施宣传计划

根据制定的宣传计划，召集相关工作人员有针对性地进行培训，准备详细的会议宣传资料，切实实施会议的宣传计划，并加强对会议宣传、推广过程的控制。

（三）测评宣传效果

根据会议宣传、推广过程中反馈回来的信息预测宣传效果，确定测评目标并选择合适的测评方法（如问卷调查、专家意见、成本效益核算等）对会议营销宣传、推广的效果进行评估，所得结果将为会议组织企业下一步的促销决策提供依据。

三、会议策划

（一）会议主题策划

会议主题也称为会议主题思想，是对会议宗旨、目标等最凝练的概括与表述，统领会议的各个环节，并贯穿会议活动始终。会议主题在一定程度上影响会议内容的安排、活动形式的选择等，常通过具体的艺术形式表现出来。

会议主题策划是确定会议主题并围绕主题策划会议活动的过程。会议主题策划

是一个谋划达成会议目标的预测及其思维的过程。它是策划者所要传达的中心信息，并通过这一信息刺激并约束参与者的行为，使他们能够依循策划者的信息去完成工作。它统帅整个会议策划的创意、构成、方案、形象等各个要素，贯穿于整个会议策划之中，并把各种因素紧密地结合起来。

策划会议主题时，会议主题可以是一个或几个，既不能没有主题，也不能有太多主题，太多的主题意味着没有主题。会议主题应统一化，有鲜明个性，避免使目标顾客混淆不清。

会议主题策划要服从和服务于会议策划的目标。会议策划目标可分为经济目标和社会目标两类。经济目标即经济效益目标，且应有实现的可能，切忌不符合实际的提法和空洞的豪言壮语。社会目标是在经济目标的基础上追求会议的社会效益，提高企业的市场影响力，培育产品品牌，扩大影响。

策划的会议主题要有鲜明的个性，要突出企业及企业产品、服务的特色、优势及文化，并能够区别于其他会议，引起与会者的兴趣。会议策划者通常是从目标顾客的衣食住行、工作、学习出发，就某一方面的产品和环节策划会议主题。随着科技的发展及人们生活方式、需求的不断改变，会议策划者应把握生活的时尚脉搏，策划出新颖独特的会议主题，尽可能满足会议参加者的心理需求，引起参与者强烈的共鸣。

会议主题的策划就是谋求一种有利的形势，综合利用政治、经济、文化及国际等各方面的有利因素，使所策划会议的知名度和成效都得到提高。在会议主题策划中，由于宏观环境形势和时间不断变化，会议主题策划要在形势的不断改变中寻求和建立优势、发挥优势并不断使之强化。杰出的策划正是预先洞察到推行的时机。必须避免在同一时间、同一城市举办相同主题的会议，以防止无序竞争、恶性竞争。

（二）会议品牌策划

根据著名营销专家 Larry Light 的观点，拥有市场比拥有工厂重要得多，唯一拥有市场的途径就是拥有具有市场优势的品牌；未来的营销是品牌的竞争，品牌才是企业最宝贵的资产。会议营销同样如此。品牌效应是一个会议及其企业的宝贵财富，在一定程度上，没有品牌就意味着没有足够数量和质量的与会者。

1. 会议品牌策划的要点

一些著名品牌尽管千差万别，但它们都拥有丰富的含义、独特的识别标识、明确的品牌个性和一套紧贴顾客需求的价值体系。这样既有利于增强它们在市场上的竞争优势，也是创立会议品牌努力的方向。会议品牌策划要注重以下几点：

首先，会议品牌要有特定而丰富的含义，要赋予会议品牌实质性的、紧贴顾客需求的价值体系。也就是说，要使会议品牌不仅仅被用做广告或宣传口号，而且能体现出会议的核心内涵和价值。会议品牌策划就是要让品牌为会议说话，让品牌成为会议形象的代表，从而很好地向与会者传达企业产品、服务及文化的意义。

其次，要明确界定会议品牌的识别标识。会议品牌策划决不仅仅是为会议设计一个LOGO，提出一个宣传口号，而是要在为会议界定一些基本问题的基础上，解决这个会议“是什么”的问题。例如，要决定会议“是什么”的问题，就必须弄清会议的目标市场和定位，了解目标顾客及与会者的期望，并明确会议的核心价值、会议要带给与会者的特殊利益等，以便与其他会议区别开来。

最后，要确定会议品牌的传播策略。会议品牌是会议形象在与会者心目中的反映、在与会者头脑中的折射。会议品牌必须通过各种传播手段才能传达给目标顾客，并使其对会议营销中的产品及服务产生认知。

2. 会议品牌建立

要培育一个好的会议品牌，会议经营管理者首先要有品牌观念，要认识到品牌化发展道路才是会议发展的有效途径。只有如此，才能从会议筹划、主题定位、会议活动规划、会议活动组织与管理等方面来策划实施会议品牌化发展战略。会议品牌的建立是一个长期的过程，会议的经营管理者要制定长期的发展规划，确立会议的品牌发展战略。

首先，会议经营管理者要提升品牌质量。会议因不同的主题和风格形成不同的品牌，会议品牌除了名称差异外，也存在质量高低的差异。会议的发展应该是追求名牌化发展，不断提升会议的品牌质量。硬件是影响品牌质量的一个重要因素，舒适的环境、先进的设备容易使与会者对会议及企业产生良好的印象，从而加深对企业产品及服务的好感。软件指的是会议活动的专业服务水准。会议品牌质量的提升主要从会议活动的硬件和软件两个方面入手，相关企业既要加大会议活动专业人才的引进，也应积极加入国际性会议组织，以实现会议服务与国际接轨。

其次，会议经营管理者要努力拓展品牌空间。会议品牌的拓展空间具有三维性，即时间维、空间维和价值维。时间维是指品牌的影响力会随着时间的延续而不断发散和扩张。一般来说，会议活动延续的时间越长，主办方和与会者、与会者和与会者之间的交流越充分，会议营销的效果就越显著。空间维是指品牌在地域上的扩张。价值维是指品牌作为会议的无形资产，其经济价值的含量是可以增加的，品牌价值的提升实际上也为会议品牌在时间上和空间上的拓展创造了条件。因此，会议的主办方要灵活运用各种经营方法和手段，尽力扩大会议品牌在时间、空间上的影响力，最终实现会议品牌价值的提升。

最后，会议经营管理者要努力打造网络品牌。网络是现代社会信息交流的重要平台，成为人们生活的第二空间。会议营销应该充分利用网络的信息资源优势，在现实世界之外打造出知名的会议网络品牌。网络品牌的建设主要应从企业网络形象塑造、网络会议建设以及开展网络营销等方面进行。企业网络形象是由企业名称、标识图案和附属内容所构成的复合体，其形象借助网页来展现。会议营销者借助网络优势开发出生动形象、交互性能良好、功能强大的企业网站，这一网络平台将大大加快网络品牌的建设。网络会议营销和现实会议营销的结合可以取长补短，实现优势资源的有效整合。

第四节　会议营销策略

由于会议营销更多地是一种面对面的服务营销，因此，会议营销策略更多地符合 4C 原则，故会议营销策略要围绕 4C 进行。

一、消费者营销策略

消费者的需要和欲望是企业营销活动的出发点和归宿。在竞争激烈的市场上创造顾客需求、理解顾客需求远比开发先进的商品更重要。为了更好地理解消费者需求、消费习惯以及消费偏好等，企业应更加注重市场调研以及消费者行为研究，更加准确地对市场进行细分，并以此作为企业个性化产品研发和销售的根据。

通过会议营销所销售的不仅仅是商品，更是一种“以顾客为中心”的个性化服务。在保健药品和保健器械的会议营销中，顾客购买的不仅仅是产品，更是对健康的追求。因此企业要根据顾客的需求，提供给顾客保持健康的各种信息以及获得健康的各种服务等。如保健药品和保健器械企业可以同医药企业联合起来定期给消费者进行体检和健康咨询等。

二、价格营销策略

传统定价方法多是按照成本来进行定价，而不太考虑顾客的需求，往往使企业的定价与消费者的需求相分离。4C 营销策略要求企业定价的思路不能再一味地按自己的成本和盈利进行自我定价。在 4C 营销模式下，企业的定价思路应为：消费者接受的价格-适当的获利=成本上限。

会议营销所销售的不仅仅是产品，更多的是一种服务，因此顾客会对这种服务有一个心理的预期价格，企业要根据自己的产品特点使价格的设置符合消费者的需求。目前进行会议营销的前期市场投入也逐渐增高，因此要保证产品有一定的利润空间，这样才能够保证企业通过实施会议营销获得收益。

三、营销渠道的选择

对于以会议营销为主要营销渠道的医药企业而言，会议营销渠道所具有的虚拟性避开了高昂的进店费，同时也给企业提供了创新的空间。

实行会议营销的企业要根据会议的不同主题和消费者的特点来选择相应的销售渠道，如果是进行老年人的科普会议营销就应选择在比较庄严的会场来进行销售，年轻女性的美容产品的会议营销要在轻松、优雅的会议场所进行。

四、营销宣传的整合

营销宣传的整合是指综合地考虑营销宣传的各方面特征以及不同媒介的互动功能等，对营销媒介进行整合利用。

对会议营销来说，就是通过营销媒体整合，企业可以提供有自身特色的核心服务，以区别于竞争对手。例如会议营销者可以通过宣传媒体的整合，向目标受众宣传会议主题、会议内容、会议主讲人及其报告、会议现场互动活动等信息，以吸引潜在与会者或消费者的注意，提高消费者获取信息的速度和便利性，更有效地获取消费者反馈信息，实现互动等。

资料链接

打造会议营销的战略性价值

作为媒体广告经营部门，作为媒体经营人，相信大家都熟练地使用过这些媒体营销手段："广告主联谊会"、"媒体推广会"、"招标征订会"、"行业峰会"……这些年来，从央视招标开始发端，到如今各路、各级媒体的会议营销，可谓如火如荼。一个目的，就是要邀请到更多的广告主和争取更多的媒体创收。

于是，我们有了更翔实的数据、更多的专家、更精美的资料、更精彩的节目推介、更多的明星主持人。可是，几年下来，我们却发现大家内容越来越同质化，广告主参与兴趣日益降低，传播效果越来越弱。

推广会还怎么开？怎样才能提高推广效果？媒体到了反省推广会的时候了。媒体推广会问题出在哪里？首先，让我们看看这些媒体推广形式：

发布会式：领导致辞、感谢，发布广告政策，调查机构讲解数据，再请广告商发言，随后是宴会。

联谊旅游式：旅游推广，广告主吃好、喝好、玩好，做预算时一定要考虑媒体的热情。

评奖式：企业品牌需要荣誉，更离不开媒体的推广，最具魅力、最具潜力……奖项推陈出新，可公信力越来越成问题。

研讨会式：为广告主做增值服务，为广告主解决一些市场营销和广告投放方面的困惑问题，让企业受益。但如果专家和媒体选题不准，或者有意作托，成效也是个问题。

既然是媒体推广会，大家自然会把最漂亮的一面给大家看。于是专门针对本次推广而单独制作数据、邀请最具权威的专家上台解读、最具煽动性的说辞与定位、最具分量的广告主代表现身说法，我们的困惑就是钱花了，效果却不佳。

那我们应该如何构建高效的媒体与广告主沟通方式呢？

1. 明晰推广会的目的

媒体推广是媒体营销方式的一种，但是关键不是以什么方式，而是要推广什么内容。广告主之所以需要媒体，是因为看中媒体所代表的媒体受众和消费者的身份。看中的是媒体数据背后所代表的消费人口。因此媒体推广会不是推而广之的推广，而是在分析广告主共性需求之上的推广，是为广告主寻找到细分市场，寻找贴切吻合的媒体受众与消费者。因此推广会要知道是为一部分广告主开，还是为全体广告主开；要了解自己的媒体产品是适合哪些广告主的，自己的媒体是否能有效聚合广告主的目标市场。因此，媒体推广和媒体产品是不能倒置的。媒体价值发现了，媒体与广告主产品目标市场结合了，加上有效的推广沟通，推广会才有好的效果。

2. 需要战略性的创新眼光

每一次推广会，我们应时刻把推广会要达成的战略和创新推广手段相结合，寻找更具战略意义的媒体思想创新，如“金牛媒介”的联合推广就以联合推广获取组合优势，成为一种战略性推广的创新。

媒体推广会，媒体一定要站在广告主的角度思考，即广告主需要什么资源，需要获取什么资讯，而不要为推广而推广。推广不是豪华会场和礼品贵重的比拼，而是广告主价值、服务增值的比拼，这才是战略性的眼光。

3. 发掘、研究真实的媒体价值

覆盖面、发行量、受众数、收视率、阅读率……各媒体努力发掘有利于自己的数据，面对媒体提供的片面性的甚至人为修饰过的数据，媒体的广告价值已经变得不再真实。

广告主的媒体选择却越来越迷茫，他们需要一个真实的媒体数据与真实的传播价值发现。广告主面对数以千计的媒体受众细分、区域细分，每类媒体自身的传播价值在推广会中有可能经常被误导、夸大，更严重的甚至以一部好剧某次改版后的收视率作为全年推广，时段收视率低就强调收视份额，广告成本低，再不行就只提受众构成媒体作为公信力的代表，真实是新闻的生命，媒体数据、媒体推广的真实更是媒体市场健康的生命。

4. 运用新工具，了解新需求

推广是否有效成功与选取推广工具有很大的关系。系数完善的管理分工、成熟的媒介推广会组织、企划团队的丰富经验、业务团队的广告主沟通与盘点、广告主服务团队的媒介服务……每一个环节，都是推广是否有效这个系统工程的一部分。我们不能完全拘泥于传统的“联谊会”、“推广会”、“招标征订会”“行业峰会”这些媒体推广形式，我们既可以将它们融合，也可以把它们与网络、视频、电视电话会议等多种形式互动起来，使目标更准确、形式更新颖、环节更有趣、传播更生动、效果更突出。

（资料来源：王新．打造会议营销的战略性价值［J］．市场观察，2008）

思考与讨论

1. 会议营销与传统营销相比，其优势与劣势是什么？
2. 会议营销的适用范围是什么？为什么？
3. 会议营销的基本流程和内容是什么？其要点是什么？
4. 试述会中营销的常用手段和促销方式。

本章案例

2013 中国汽车产业发展国际论坛

中国汽车产业发展（泰达）国际论坛致力于推动中国汽车产业的可持续发展，以全方位的视角、战略性的高度探讨汽车行业重点、焦点问题，历届论坛所形成的观点与共识已经成为行业发展的重要决策参考。

会议永久主题：中国汽车产业可持续发展

2013 年年度主题：责任与未来

会议日期：2013 年 9 月 6 日—2013 年 9 月 8 日（9 月 6 日报到）

会议地点：天津滨海新区　万丽泰达酒店

会议网址：http：//forum. autoinfo. gov. cn

会议规模：100 余位政府领导和企业领袖；600 余位国内外业界嘉宾；200 余家主流媒体。

论坛特色：

中国汽车行业规格最高、影响力最深远的国际性会议；

最前沿、权威的汽车行业发展动向和热点话题的互动研讨；

全球化观点谈中国汽车产业发展；

丰富的同期活动，参会嘉宾充分交流；

论坛筹备期间积极调研企业高层、行业专家、媒体等各方领袖的意见和观点；

论坛后将汇总会议中提出的新观点、新主张，并形成对行业发展有指导价值的研究报告；

会议设置中、英、日同声传译。

会议注册：

参会费用标准：2 800 元人民币（国内参会者）；500 美元（境外参会者）

参会费包括：全体会议、互动研讨、头脑风暴；自助午餐、晚宴、酒会、茶歇及会议资料等

注册方式：登录论坛网站 http：//forum. autoinfo. gov. cn 进行在线注册；或下载填写“参会回执表”，传真、邮寄或发送电子邮件至论坛组委会。

会议内容：

“2013 中国汽车产业发展（泰达）国际论坛”主要内容包含：

➢ 将举办一场主题为“新环境下中国汽车产业的责任与未来”的领袖峰会。会议将通过汽车行业领袖间的巅峰对话，以国际化的视角、权威的论断、前瞻的思维剖析新的发展环境下中国汽车工业承载的责任以及未来发展方向。

➢ 以“政策导向与产业发展”和“责任驱动产业发展”为主题的两场全体会议。政府领导将在论坛中发布权威的政策导向信息，引领汽车产业方向，提升汽车产业发展质量和效益，以实现汽车产业的可持续发展。国内外大型汽车企业集团高层将在论坛中分享履行社会责任的实践经验与未来规划，展现对环境和消费者负责任的企业形象，以责任驱动企业向更高水平发展。

➢ 3 种不同模式的 6 场会议。分别是两场专题对话、两场头脑风暴和两场互动研讨。其中，专题对话的主题分别是“整—零协同共筑汽车强国梦”、“循环经济与绿色制造”，头脑风暴的主题分别是“城市限购与交通拥堵的解决方案”、“空气污染与行业机遇”，互动研讨的主题分别是“‘引进来’与‘走出去’均衡发展”、“技术升级与节能减排”。通过形式多样的会议模式，将使研讨的主题更加鲜明，嘉宾更加积极地参与其中。

➢ 在论坛的最后一天，还将先后召开以“低碳经济下新能源汽车之路”和“构筑安全和谐的汽车社会”为主题的两场全体会议。

拟邀请嘉宾：

➢ 国家发改委、科技部、工信部、财政部、环保部、商务部、统计局等有关部委主管领导；

➢ 欧、美、日现任相关高层官员；

➢ 国务院发展研究中心、国家信息中心、清华大学、北京大学、湖南大学、

吉林大学、同济大学、能源基金会、日本汽车工业协会、欧洲汽车工业协会、美国汽车工程师学会等国内外汽车行业、金融经济领域的专家学者;

➢一汽、东风、上汽、长安、广汽、北汽、奇瑞、吉利、比亚迪、华晨、江淮、重汽、陕汽、力帆、丰田、日产、通用、福特、标致雪铁龙、大众、宝马、本田、戴姆勒、捷豹路虎、潍柴、玉柴、博世、德尔福、霍尼韦尔、电装、麦格纳、AVL李斯特、康明斯、森萨塔等国内外汽车业界高层。

拟邀请媒体:

中央电视台、中央人民广播电台、中国国际广播电台、新华通信社、凤凰卫视、北京电视台、湖南卫视、天津卫视、彭博新闻社、路透社;《人民日报》、《科技日报》、《天津日报》、《今晚报》、《中国汽车报》、《中国工业报》、《中国经济导报》、*China Auto*、《世界汽车》;中国汽车工业信息网、汽车之家、凤凰汽车、新浪汽车、搜狐汽车、腾讯汽车、网易汽车、天津政务网、车讯网、北方网、中国消费网、信息网、和讯网、人民网等。

(资料来源:中国汽车产业发展国际论坛官方网站,http://forum.autoinfo.gov.cn/forum/index.htm; http://auto.china.com/dongtai/yejie/11012724/20130517/17840057.html)

思考题

1. 请以中国汽车产业发展国际论坛为例,分析会议主题策划的主要原则和思路。

2. 结合上例,分析会议营销宣传渠道和媒介选择的原则和策略。

第十章 展览营销

学习目标：

1. 熟悉展览营销的工作流程和营销组合策略。
2. 掌握展览营销工作过程中的招展、招商和展览赞助营销的工作流程、任务及各工作要点。

【导读】

2006年9月，第25届广东美博会在稀稀落落中落下了帷幕。在这样的一个化妆品消费旺季，与以往人声鼎沸、客商云集的情形不同的是，本届美博会少了几分喧嚣，多了几分理性，绝少赢家的喝彩，只有落寞的背影。在许多厂商眼里，美博会繁华褪尽、满地沧桑，已经走到了尽头。

参展的，没参展的，做厂家的，做经销商的，事后免不了都会对美博会口诛笔伐一番：厂家怪参展费用太高，客户太少；客户怪没有好产品，白白浪费时间，某些品牌投入巨资参展却颗粒无收，只好咬牙切齿、大呼上当。总而言之，种种不是都与美博会脱不了干系，换句话说，都是美博会惹的祸。

不容否认，与前几年的辉煌相比，如今的美博会在影响号召力、人流量、成交量方面可谓江河日下，尤其是这届的表现更令人大跌眼镜：许多精心装修的展位门可罗雀，参观客户仿佛集体蒸发。不过站在客观的立场上说句公道话，倘若把一切责任归结于美博会，不仅有失偏颇，更有几分幼稚。套句老歌词来说，“山哟还是那座山，人哟还是那个人”，同样的，美博会还是那个美博会，唯一不同的是行业的生态系统和市场环境已经发生了重大变化。

从行业生态环境来看，2006年美容行业频遭曝光，国家对化妆品行业进行专

项整治，导致整个行业的生态系统发生了变化，从而使原本就脆弱的生态链受到致命的影响：首先是处于最终端的消费者消费信心缺失，直接导致美容院销售乏力，然后影响到代理商货流不畅，最终的结果是上游厂家面临业绩滑坡甚至经营上难以为继。不仅国内企业如此，一些曾经傲视群雄的国际知名品牌，如SKⅡ、倩碧、雅诗兰黛等都无一幸免，在政府职能部门的严厉监管之下，或遭诉讼赔偿，或遭清理撤柜，乃至被迫全面退出中国市场。在如此严峻的形势下，即使是举办了十多年的美博会这种行业盛会，也难以发挥它的交易平台作用。

从市场环境来看，洗牌格局已经形成。许多年来，我们一直在高喊未来三五年内行业必将重新洗牌，事实上，洗牌动作已经在不经意中悄然完成。首先是美容院亏损面逐年扩大，一些数据表明，2006年只有不到四分之一的美容院盈利，而这些盈利的美容院大多数经历了市场的洗礼，凭借多年来在软硬件方面的建设在激烈的商战中沉淀了下来，最终占据了绝大多数顾客份额；其次，代理商之间洗牌加剧，结果是利润越来越薄，浙江某知名代理商拥有上千家网络，2005年销售做到了4 000万元，纯利润却只有5%；至于新生代理商，不仅要面对利润越来越薄的事实，更要面临大代理商的打压，在拓展网络上难于上青天；最后，厂家或品牌之间的较量胜负已分，有实力、有网络的优质客户资源日益集中在少数一线企业或一线品牌手中，如安婕妤、华新、创美时、雅丽思、美素等，由于这些企业一直以来市场表现强劲、终端运作良好，一旦有新品出现，必然成为代理商和美容院首选品牌，合作起来客户忠诚度也较高；其他二线企业，如汉芳、大方泳嘉、宝宣、萱姿等因其强劲的市场潜力，早在美博会前就成为许多代理商竞相追逐的目标；至于一些三线品牌，由于品牌影响力尚未形成，客户更多的是对其观望、徘徊、犹豫——显而易见的一个道理：选择市场表现良好的品牌总比选择默默无闻的品牌风险要少，除非有特别卖点或概念新奇的产品能够满足代理商或美容院求新求异或追逐暴利的需求。例如本次展出的“圣葆莲”，姑且不论实际品质如何，仅凭借其首次宣导的“无油配方”概念就赚足了眼球，从众多品牌中脱颖而出，成为本届美博会唯一的亮点和赢家。

话又说回来，前面说过，美博会还是那个美博会：多年来参展形式一成不变，宣传手段墨守成规，服务意识滞后不前，各种费用居高不下，所有这一切也造成了厂商客户的不满而日益流失。因此，美博会要长久发展，一方面需要组织方与时俱进，在形式上、宣传上、服务上乃至价格上进行创新，以适应新时代的发展；另一方面，参展商也要保持良好的心态，不要指望靠一次美博会就能咸鱼翻身或一鸣惊人。

（资料来源：选编自中国市场营销管理网，2007-04-04，http://www.vmc.com.cn/hangye/21/20081013/002594.html）

第一节 展览营销概述

从展览主办者的角度来看，展览营销是指展览会组织者（包括展览会计划者和展览公司）寻找目标市场、研究目标客户需求、设计展览会产品和服务、制定营销价格、选择营销渠道以及保持良好客户关系等一系列销售活动的总和。展览营销的实质是展览会组织者通过一系列的过程和手段将展览产品和服务推向目标市场的一种社会管理过程。展览会营销对象不同，其营销目标和特点也会有所不同。（见表 10-1）

表 10-1　展览会营销的主要对象与目标

主要营销对象	营销对象的特点	营销目标	备注
政府（相关部门）	掌握公共权力，能有效组织社会力量	获得政策、资金等方面的支持	政府起扶持产业发展和制定行业规范的作用
参展商	自主经营，对展览会有选择权	吸引对方参展	/
专业观众	有选择权	吸引对方观展	/
赞助商	希望能够通过展览会赞助来实现特定的商业目的	为展览会争取赞助资金	潜在和现实参展商都可能成为赞助商
新闻媒体	能够影响公众的思想和观点	鼓励宣传报道	媒体策略在展览会营销中越来越重要

（资料来源："会展策划与实务"岗位资格考试系列教材编委会．会展市场营销［M］．北京：旅游教育出版社，2007.）

展览会的营销过程通常包括展览会的前期营销、中期营销和后期营销三个阶段，每一个阶段的营销内容有所不同。展览会举办企业与参展企业的展览营销过程和内容存在着一定的差异。对于参展企业而言，展览营销是其市场营销的一种渠道和模式。参展企业参加展览会的根本目的是借助展览会这一渠道向市场宣传和营销其产品和服务。

一、展览会举办企业展览营销

展览会举办企业的展览营销内容通常包括展览产品设计、价格制定、分销和促销等。展览会组织者要能熟练使用产品、价格、分销渠道和促销等营销要素及其组合策略，加强展览产品营销。对于展览会组织者而言，展览营销的基本过程和内容见图 10-1：

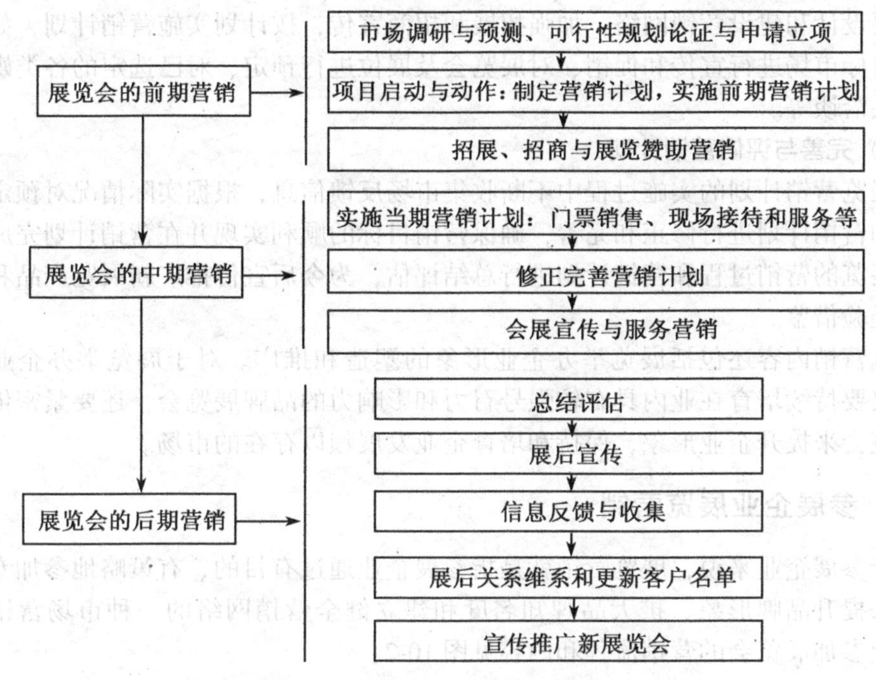

图 10-1 展览会举办企业展览营销流程图

（一）展览项目构思

在此阶段，展览专业策划人员通常要对包括展览立项的原因、目的、展览项目展示内容、时间、举办城市等内容进行构思，并形成预案。

（二）市场调研与可行性研究

展览会组织者或相关人员应以项目构思为基础，对初拟的目标市场和项目基础进行市场调研；并在此基础上分析竞争者情况，分析研判展览项目的可行性，并准备好展览项目或专门会展产品的报批文件和相关材料，向相关监督管理机构进行报批。

（三）制定营销计划

通过市场调研及与相关的监督机构、专家学者的咨询交流，对项目构思进行分析、评估、调整和完善，制定展览活动项目即展览产品的正式营销方案，其内容包括确定展览项目的主题和展览活动的规模、确定细分目标市场和展览营销的工作内容和工作流程、根据展览项目规模对即将举办的展览活动进行经费预算和展览产品价格定位、营销渠道和促销战略方案制定等。

（四）实施营销计划

展览组织者和策划者要设计出展览产品或展览项目的名称、形象标识、标志、标准色、标准字、象征图案；设计确定展览项目的视觉识别及行为识别的各方案和内容；要设计和建设营销网络，加强招展和招商宣传，按计划实施营销计划，如对确定的目标市场进行宣传和促销、对展览会及展位进行预定、对已选定的各类媒介进行公关洽谈等。

（五）完善与评估营销计划

在展览营销计划的实施过程中不断收集市场反馈信息，根据实际情况对预定营销方案和营销计划进行修正和完善，确保营销目标的顺利实现并在营销计划完成后对整个展览的营销过程和营销计划进行总结评估，为今后宣传推广新展览产品和活动提供经验借鉴。

展览营销内容还包括展览举办企业形象的塑造和推广。对于展览举办企业而言，不仅要持续培育在业内具有较强号召力和影响力的品牌展览会，还要紧密依托品牌展览会来提升企业形象，保持和培育企业发展赖以存在的市场。

二、参展企业展览营销

对于参展企业来说，展览营销就是指参展企业通过有目的、有策略地参加专业展览会来提升品牌形象、扩大品牌知名度和建立健全营销网络的一种市场营销模式。企业参加展览会的营销流程和内容见图 10-2：

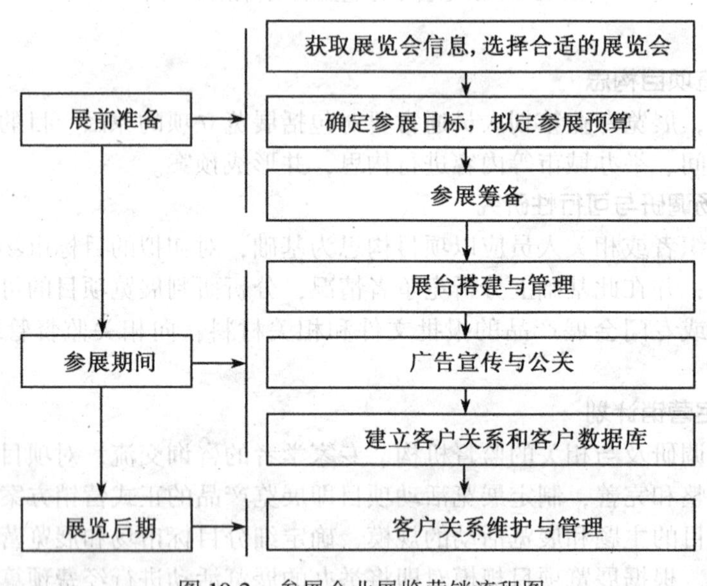

图 10-2　参展企业展览营销流程图

（一）展前准备

参展企业展前要为企业参展和营销活动做好各方面的准备工作。参展企业展前准备工作通常包括以下几个方面：

（1）选择合适的展览会。参展企业首先要考虑拟参加的展览会是否与本企业的市场定位相符合，应对展览会所在城市、展览会主办者实力、美誉度、权威性及其以往的办展业绩和展览会产品本身进行调查，根据调查结论对众多同类型展览会进行评估和甄别，选择合适的展览会。在选择展览会时，参展企业还应考察展览会的市场影响和辐射范围是否覆盖企业的目标客户、专业观众的数量和质量、展览会的宣传媒体和推广力度、参展时机等。

（2）制定参展计划。企业应根据企业的发展目标、资源情况和市场调查结论制定企业的参展计划。企业参展计划涉及参展目标、参展产品、参展预算、参展人员技术培训、企业参展营销方案及广告宣传资料设计制作等。

（3）及早报名参展，向展览会组织者提供本企业简介、目标市场和计划参展的展品资料和图片，以及免费进入展览会的各种宣传资料，及早搭上展览举办企业营销的顺风车，让展览会庞大的买家群提前认识自己，扩大参展企业的营销范围。

（4）与展览会组织者和策划者保持密切联系，根据具体情况决定是否参加展览会组织者在展前组织的营销活动，让展览会提早将自己免费地推向媒体和市场。

（5）通过网络公布或发放正式邀请函等手段通知公司的新老客户参展。

（二）参展期间

参展期间，企业参展人员需从以下几个方面进行展览营销：

（1）个性展台搭建，高效展台管理。参展期间，企业参展人员需始终记住企业的参展目标，按照既有的营销方案、参展产品的性质、特点和展馆展位的实际情况，搭建能较好反映参展企业及参展产品特色、富有吸引力的展台，通过高效、温馨的展台管理和服务，热情接待有兴趣的观众。

（2）积极参与展览会营销活动，创造特色促销活动，争取市场关注度。参展企业既要配合展览会组织者和举办方参与系列营销活动，也要积极主动地组织一些有吸引力的娱乐活动、有特色的展示活动、广告宣传和其他公关活动吸引参会观众，吸引潜在目标客户的关注。为此，参展企业要争取机会出现在展览会的现场出版物和相关活动中，争取机会让展览会在安排记者采访参展企业时采访自己，并想尽办法争取最大的曝光率和关注度。

（3）热情接待观众，向有兴趣的观众提供咨询答疑及营销接待服务。参展企业的参展人员应热情、礼貌地接待展台前有兴趣的观众，耐心解答他们对本企业或参展产品提出的有参考价值的问题，并询问参观者对于本企业及参展产品的熟悉了解程度、消费购买意愿与偏好等有价值的信息。参展人员既要热情地向有兴趣的观众介绍参展企业和参展产品品牌，还要记录进入展台的参观者信息和合作意愿，建立客户数据库。

（三）展览后期

展览会结束后，公司应将所搜集到的展览会资源分类整理。一方面，参展企业可以向展览会组织者和举办者反馈自己的参展效果，争取让展览会将自己作为例子对外继续免费宣传；另一方面，参展企业在展后还应根据展览会中所收集到的客户信息，根据不同的客户类型和等级，分别给予不同方式的联系和会后接洽，加强客户关系的维护与客户数据库的管理，继续营销行为。

资料链接

华诺密克参展

美国实业界巨子参加了在芝加哥举行的美国商品展览会，遗憾的是，他被分配在一个极偏僻的角落，这个角落是很少有游客光顾的。因此，为他设计摊位布置的装饰工程师萨孟逊劝他索性放弃这个摊位，等待明年再来参加商品展览会。华诺密克却回答说："萨孟逊先生，机会要靠自己去创造，不会从天而降。"华诺密克随即向他的公关部求援。公关人员明白了他的处境和要求之后，召开会议，集思广益，最后得出一条妙计：设计一个美观而富于东方色彩的摊位。萨孟逊不负所托，果然为他设计了一个古阿拉伯宫殿摊位，那摊位前面的大路，变成了一个人工做成的大沙漠，人们走到摊位前面时，就仿佛置身于阿拉伯一样。华诺密克对这个设计很满意，他让雇用的两百多名男女职员全部穿上阿拉伯的服装，并且特地派人去阿拉伯买回6只双峰骆驼来运输货物。他还派人去订做了一大批气球，准备在展览会开始时使用。这一切都是秘密进行的，在展览会开幕之前，不许任何人说出去。

这个阿拉伯式的摊位设计引起了参加展览会的商人们的兴趣，不少报纸、电台的记者都报道了这个新奇的设计。这些报道引起了市民们的注意。展览会开幕那天，有很多人怀着好奇心前来参观。这时，展厅内升起无数个彩色气球，升空不久，便自动爆破，落下来一片片印着一行很美观的小字的胶片，上面写着："当你拾到这小小的胶片时，亲爱的女士或先生，你的好运气就开始了，我们衷心祝贺你。请你拿着这胶片到华诺密克的阿拉伯摊位去，换取一件阿拉伯的纪念品。谢谢！"这消息马上传开了，人们纷纷挤到华诺密克偏僻的摊位，而冷落了那些开设在黄金地段的摊位。第二天，芝加哥城里又升起许多华诺密克的气球，吸引了更多市民的到来。45天后，展览会结束了。华诺密克做成了2 000多笔生意，其中有500多笔是超过100万美元的大交易，他的摊位成为展览会中顾客最多的摊位。

（资料来源：http://wenku.baidu.com/view/3fffc635ee06eff9aef8073e.html;2012年12月6日）

第二节 展览营销组合

一、产品营销

（一）展览产品的概念

作为一个整体概念，展览产品是指能够提供给展览市场以满足需要和欲望的任何东西，是宣传、会议、陈列、商品交易、物流、饮食、住宿、交通、游览、售后服务等一系列有形产品和无形服务的综合。与一般产品一样，展览产品可以分为核心产品、实体产品和附加产品三个层次：

（1）核心产品：展览会的核心产品是信息交流、商业贸易、群众娱乐。展览机构为展览参与者提供交易洽谈、产品展示的机会和展览会经历，这是展览参与者在展览过程中得到的核心收益，也是展览参与者参展的首要目的和动机。

（2）实体产品：展览机构为展览参与者提供场地、展位、座位、促销活动、现场示范、会刊、纪念品等实物形式的产品，展览参与者得到的是这些实物带来的有形收益。

（3）附加产品：展览组织机构为展览参与者提供娱乐、表演、休闲、旅游、住宿、交通、停车场及其他服务（包括通信、金融、保险等），还提供与各种类型和身份的来宾打交道和进行社交的机会，这些是会展参与者参加会展得到的引申收益。

对于一个展览会项目来说，可供出售的展览产品和服务包括展位销售、广告销售（包含会刊广告、网络广告、室内广告、室外广告等）、商业赞助和入场券销售。

（二）展览会产品/展览项目策划

展览会产品/展览项目策划的基本工作包括：

1. 策划展览题材，确定展览行业

这是展览产品策划最重要的工作内容。展览题材是指举办一个展览会计划要展出的展品范围，往往涉及产业的专业分类。每一个展览会都必须有一个明确的主题，鲜明的展览题材或展览主题对于商贸类展览会的成功举办意义重大；含混不清的主题会让参展商和专业观众因主题不明、缺乏专业性而放弃参加。在确定展览题材和展览行业时，既要正确评价自身状况，考虑所进入行业的生命周期，也要注重政府产业政策导向，客观看待市场调研结果和市场细分情况，慎重决策。

朝阳产业由于短期内发展形势不明朗，展览会的组织风险很大。展览会组织者需谨慎判断和选择进入朝阳产业，且应主要定位于政府部门倾斜支持的产业。成熟产业由于消费者接受程度高、产业集群化发展充分，所以成熟产业的展览会切入点较多，会展项目最好做，展览会项目收入预期较为乐观。但由于很多展览公司进入，容易出现展览产品严重同质化现象，展览项目之间的营销竞争惨烈。因此，对于成熟产业，展览会举办企业可对展览产品进行细分，以应付产业发展成熟后衍生的市场需求，把产业推而广之，分散市场风险。直接竞争不大的两个展览会也可以合作，在各自推广时顺带为对方做些宣传，或者双方共同策划一些展览会配套项目，通过合作实现双赢。对于成熟产业，展览会举办企业也可以在巩固原有展览项目的同时，开发配套行业的展览会，如汽车和汽配展览会。由于汽车展上汽配厂商是专业观众，而在汽配展上汽车厂商是专业观众，对于展览会组织者来说，在不增加额外成本的情况下同时组织两个展览会，大大地提升了展览会的社会效益与经济效益。

如果展览会的主题恰好是处于衰退期的产业，展览会应考虑在恰当时机体面地退出该产业，转向别的产业；展览会组织者也可创新营销思路，从参展者和参观者角度考虑问题，从产业发展自身着手，发掘新亮点，赋予展览会更多的新意和内涵；或者开发衍生产品，在现有展览会中逐渐增加替代相关产业的参展比例，如变自行车展为自行车、电动车展。

2. 确定展览会的名称与标志

展览会的名称通常包括基本部分和限定部分。展览会名称的基本部分用来表明展览会的性质和特征，常用词有“展览会”、“博览会”、“展销会”、“交易会”和“节”等；限定部分则用来说明展览会举办的时间、地点和展览会的性质。如“2012 年中国义乌国际小商品博览会”。在此展览会的名称中，“博览会”是基本部分，“2012”、“中国义乌”、“国际”和“小商品”则是其限定部分，对此次展览会活动的举办时间、地点和展览会性质、规模等进行了界定。事实上，展览会的基本信息通常会通过“博览会”标志的形式进行阐释。一个会展产品的名称、术语、标记、符号、图案或它们的组合就会形成展览会的标志，在市场上与其他展览产品相区别。

3. 确定展览会的举办时间与地点

即要预先确定和策划展览会的筹展、具体开展日期和撤展日期、展览会对公众开放的日期等。新设展览会还应根据行业性质、展览会市场情况及办展表现确定展览会的办展周期。目前，以一年一届、两年一届的展览会居多。

资料链接

上海世博会标志图案

2010年上海世博会标志图案

上海世博会会徽图案以汉字“世”为书法创意原型，“世”与数字“2010”以及英文书写的“EXPO”、“SHANGHAI CHINA”巧妙组合，表现出强烈的中西合璧、多元文化和谐融合的意境，表达了中国人民举办一届属于世界的、多元文化融合的博览盛会的强烈愿望。会徽图案从形象上看犹如一个三口之家相拥而乐，表现了家庭的和睦。在广义上又可代表包含了“你、我、他”的全人类，表达了世博会“理解、沟通、欢聚、合作”的理念和上海世博会“以人为本”的积极追求。会徽以绿色为主色调，富有生命活力，增添了向上、升腾、明快的动感和意蕴，抒发了中国人民面向未来，追求可持续发展的创造激情。

（资料来源：世博网，http://www.expo2010.cn/）

确定展览会的举办地点即选择展览会举办城市和展馆。选择举办城市时应考虑备选城市是否能够提供办展所需的宏观环境和产业、基础设施；而对于展馆的选择，则要考虑展馆形象、展馆性质、展馆交通区位条件、办展所需的配套设施（如供电、给水排水、空调、电梯、照明、消防、通信、网络和信息、公共广播、设备、租赁情况等）和安全因素等。

4. 选择与确定办展机构，确定展览合作营销方式

办展机构是指负责展览会的组织、策划、招展、招商等事宜的有关单位。办展机构可以是企业、行业协会、政府部门和新闻媒体等。根据各单位在举办展览会中的不同作用，展览会的办展机构一般包括主办单位、承办单位、协办单位、支持单位等。展览组织者和策划者要在展览会营销的前期阶段选择和确定展览会的其他办展机构，加强与其他办展机构的合作，构建和实施合作营销的基本框架。不同办展机构的展览营销职责见表10-2。

5. 确定展览会规模

展览会的规模在狭义上是指展览会的展出面积，尤其是净展出面积；广义上还包括参展商和观众数量。

表 10-2　　　　不同办展机构的展览营销职责

办展机构	展览会中的职责
主办单位	拥有展览会并对展览会承担主要法律责任；主办单位在法律上拥有展览会的所有权
承办单位	直接负责展览会的策划、组织、操作与管理，并对展览会承担主要财务责任
协办单位	协助主办或承办单位负责展览会的策划、组织、操作与管理，部分地承担展览会的招展、招商和宣传推广工作
支持单位	对展览会主办或承办单位的展览会策划、组织、操作与管理，或招展、招商和宣传推广等工作起支持作用

6. 确定展览服务的内容，实施服务营销

在展览会实体产品内容设计完成后，展览公司还应对展前、展中、展后服务内容及质量标准进行确认，以向目标市场提供专业、优质的展览服务，实施服务营销。展览现场服务通常包括展位租装、拆改、展具出租、水电申报及设备安装、花木出租、备案资料补录及文字制作、国际长途电话开通及宽带接入申请等；展览服务还包括咨询与预约、代收邮寄展品、展品现场搬运、组团单位运输服务、包装物寄存服务、布展施工指引服务等。

（三）展览产品组合

展览核心产品对于展览会的成功举办至关重要。随着展览市场竞争日趋激烈，作为附加产品的展览服务也会极大地影响到一个展览活动或展览项目的成功举办。所以，展览会组织者应对展览会的核心产品、实体产品及附加产品进行有效的组合，提升产品竞争力。

展览产品也可以按展览内容和地域标准进行产品组合，如由跨越一定地域空间、产品特色突出、地域性差别较大的若干展览产品组合成新的展览产品。这种组合产品内容丰富，强调地域间的反差。也可以根据展览会活动的主题选择不同的展览产品进行组合，如对综合型与专业型展览进行产品组合，此时，主题的选择是展览公司进行展览产品组合的关键。

对于关联度较强的不同展览产品，可以通过展览产品组合来增加展览产品的宽度和深度，扩展经营范围，满足市场需要，提高经济效益。展览举办企业应明确和突出主打展览会产品的优势，有步骤、分阶段地加宽会展产品组合的广度。否则，就会造成展览会举办企业资源紧张，加大展览会举办企业的经营风险。

展览会举办企业的展览产品如果已经处于饱和或激烈的市场竞争状态，可通过放弃一些获利较小或已经过时的展览产品系列，以提高资源的利用率、降低成本、提高经济效益。有时候，展览会举办企业也可以通过改进现有展览产品，提高展览产品

的质量，增加会展细分市场，吸引更多的顾客，提升展览产品的市场吸引力和影响力。

资料链接

第12届中国哈尔滨国际焊接与切割技术设备展览会参展范围

时间：2012年5月16日—2012年5月18日

地点：哈尔滨国际会展中心

一、焊接类：各类焊机、焊接设备、焊接材料、焊接关联自动化设备、焊接机器人、焊接用装置及器械、焊接关联卫生、安全保护用具、焊接线、焊接构造物流程用机械、非破坏检查装置及试验器械、表面处理装置、焊接原副材料、其他焊接关联器械及材料等。

二、切割类：数控切割机、等离子切割机设备、火焰切割机、金属加工折机、切割自动化设备、切割装置及器械、锯齿、切割工具、其他关联设备等。

三、激光类：激光加工设备、激光打标机、激光焊接机、激光切割机、激光雕刻机、激光数控机床、激光热处理机、激光打（钻）孔机、激光模具雕刻机、激光内雕机、激光划片机、激光雕铣机、激光雕版机、CO_2激光标刻机、激光防伪喷码机、激光喷码技术等、激光辅助设备及配件、激光和光导发光元件等。

四、清洁类：焊烟吸尘器、焊烟除尘设备、工业吸尘器、中央烟尘净化系统、各钟环保切割平台等。

（资料来源：节选自好展会官网，http://www.haozhanhui.com/haiwai/28062.html）

二、价格营销

（一）展览产品定价程序

在会展营销中，定价决策直接关系到会展企业的收益、企业在市场中的竞争地位。展览会产品定价是展览营销的一种重要手段和工具。展览产品及服务的价格不仅影响着参展商及专业观众的参展决策，影响到某一展览产品或展览活动的参展规模，并最终影响着展览会的营销和展览会的成败。展览产品定价的程序见图10-3。

定价目标是展览会举办企业开展定价活动的基础，也是展览会举办企业整个定价活动追求的结果。展览会举办企业使用定价营销策略的根本目标包括维持生存（对于处在困境中的展览会举办企业而言）或实现当期利润最大化、市场占有率最

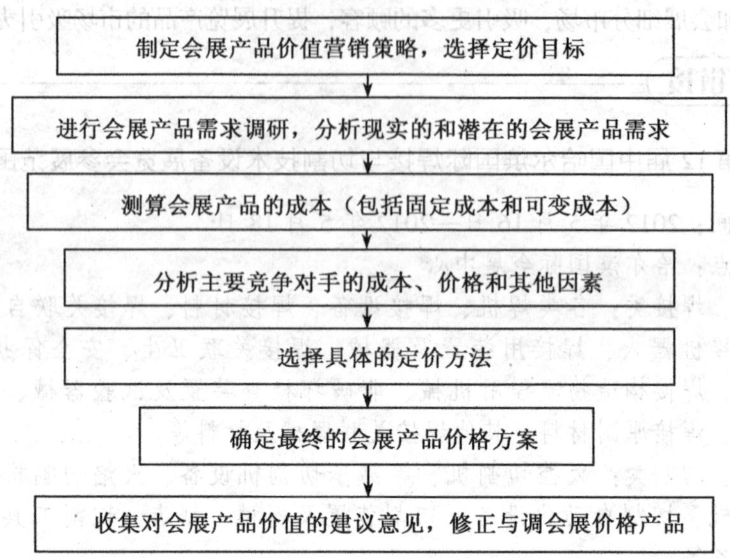

图 10-3　展览产品定价流程图

大化、产品质量最优化等。为实现上述定价目标，就需要展览会举办企业采用灵活务实、科学有效的展览产品定价策略。

（二）展览产品价格体系

展览产品的价格是一个由展位价格、广告宣传价格、赞助价格和入场券价格等要素组成的价格体系，它们共同构成了展览会举办企业的收入来源。（见表 10-3）

表 10-3　展览产品价格体系

价格类型	价格说明
展位价格	展位销售收入是展览会举办企业最主要的收入来源，展位价格是展览产品价格体系的核心
广告宣传价格	包括会刊广告宣传价格、展览会横幅、气球、灯箱、馆内视频现场广告、参观指南广告等的宣传价格；价格高低取决于不同广告媒介的宣传效果和展览会自身的影响力，包括展览会规模、参展商和观众的质量与数量及展览会的市场地位。
赞助价格	展览会赞助是展览会产品的有机构成部分，是展览会组织者的重要销售标的和主要收入来源之一。赞助价格是展览产品价格体系中的重要内容。赞助价格的高低与展览会的影响力、赞助商数量、赞助类别等因素有很大关系。
入场券价格	观展观众入场券价格的高低取决于展览会的影响力和展览内容的可观赏性，入场券及其定价是调控展览会入场人流、安全有序办展的手段之一。

关于展览产品的价格体系，可参见下面的资料链接：

资料链接

2012年第12届中国哈尔滨国际焊接与切割技术设备展览会展览产品价格体系

参展费用：

1. 室内国际标准展位（3m×3m）：国内企业：7 800元人民币/展期；三资企业：2 500美元/展期；国外企业：3 000美元/展期；

2. 室内光地（最低起租面积不少于36平方米，并按18平方米递增）：国内企业：780元人民币/平方米；三资企业：260美元/平方米；国外企业：300美元/平方米；光地不含任何设施，特别装修需缴纳施工管理费；

3. 室外光地（最低起租面积不少于50平方米，并按50平方米递增）：国内企业：500元人民币/平方米；三资企业：120美元/平方米；国外企业：150美元/平方米。

会刊报价：

本届大会《会刊》一书尽列展览会详情、展商及产品介绍，是本次大会对外宣传、行业交流、资料查阅独一无二的宣传资料，并且具有长期的广告效应。其价格如下：

封面	封底	封二	扉页	封三	跨页	彩页	黑白插页	文字介绍
15 000	12 000	12 000	12 000	10 000	8 000	4 500	2 000	1 500

广告报价：

门票广告	8 000元/万张（共印10万张）	礼品纸袋	10 000元/千个
彩虹拱门	4 000元（巨型单拱）	馆内布幔	12 000元/条（10m×5m）
彩虹拱门	8 000元（巨型双拱）	馆外布幔	16 000元/幅（7m×14.3m）
正门气模	2 000元/个（共12个）	室内灯箱	5 000元/个（5m×1.5m）
升空气球	4 000元/个	广场彩旗	80元/面
室内条幅	1 200元/个（10m×0.9m）	室外条幅	1 600元/个（10m×0.9m）

（资料来源：节选自好展会官网，http://www.haozhanhui.com/haiwai/28062.html）

资料链接

第七届中国（湖北·武汉）国际汽车工业
展览会赞助价格方案

“第七届中国（湖北·武汉）国际汽车工业展览会”于2006年9月12日至18日在武汉国际会展中心举行。

汽车展赞助分为现金赞助和实物赞助两大类。

现金赞助：

*一级赞助机构（钻石级，限1家，20万元人民币）

*二级赞助机构（白金级，限2家，每家10万元）

*三级赞助机构（黄金级，限3家，每家5万元）

实物赞助：

*指定酒店（1家，5万元实物）；　*其他指定服务商（1家，5万元实物）

（资料来源：选编自 http://www.cnhan.com/gb/content/2006-06/07/content_615023.htm）

（三）展览产品定价方法

展览产品的定价方法包括成本导向定价方法、需求导向定价方法和竞争导向定价方法。

1. 成本导向定价方法

成本导向定价方法又包括成本加成定价和目标收益定价两种方法。成本加成定价主要是指展览会举办企业根据单位展览产品的组织、供给和运营的成本加上某一标准比例（或成数）的利润来进行产品定价，即展览会举办企业估计单位产品的成本，在此成本基础上加乘成本的一定百分比来作为单位展览产品的价格，而这个加成百分比就是企业的利润。成本加成定价法主要着眼于单位展位的成本来进行定价。目标收益定价是指着眼于举办展览会的总成本来制定展览会价格，使展位的售价能保证办展机构达到预期的目标利润率。

展览会组织运营中的成本主要包括展览场地费用、展览会宣传推广费、招展和招商的费用、相关活动的费用、办公费用和人员费用、税收和其他不可预测的费用。成本导向定价方法以产品的总体成本为定价的中心依据，是企业常用的定价方法。

2. 需求导向定价方法

需求导向定价方法是根据参展商对展览会价格的期望和接受程度、参展商对展览会的反应和接受能力来制定展览会价格。需求导向定价方法多用于政府主办的展

览会。需求导向定价方法通常包括市场认可价值定价法、需求差别定价法和需求心理定价法。(见下表10-4)

表10-4 需求导向定价方法类型

方法类型	方法说明
市场认可价值定价法	以参展商对展览会的认可程度和认可价值作为定价基础的一种定价方法。
需求差别定价法	根据市场需求强度的不同而定价，或是以客户，或是以展位区域，或是以时间为基础进行差别定价。所定出来的价格的差别与展览会展位成本之间没有直接的关系。
需求心理定价法	根据消费者的消费心理特点来确定展览会价格的一种办法。

3. 竞争导向定价方法

竞争导向定价方法是根据竞争的需要，以与本展览会有竞争关系的展览会的价格作为本展览会定价基础的一种定价办法，多适用于市场上存在较多同类展览会的情况。(见表10-5)

表10-5 竞争导向定价方法类型

方法类型	方法说明
随行就市定价法	办展机构依照本题材展览会或本地区展览会的一般价格水准来制定本展览会价格。
渗透定价法	以打进新市场或扩大市场占有率、加强市场地位为目标的一种定价方法，这种定价方法完全根据市场竞争形势的需要，不考虑办展的成本利润等问题。
投标定价法	办展机构以竞争者可能的报价为基础，兼顾自己应有的利润所采用的一种定价办法。投标定价法在有些展览会的主办权需要通过投标的方式来取得的情况下被广泛使用。

(四) 展览产品的价格策略

1. 折扣定价策略

展览会价格折扣是展览会为了吸引更多的企业参展、促进展览会的发展而给予参展商或招展代理的一种价格优惠。展览会举办企业为鼓励一个客户购买超出普通参展商的展位或鼓励客户连续参加展览会时，通常会实行折扣定价。另外，由于展位所处位置差异以及与观众接触机率本身有好坏之分，这种差异性也应体现在价格折扣上。给予参展商一定的价格折扣是展位营销常见的一种促销策略。实施折扣价格的依据通常包括签约时间、单次认购的展位数量、参展年限、展位位置优劣、参展商知名度、参展商所在地区等。展览会折扣定价的不同策略见表10-6：

表10-6　折扣定价的不同策略

方法类型	方 法 说 明
统一折扣	对所有参展商实施统一的折扣标准，通常按参展商参展面积的大小制定。
差别折扣	针对不同的标准执行不同的价格折扣，如按参展商的地区来源不同分别给予不同的折扣、对标准展位和空地展位执行不同的折扣标准等。
特别折扣	给予那些参展规模巨大、在行业内有较大影响力和知名度的企业的特别价格优惠。

2. 差别定价策略

展位的类型和规格不同，展位价格就会有所不同，标准展位、特装展位和普通展位的价格会有差别；展位所处的位置不同，参展商和观展者的可达性条件有异，则展位价格也会不同；提前预定展位和现场定购展位也会因购买时间不同而存在价格差异；客户类型不同，展位价格也会有所不同，这些都是差别定价策略的具体体现。这一差别定价策略可参见前面的资料链接“2012年第12届中国哈尔滨国际焊接与切割技术设备展览会展览产品价格体系”。

三、展览产品营销渠道选择

（一）展览产品的营销渠道

营销渠道是指商品和服务从生产者向消费者转移过程中的具体通道或路径；其起点是生产者，终点是消费者（生活消费）和用户（生产消费），各种类型的中间商则参与商品和服务的流通过程。展览产品的营销渠道是指展览会产品和服务从会展企业（含展览会活动组织者、策划者和产品、服务的供给者）向参展商和观众转移的通道和路径。展览营销的基本渠道见表10-7：

表 10-7 展览营销的基本渠道一览表

基本渠道	描 述
专业媒体	针对参展商、专业观众；合作招商、招展、宣传推广
大众媒体	主要针对普通观众，建立展览会的良好形象
行业协会和商会	利用它们在行业里的重要影响和强大号召力合作进行各种推广活动
国内外同类展览会	展览题材相同或相似，客户的范围也基本相同，可进行宣传推广
参展商	展览会为参展商提供了一个与客户进行交流与联络的平台，很多参展商借此机会主动邀请自己的客户到会参观
互联网	展览会建立专门网站或与其他有影响的网站合作，不限时空与客户交流
其他展览会办展单位	合作营销，优势互补
国际组织	利用其权威性和在国际上较强大的影响力和号召力进行合作营销
各种代理机构	合作营销，优势互补
外国驻华机构	它们的推荐一般更能取得该国企业的信任，可合作推广宣传展览会
政府有关部门	政府的行业主管部门对行业的影响较大
相关活动	一些针对性强的相关活动也能给展览会带来声誉

（资料来源：华谦生．会展管理［M］．广州：广东经济出版社，2008.）

（二）展览营销的渠道选择策略

展览产品的营销渠道多以组展商直接面对参展商的直接渠道为主；在同一区域内以“独家代理”的窄渠道为主；在与中间商的销售合作中，又以“代理业务”为主。

1. 直接渠道与间接渠道策略

按照产品销售中是否经历中间商的参与环节，可将展览产品营销渠道划分为直接渠道和间接渠道。展览会客户一般相对集中，老客户占据一定比例，有比较完善的客户数据库，所以，展览会营销大多采取直接营销策略，展览公司通常会设置专门的机构和人员对其展览产品进行直销。

展览产品直接营销渠道策略是指办展机构通过直接邮寄和电话销售及对重要客户的上门销售等方式，将信息传递给潜在的参展商，从而达到销售展台的目的。（见表 10-8）

表 10-8　　展览产品直接渠道营销方法及内容

基本渠道	描　述
直邮营销	即展览会举办企业在细致甄别参展商数据库的基础上，在恰当的时间把展览营销资料邮寄给目标客户，并使其作出预期的反应。直邮营销被称为展览产品营销的杀手锏，其基本步骤包括：①建立和维护客户名单；②设计邮寄材料的内容，含外封、标题、正文、图表、推荐、回执等；③制作；④邮寄，追踪每一份邮件的效果；⑤效果测定。
电话营销	是展览营销最常用的方法。其基本步骤包括：①寻找潜在客户；②做好事前准备；③电话介绍展览项目；④回答客户疑问；⑤提出成交请求；⑥开展售后跟踪。
展览会现场推广	在本展览会举办期间，营销人员仍可把握时机进行公关活动，力争在最大范围内接触有参/观展意图的企业和观众，吸引他们前来参展观展。国内外同类展览会是目标客户最集中的地方，在这些展览会上进行宣传推广，也会收到良好的效果。
上门推销	即营销人员到目标客户的公司直接拜访进行上门推销，要求营销人员有高明的营销方式，并需在适当时候派出办展机构的高层管理人员进行有效沟通
电子营销（互联网、电子邮件、互动有线电视）	以网络营销和电子邮件营销为主，可通过引导客户访问/使用公司网站、搜索引擎、电子杂志、论坛、友情链接以及使用电子邮件、鼓励在线登记等方式进行有效营销。此种营销方式不限时空，且易于和客户进行沟通和交流。
其他	如插页广告（杂志中的活页）以及挨家挨户发传单等方式

展览营销的间接渠道通常包括展览会代理制和展览会合作制两种方式。

展览会代理制是指展览会主办单位以支付佣金的方式，与代理商建立联系，委托代理商向企业销售展位。对于国内展览会主办者而言，要想组织到尽可能多的境外参展商来参展以确保展览会的成功，就要通过展览代理制策略找到一个好的代理商。

展览会合作制是指办展机构有选择地与一些机构和单位合作，采取一些有效的策略，共同来对展览会展位进行营销的一种营销策略。办展机构要选择合适的营销合作伙伴，并制定在营销过程中需要大家共同遵守的营销规则。

2. 宽渠道与窄渠道策略

渠道的宽窄取决于每个营销渠道层次使用中间商的个数。故可按照会展企业在同一区域内选择的中间商数量将展览会营销渠道划分为窄渠道（会展企业在某一特定区域内利用唯一的中间商进行招展）和宽渠道（会展企业在某一特定区域内利用两家或两家以上的中间商进行招展）两种。因为展览会多以企业等团体为招展对象，绝对数量不多，专业领域集中，所以，为避免竞争和维护信誉，展览营销通常以窄渠道营销策略为主。且在与中间商的销售合作中，以代理业务为主。

当然，也可以按照中间商类型和级数的多少将展览产品营销渠道分成单一营销渠道和多级营销渠道策略。(见图 10-4)

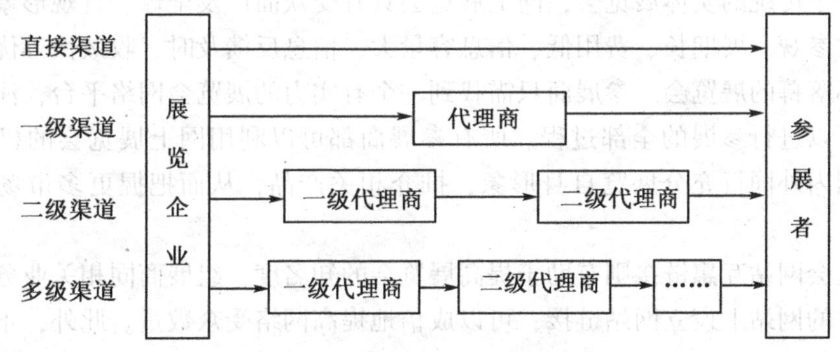

图 10-4 展览营销的渠道策略模式

(三) 网络营销——展览营销渠道新趋势

网络营销意指企业以电子信息技术为基础，以计算机网络为媒介和手段而进行的各种营销活动（包括网络调研、网络新产品开发、网络促销、网络分销、网络服务等）的总称，是企业营销实践与现代信息通信技术、计算机网络技术相结合的产物。目前，互联网已经成为公认的“第四媒体”，网络营销以其经济、便捷和高效被视为一种极具生命力的新兴营销方式，成为展览会营销的新趋势和新潮流。

展览会网络营销是以互联网为媒介，以现代信息技术为手段进行的一种新型的展览营销活动或营销方式。展览会网络营销的方式有两种：一种是作为展览会宣传推广媒介和载体，进行展览会直复营销的网络营销渠道，包括网络广告、电子邮件、搜索引擎、博客、微博等，展览会组织者或展览公司可以借助这一渠道对展览产品进行宣传与推广，以吸引更多的参展商与专业观众参与实体展览活动；另一种是基于展览会网站的网上展览，展览公司可以自建网站，借助这一渠道进行展览产品营销、展位网上预订、注册以及网上展示等展览营销及展示活动的全部过程。

1. 基于展览会网站的网上展览

网上展览会是对实物展览会的虚拟，展览组织、展出及相关环节实现电子化，组展者、参展商和观众之间的交流通过互联网进行，属电子商务的范畴。每个展览会都应该设立自己的网站，发布展览会信息和参展商信息，提供网上预订、网上登记、网上展示、网上交易活动等功能，举办网上展览会。

通过网上展览会这个业务平台，注册参展商和参观者可以利用这个平台现场参观或参展，并进行商务匹配和贸易洽谈。目前，国内已有不少拥有品牌展览会产品的展览公司或IT服务商已经建设了专门的网上展览会，如阿里巴巴、化工网、上海网上世博会等。

相较于传统的实体展览会，网上展览会具有受众面广及全球、直观形象、可全天候随时参观、展期长、费用低、信息容量大、信息反馈及时、收效快等优势，被称为永不落幕的展览会。参展商只需找到一个有实力的展览会网络平台，注册一个账号就可以进行参展的全部过程。所有参展商都可以利用网上展览会的机会和平台，向国内外同行充分展览自身形象，推介相关产品，从而把握更多市场机遇和份额。

展览会网站互惠链接则有助于提高展览会的知名度，组展商同相关业务单位互相在对方的网站上设立网站链接，可以成倍地提高网络受众数量。此外，不少展览会的网站与数据库相结合，承担了大量的展览会组织工作，包括网上报名、网上预订摊位、网上付费等，甚至还可以利用通信平台将展览会信息发送到客户的手机上。有的网站还能为参展商和买家提供信息交换平台，双方提交各自的供需要求，便能在网上找到需要的合作伙伴。

2. 展览会网络宣传与推广媒介

互联网也是展览会网络营销推广活动的重要媒介及载体。通过网络媒体进行展览会营销的渠道通常有网络广告、电子邮件、搜索引擎、博客、微博等。

展览会举办者可以借助展览会专业网站或门户网站，将自己的展览会信息进行在线传播和在线广告营销。电子邮件是展览会营销人员最常用的工具之一，营销人员群发邮件给数据库中所有的客户和准客户，向他们推介自己的展览产品，并请求或鼓励他们将该邮件转发给所有可能对此次展览会感兴趣的朋友和同事，这是既廉价又便捷的营销方式。

随着互联网技术的不断发展和网络空间海量信息的日渐冗余，作为大规模网页搜索工具的搜索引擎可以把客户需要的最重要信息放在匹配搜索结果的前面，为人们的信息检索提供方便。互联网用户行为习惯表明，如果用户看到某次搜索结果是某一个公司排在第一位，他很可能就会认为该公司是最具实力的。目前，搜索引擎

已经成为企业开展产品营销的首选方案之一，不少公司通过搜索引擎来寻找合作伙伴和商机；在大大小小厂商的参与下，搜索引擎排名也开始成为企业品牌营销的一部分，并且成为产品营销的重要手段。展览公司想要塑造一个有影响力的展览品牌，吸引更多的新客户，在几大搜索引擎如Google、百度、雅虎等中的排名是不可忽视的一个方面。

博客是一种十分简易的个人信息发布方式，已经成为广受企业关注的营销渠道和营销方式。展览会的举办机构可以自设博客网站，在博客网站上直接投放展览会的宣传广告。微博客（简称微博）是一个基于用户关系的信息分享、传播及获取的信息平台、一种互动及传播性极快的工具。作为一种新潮且影响力日益增加的信息共享平台和社会关系营销渠道，微博现在也已经成为各种机构和组织，包括展览会举办者发布展览会信息、进行展览会产品与服务宣传推广的重要渠道选择。

四、展览促销

展览促销是指展览会举办企业把产品向目标消费者及对目标消费者的消费行为具有影响的群体进行宣传、说服、诱导、唤起需求并最终促使其采取购买行为的活动。展览促销的主要任务是传递展览组织的行为、理念、形象以及组织提供的产品、服务信息，引起消费者的注意度与兴趣，激发其购买欲望，促成其购买行为。展览促销通常分为展前促销、展中促销和展棚现场促销；每一种促销都是开展下一步促销活动的基石且紧密衔接。

展览会前，展览举办企业应该采用适当的促销方式组合，如直接邮寄、广告、公共关系营销、电子营销、电话推销、重点客户直接约见、预订优惠等进行积极促销。展览举办企业应该充分发挥媒体的宣传作用，根据媒体特点进行广泛的展览宣传，及时发布展览会的筹备、组织、活动等相关信息，以吸引更多的参展商和客户参展，扩大展览市场的影响力和号召力，从而提高展览品牌形象和市场地位。

在展览会期间，展览会主办者可以为创造现场气氛、提高展览会参与者的参展热情、丰富和提升展览会功能而策划各种促销活动。在展览会举办前，这些活动和展览会融为一体，成为其重要组成部分。展览会的展览促销活动信息往往单列一项，放在招展书或招商函里，作为吸引消费、促进销售的手段。在展览会期间，这些促销活动可以极大地吸引潜在客户参展，调动展览会参与者的热情，提高展览产品质量和展览会效果。

常见的展览活动促销类型有专业观众免门票、赠品、折价让利、增值服务（如会议、联谊、宴会、表演、投资项目招商洽谈活动、项目招标等）、竞赛、颁奖等。（见表10-9）

表10-9　　展览促销的各种方式及作用一览表

促销方式	方式和内容	作　用
专业观众免门票	对于有一定规模或知名度较高的专业观众免收展览门票	通过对有价值客户的挽留和服务，提高其参展观展的热情，提升展览会质量
赠品	提供附加赠品，如赠送样品	提高观众的参与热情，但要注意赠品的选择与发放方式
折价让利	直接价格折扣或打折销售	吸引更多客户，提升展览产品竞争力，但会损失利润，易造成恶性竞价竞争
增值服务	开幕式、表演、会议、联谊、宴会、投资项目招商洽谈活动、项目招标	通过免费赠送参展观展者增值服务，既可以丰富展览会的活动内容，提升展览产品和服务质量，也可以提高参与者参展体验质量和参展效果
竞赛/颁奖	提供展览会参与者赢得奖金的机会，如有奖销售	吸引客户参展观展，调动参与者的参与热情，扩大销售量，丰富展览会体验

展览会举办企业要根据展览市场的特点，对各种促销方法灵活地进行组合和综合运用。到底采用何种展览促销模式，要综合考虑促销目标、是否瞄准了展览项目的参展企业、是否有利于取得竞争优势、促销活动的成本效益如何、促销活动实施的可行性如何、各种促销活动是否应进行整合、促销活动的实施是否存在法律上的约束等问题。

五、政治力量营销

政治力量对于会展产业和展览会的持续成长影响很大，展览会主办机构必须设法得到政府力量的政策扶持和支持，否则展览产品的销售和展览品牌的市场维持都会比较被动。因此，在展览会的营销过程中，如果能在既有的政治法律框架下，对举办展览会能够产生影响的法律机构、政府部门和压力集团进行有效的公关营销，谋求政府部门和政府政策对展览产品的支持与扶持，将会为展览活动的营销创造非常积极的政治法律环境。

此外，展览会举办企业必须懂得怎样与其他国家打交道，必须了解其他国家的

政治状况和法律规定；只有在其他国家允许的政策法律框架下推动展览会的市场营销行为，才能有效地避免错误，也才能向其他国家的目标客户推销展览产品或组织本国企业去海外参展。

六、公共关系营销

公共关系营销是指办展机构利用各种传播手段，与包括参展商、观众、展览会服务商、普通大众、政府机构和新闻媒体在内的公众进行沟通，建立良好社会形象和营销环境的活动。展览营销实施公共关系营销，既可以扩大展览的影响，吸引更多的参展商参加展出，也可以与参展商建立和发展关系。公共关系营销的常用形式有展览会开幕式、新闻发布会、新闻宣传和公益赞助等。

（一）展览会开幕式

展览会开幕式是一个重要的、具有标志性的公共关系事件，展览会组织者可以通过邀请政府、行业协会、相关组织、媒体领域内的重要人物参加开幕式，以此来提升展览会的形象和品牌，吸引更多的人来观展，并借此与这些有影响的利益相关者建立联系。一个成功的开幕式涉及方方面面的关系和大量准备工作，需要经过周密的安排和部署。

展览会开幕式意味着展览会正式开始。展览会开幕式的典型程序是：①会展工作人员引领展览会嘉宾到主席台就位；②开幕式主持人主持展览会开幕式并介绍到会嘉宾；③主持人邀请有关嘉宾讲话；④某位重要嘉宾宣布展览会正式开幕；⑤相关开幕表演活动开始。开幕式结束后，主持人宣布开幕式结束并请各位嘉宾和展览会观众进场参观。

（二）新闻发布会

新闻报道具有公信力高、无需付费的特点，所以，展览会组织者非常重视利用媒体策略来进行展览营销。其中，新闻发布会由于相对正式、影响大、曝光率高而最受展览会组织者欢迎，成为一个应用频率最高，甚至必不可少的市场营销手段。通过新闻发布会，可以将办展机构的有关信息迅速传达扩散到潜在的目标客户和公众中去。媒体也对新闻发布会持积极态度，因为新闻发布会上人、事比较集中，可免去预约采访对象等困扰，且新闻的时效性也很强。

召开新闻发布会需考虑以下问题：信息对新闻界有无价值、新闻发布时机是否成熟、主题是否突出、信息准备是否充分、时间与场地的选择是否合适等。筹备新闻发布会需要注意以下几点：

（1）召开新闻发布会的时机应在展览会筹备之初、招展工作基本结束时、开幕前、闭幕后。（见表10-10）

表 10-10　展览营销新闻发布会的召开时机及发布内容一览表

阶段	发布内容	作用
筹备初期	向新闻界介绍举办展览会的时间、地点、办展目的、展览会主题、展品范围和展览会的发展前景等	消息发布和事件提醒
招展结束后	展览会筹备进展情况、参展商的特点及构成	吸引目标观众和参展商前来参展
展览会开幕前	通报展览会特点、参展商构成、展览会招商情况、展品范围、贵宾邀请等	提升知名度，吸引观众前来观展以提升人气
展览会闭幕后	通报展出效果、展出者收获、参展商和观众的构成和特点、贵宾参展情况以及展览会的未来发展等	提升展览会的市场知名度，为下一次展览会作宣传

（2）新闻发布会的地点通常选择在展馆、展地或外地的高级酒店。

（3）确定和邀请出席发布会的新闻媒体及相关人员，确定新闻发布会的主持人。在筹备时，尽可能邀请高档次、多层面的新闻媒体人及展览会相关人员。发布会主持人可以是协会领导、政府官员或展览会负责人。

（4）确定发布会要发布的内容，要统一准备新闻稿等展览会资料。

（5）确定发布会的召开程序。新闻发布会的程序通常包括领导讲话—信息发布—记者提问。领导讲话要简短，记者提问互动环节要避免冷场，总时长不超过1小时。通常在展览会的不同时期举办不同内容和主题的新闻发布会。新闻发布会的召开时机及召开内容都需经过慎重的决策和组织。

资料链接

2010（秋季）中国沈阳家博会新闻发布会

围绕“低碳、时尚、爱你、爱家、爱生活”的宣传主题展开系列活动，吸收传统元素，混合现代气息，打造别具一格的展览会。通过媒体宣传、户外推广和网络联盟三个途径全面宣传家博会。

1. 新闻发布会

组委会拟定于本月 18 日左右在沈阳举行大型新闻发布会，会上将邀请沈阳地区众多媒体、企业老总、组委会相关负责人参加。

活动目的：

品牌层面：树立良好口碑，传递企业文化，加深品牌印象，提升家博会美誉度。

市场层面：宣导预热，提高人气，带动招商。

主题：启终端，谋发展

活动日期：2010 年 6 月 20 日左右

时间：下午 2：00 至 5：30

活动地点：沈阳商贸饭店（五星，暂定）

与会人数：150 人

活动流程：活动开场—嘉宾讲话—企业介绍—酒会—抽奖

展览会期间，组织 100 场专家访谈，10 余场主题活动。

3. 主题活动

(1) 开幕式舞狮，闭幕式为十二乐坊演奏（体现中西结合）。

(2) 8 月 20 日与摄影爱好者俱乐部协同举办《百年家居图片展》。

(3) 8 月 22 日《迷人家居变身饕餮大餐》"能吃的沙发""能吃的椅子"。

(4) 贯穿整个展览会的幸运大抽奖。

4. 配套活动

(1) 8 月 20 日—9 月 22 日联合新浪网举办沈阳地区首届消费者"最喜爱的家居品牌"调查评选活动及颁奖。

(2) 8 月 22 日举办 2010 年陶瓷、卫浴、地板最新流行趋势发布会。

(3) 8 月 21 日启动空间创意设计大赛。

(4) 8 月 22 日举办首届大型家装设计体验节。

（资料来源：选编自 http://papers.meadin.com/document/detail/0f860dc0-5fb0-4064-92ab-2adb8996d288）

（三）新闻宣传

面向公众，通过电视、电台、报纸、网络等传播媒体对展览会进行新闻宣传，有助于提升展览会及展览会举办企业的形象和品牌，吸引更多潜在参展商和观众参展。无论在展览会的哪个阶段，展览会组织者都应该善于制造新闻事件，以吸引各类新闻媒体的注意；这些具有偶发性质的新闻事件不仅要有新闻价值，还要能较好地对展览会及展览会举办企业的相关信息进行积极传播，以提升展览会及展览会举办企业的社会认可度。展览会结束后，主办方应及时向外界公布这次展览会的成果，若有可能，还可以附上一些主要参展商或专业观众对展览会组织与服务的评价。

(四) 公益赞助

公益赞助活动是指企业或组织提供资金、物品支持某项事业，以承担社会责任与义务，赢得社会公众好感的活动。办展机构通过赞助公益事业可以有效提高展览会举办企业或展览会品牌的美誉度，提升展览会举办企业或展览品牌在公众心目中的形象和市场认可度，从而为展览产品营销创造良好的营销环境。

办展企业在赞助公益活动时应当注意：

(1) 赞助公益活动项目要相对集中，提高赞助、捐赠活动的针对性、质量和实际效果。

(2) 充分考虑公益赞助活动本身的传播效果并要加强传播管理。

(3) 决定赞助、捐赠额时要量力而行，充分考虑办展组织自身的经济承受能力。

当然，展览活动中的公共关系营销方式还包括路演、公共关系广告等方式。一些全球知名的国际性展览会如意大利的 MAC、法国巴黎航空航天展、德国汉诺威展览公司的 CeBIT Asia 的展览营销经验表明，通过召开新闻发布会、赞助公益性活动、在当地媒体上刊登广告等方式吸引国外参展商的注意，吸引有兴趣的参展商前往参展，是展览会举办企业及展览产品品牌取得成功的重要因素。

第三节　展览会招展方式

展览会招展是指通过各种方式将那些产品（服务）与拟办展览会主题相符的制造商、供应商、成果拥有者、服务提供者吸引进展览会，让其在展览会上展示和推销自己的产品、服务和技术成果的营销行为。展览会招展工作的实质就是展览会展位销售，包括展览会组织者或展览企业通过自有营销渠道和营销资源向目标客户进行直接销售，也包括采用代理制或合作制的方式，和其他企业、组织或个人合作，共同拓展展览会目标市场。

一、办展机构直接招展销售

很多办展机构利用自己的营销资源直接向目标市场销售展位，其营销手段包括直接邮寄营销、电话传真营销、网络营销等。

(一) 建立目标参展商数据库

收集目标参展商的信息，按一定的信息数据分类依据（如参展商地区、产品类别、厂商名称）建立目标参展商信息数据库是办展机构直接招展销售的第一步。

需收集的参展商信息主要包括企业名称、地址、联系方式、传真、联系人、e-mail、网址、企业产品种类及其知名度、目标市场、企业规模、企业营销手段和发展战略等。

目标参展商数据库的信息来源通常包括行业企业名录、商会和行业协会、政府主管部门、专业报刊、同类展览会、外国驻华机构、专业网站、电话黄页等。目标参展商数据需经资质审核，只有符合展览会参展资质的目标企业的信息才可以入库。目标参展商数据库中的数据需及时更新、修正，检索分类词设置科学，以便查找和检索，对数据库的修改设定权限，加强数据库管理。

（二）制定招展方案

办展机构在招展之前，首先要制定招展方案。招展方案通常包括展览展示产品的产业分布特点、展区与展位划分、招展价格、招展函的编制与发送、招展分工、招展宣传推广、展位营销办法、招展预算和招展总体进度安排等。

1. 展区与展位划分

展区与展位的划分可以按专业题材划分，有关联的产品尽量布置在相邻的展区，典型的例子如广交会；展区与展位也可以按照功能、参展企业规模、类别或参展企业的地区划分，实现功能相近、区域相同、主次分明、中心突出。不同参展商对展位的空间形式——岛形、双开口形、道边形、半岛形要求可能不同，参观人流的形成和流动也有自己的规律，如中国观众具有直行、右转的行为规律，所以，在划分和布置展区与展位时，应有利于观众参观展览和人流集散，有利于满足参展商的展位需求、提高参展商的展出效果，同时也要有利于展览会现场管理和现场服务，方便展位的搭装、拆卸和展品的进出馆。除了展览展示区外，展览会举办方还要为展览会划出登记处、咨询处、洽谈区、休息区、新闻中心等以提供配套服务。展览会举办方在介绍展览会对展区与展位的划分方案时，最好附上展区与展位划分平面示意图。

2. 招展价格

制定招展价格时，要结合展览会的发展阶段、价格目标和展览题材所在行业的状况，充分考虑竞争者的展位价格等来定价，制定的价格同时要考虑到展区和具体位置的差别、参展商性质及购买行为的差异而留有一定的弹性，要用活折扣定价和差异定价策略在展位营销中的杠杆作用。

3. 招展分工

招展分工即办展单位对各招展单位之间、本单位内部招展人员之间围绕招展进行分工安排。对于几个单位共同主办一个展览会的情况，应确定各主办单位共同遵守的招展原则、各招展单位的计划招展面积、各单位负责的招展地区和重点目标参展商、展位费的收取办法、如何具体安排各参展商的具体位置等。要明确本单位内招展人员，明确按招展对象类型或地区范围确定的各招展人员负责范围和重点目标客户名单，制定各招展人员的信息沟通和工作协调办法，制定统一安排展位的措施。

4. 招展预算

办展公司应根据招展计划方案和公司实际情况拟定和划拨招展预算资金。招展预算包括招展人员费用、招展宣传推广费用、代理费用、招展资料的编印和邮寄费用、招展公关费用以及其他不可预见的费用。

5. 招展进度计划

关于招展的时间进度和计划，对于一年一届的大型展览会而言，通常开幕前12个月即开始招展工作，开幕前3个月招展任务基本结束，开幕前9个月时开始大规模实施招展宣传推广活动，至开幕前6个月时，重点客户拜访工作结束，宣传活动范围缩小。

（三）招展宣传推广

广告宣传推广可以让潜在客户知道展览会，并对展览会充满信心，从而招徕观众、扩大展览会品牌的影响，对招展招商具有重要的推进作用。办展机构通常可利用传统大众媒体以及专业报纸、杂志、展览会目录、展览会会刊和网站等营销宣传渠道，借助广告、图片等向潜在目标市场进行展览产品（包括展位及配套的专业展览服务）的宣传推广，直接面对目标参展商，引起目标参展商的兴趣，激发其参展愿望。

（四）制作与发送招展函

设计制作招展函要遵循内容全面准确、简单实用，形式美观大方，便于邮寄和携带的基本原则。展览会的招展函上应说明展览会的基本内容（名称、标志、展览会时间、地点、办展机构名单、办展起因和办展目的、展览会特色、展品范围、价格）、展览会市场状况介绍（行业状况、地区状况）、展览会招商和宣传推广计划（招商计划、宣传推广计划、相关活动、服务项目）、参展价格及参展办法（如如何办理参展手续、付款方式、参展申请表、联系办法、各种图片和图案）等。

招展函的发送方式通常包括直接邮寄招展、电话传真招展、重点客户上门招展、同类展中的招展、网络招展等。对于很多办展机构来说，常常同时采用多种方式来招展。

（五）跟踪营销并签订展位营销合同

发送招展函以后，招展营销人员还需根据目标客户的不同反应采取不同方法对目标客户尤其是重点客户进行跟踪营销，必要时可请高级营销人员与企业参展决策事务人员进行面对面的洽谈沟通，以确保招展成功。经办展机构和目标参展商双方洽谈取得参展共识之后，办展机构可与参展商就双方的责、权、利及各项合作事宜签订规范的合作协议。

签订展位营销合同可以为展览会举办方和参展商的合法利益提供法律保障。一

份合格的展位营销合同应简明扼要地将所有经过双方协商，就各自责、权、利约定达成一致意见的条款纳入其中。展览公司一般都会拟定自己的展览合同范本。一般情况下，正式合同会基于双方的商谈在合同范本上添加附加条款，以便合同能够适应参展商和展览会举办者或组织者的要求。展位营销合同的内容通常包括参展商和展览会举办方的名称、明确的时间表（含预登记时间表）、到达方式、行李的处理、运输安排、展位、会议室和客房数量及种类、展览场地、会务场所、公共场所、价格（含免费和降价活动安排）、付款方式、终止及取消条件、损失条款、保险等。

对于一些成功的展览公司或展览会品牌而言，在国外设立代办处，为当地企业或投资者个人参展提供各种可能的服务是其持续成功的关键。如法国第一大展览公司爱博展览集团每年举办 60 多个国际性展览会，参展商达 17 000 家，参观者超过 150 万人。其集团总部虽然设在法国，但集团同时在美国、英国、西班牙、意大利、荷兰、比利时、新加坡、中国和拉美建立了 10 个独家代理公司，并在世界上 50 多个国家设立代办处，以进行国际招展和展览促销。

二、展览会代理制

由于展览公司或展览组织者自己的营销资源和营销能力有限，展览公司会采取代理制方式，寻求合适的代理商，依靠他们的营销资源、客户网络和招展手段来招徕参展商。展览会代理制是指展览会主办单位以支付佣金的方式与代理商之间建立联系，委托代理商向企业销售展位。通常，专业性越强，展览公司就越需要和专业协会或公司合作，通过代理招展、利润分成的形式来组织招徕参展商，开拓展览市场。

（一）招展代理的常见形式

展览会招展代理可分为独家代理、多家代理、排他代理和承包代理等形式。

1. 独家代理

即展览会组织者在一个地区只选择一家代理商招展，其他单位不得在该地区招展；不管是否由代理商直接招来，所有来自该地区的摊位都记入其招展业绩中，统一支付佣金。

2. 多家代理

即办展机构在某一地区同时委托几家机构甚至个人作为招展代理商，自己也可以在该地区从事招展活动。采用这种代理方式需明确各代理商的招展权限，代理条件必须统一，招展口径必须一致，以免造成招展混乱。此种代理方式一般应谨慎选用。

3. 排他代理

排他代理是指在一定时间内，针对某个或几个具体的展览会，主办机构在某一地区只选择一家招展代理商，但自己也可以在该地区招展。国内办展机构寻找国外代理商时一般采用这种形式。

4. 承包代理

承包代理是指招展代理商承诺完成一定数量的展位销售，且不论是否达到既定的数量，都得按照事先商定的展位费付款给办展机构。对于代理商而言，这种代理招展形式风险最大，所获得的权利最大，佣金比例也最高。

对于国内展览会主办者而言，要想组织到尽可能多的境外参展商来参展以确保展览会的成功，就要找到一个好的招展代理商。这个代理商不仅要有一定的与展览主题有关的参展商客户基础，熟悉展览会各项工作的运作，也要有良好的信誉和代理业务所需的资格资质。国外一些与展览主题相关的行业协会、地区商会等机构，以及一些在本领域内信誉良好、资质较好的专业展览公司、广告公司等均是展览产品营销代理商的最佳选择，尤其是一些在境外举办过相同题材展览会的机构（企业），更应是首选对象。

（二）招展代理的资质考察

展览会代理商的类型通常包括公司、协会和商会、媒体、个人、国外代理商。对招展代理商的资质考察包括下列内容：

1. 考察公司资质

对代理招展的公司资质进行考察的内容包括该公司过去的代理业绩、所熟悉的行业和业务范围、业务覆盖区域、营业执照，同时也要关注发证单位和有效期、公司人员数量、业务规模、办公地点、公司负责人的情况等。

2. 协会与商会的资质考察

对拟开展代理业务的协会与商会进行资质考察，就要关注协会或商会成立的时间、覆盖的地域、会员数量、对行业内企业的感召力等。

3. 媒体的资质考察

对备选媒体代理商的资质考察内容主要集中在该媒体发行量的大小、发行覆盖的地域、在行业内的权威性、对行业内企业的感召力和影响力等。

4. 个人的资质考察

个人代理商的资质考察内容包括该代理商的可靠性和信誉度，要核实其身份、履历、经历、业务能力和道德品质等。

5. 国外代理商的资质考察

国外代理商的资质考察包括其代理业绩、公司注册证件、个人有效证件和实力等。

在对代理商的资质考察完成后，办展机构可以就代理条件与代理商进行商谈，协商的内容包括代理期限、代理商的权利和责任、代理佣金等内容。协商达成一致意见后，双方签订代理合作协议，代理的期限一般为一年。展览会招展代理协议签

订后，双方就应严格落实代理商招展权限和价格制度，通过法律和经济手段明确和保障双方的责、权、利，以推动展览会展位代理招商工作的良好发展。

（三）代理商的权利与责任

签订招展代理合作协议后，代理商就要在代理协议规定的范围内就办展机构推出的展览产品进行展位销售工作，帮助办展机构开拓展览市场；代理商在招展过程中不仅要消耗自己的营销资源，而且要承担在招展过程中发生的各种办公费用等。作为对其付出的回报，招展代理商也应获得应得的权利。

1. 招展代理商的权利

招展代理商的权利主要包括以下几个方面：

（1）按合同规定收取佣金。代理商佣金额度的大小取决于展览会所处的生命周期、代理类型、代理时间、代理商的代理业务量等诸多因素。独家代理、排他代理的佣金额度一般按办展机构实际收到的、由该代理商招来的参展商所交的参展费总额的15%～20%的比例提取，可上下浮动5%～10%。而承包代理因为风险较大，所以其佣金额度也相对较高。承包代理在完成承包展位数量后提取25%或更高的佣金。有时候，办展机构为提高代理商的代理积极性，会按招展的不同数量给予对应的佣金比例，实行累进折扣制佣金方案。至于代理佣金的结算方式及营业税和个人所得税的处理，应由办展机构和代理商在代理合作协议中约定。

（2）从办展机构获取招展必需的完整资料。

（3）按合同享受办展机构对展览会及代理商的宣传推广支持。

（4）在规定的时间内预订的展位能得到保证。

2. 招展代理商的责任

招展代理商的责任包括：

（1）按合同规定的代理形式和条件切实履行职责，依法招展。

（2）对所代理的展览项目进行宣传推广。

（3）定期向办展机构有关负责人汇报情况，沟通信息。

（4）自觉维护办展机构和展览会的声誉和形象。

（5）按办展机构规定的价格（或价格范围）招展，按时收取和缴纳参展款（含定金）。

不得对办展机构制定的参展条件作私自改动；对办展机构划定的展位不得有异议。

（6）必须协助办展机构做好参展商的服务工作。

（四）对招展代理商的管理

签订代理合作协议后，展览公司要对代理商进行有效管理，以确保招展目标的顺利实现。对招展代理商进行有效管理，必须处理好以下几个方面的问题：

1. 防范代理风险

代理招展渠道策略容易出现私改滥招、跨地区招展及展位分配混乱等问题，需要办展机构通过有效的代理商管理，很好地防范风险、解决问题。

招展代理商有时会无视组展商价格体系，私自更改招展价格、折扣额度和服务承诺，或收取额外费用，造成招展条件不一致、招展价格有差异、对外口径不统一、参展商和办展机构之间产生经济纠纷、办展机构的声誉和形象受损等问题。此时，为降低管理风险、确保展览会的成功，办展单位应要求代理商严格按合同规定的价格和折扣政策招展，并及时按合同约定上交参展商交纳的展位费和其他服务收费。

有的代理商突破代理区域界线，违规跨界招展，出现多个代理商在同一个地区甚至针对同一家企业招展，导致招展价格混乱、服务承诺不一等混乱现象。此时，办展机构应要求代理商严格按照协议，在规定的代理区域依规招展。

招展商对展位的划分控制不严，造成展位分配混乱，容易出现展位临期空缺的风险。此时，主办单位应严格统一控制和安排展区和展位，而代理商则无权决定。

2. 坚持定期书面报告制度

办展机构应要求招展代理商定期汇报招展工作的进展情况，就招展工作过程中出现的问题、漏洞及改进意见和建议进行交流和沟通。通过定期书面报告制度，办展机构可以全面把握整个展览会的招展进展，能根据招展工作中的问题、漏洞对整个展览会的营销和招展方案进行调整和完善。与此同时，办展机构应根据招展代理协议，就代理商招展工作中发现的问题和漏洞进行反馈，确保招展代理协议的有效实行及招展目标的顺利实现。

3. 招展价格与收款方式控制

展览会举办机构准许代理商给予参展商的折扣要由办展机构决定，代理商对外招展的价格折扣应严格按照代理合同所规定的价格折扣操作，以免引起招展价格的混乱。

一般而言，除承包代理外，代理商原则上不得代收参展商的参展费及其他费用。特殊情况下，展览会举办机构可允许代理商代收参展商的参展费，但代理商必须在展览会举办机构指定的时间内将所代收的参展商的参展费扣除商定佣金后的余额全部交到举办机构。

4. 对代理商的激励

在招展代理合作过程中，办展机构要采取各种措施对代理商的代理招展行为进行激励，使代理商尽力开拓展览市场，招徕更多参展商。这些激励措施通常有：

（1）配合代理商招展、招商需要，对展览会进行全方位的宣传促销。

（2）加强代理商人才培训，提高代理商业务水平。

（3）建立佣金比例累进制度，提高代理商业务拓展的积极性。

（4）与展览代理商保持沟通，及时将市场信息传递给代理商，并尽可能满足代理商的合理需求。

三、招展合作制

招展合作制是指办展机构和国内外相关机构组织合作，共同对展位进行分销的一种营销形式和招展方式。招展的合作对象和主要合作伙伴有行业协会和商会、国内外著名展览主办机构、专业报纸杂志、国际组织、各种招展代理、行业知名企业、国外同类展览会、政府有关部门、外国驻华机构、网络公司等。展览机构主要通过赞助单位、协办单位、支持单位等形式合作开展展位营销业务。

合作制营销的常见做法有与行业协会或商会合作争取其会员单位参展、与专业报纸杂志合作争取其企业客户参展、与国内外同类展览会合作在各自的展览会上推广对方的展览产品、与国内外著名展览会举办机构合作互补营销优势等。

在合作招展过程中，办展单位要通过各种公关活动与行业协会、专业展览机构和媒体等进行沟通，并就招展相关事宜与各合作伙伴签订合作协议，确定各合作伙伴的责、权、利等内容，并严格按照合作协议进行合作招展。

资料链接

第12届中国哈尔滨国际焊接与切割技术设备展览会

时间：2012年5月16日—2012年5月18日

地点：哈尔滨国际会展中心

规模：东北地区五金行业顶级盛会，对俄贸易最佳平台。展览总面积36 000平方米；参会国家和地区30余个，国内外专业观众5万余人。

主办单位：中国国际贸易促进委员会、黑龙江省人民政府、哈尔滨市人民政府

承办单位：哈尔滨市工业和信息化委员会、中国国际贸易促进委员会黑龙江省分会

中国国际贸易促进委员会哈尔滨市分会、哈尔滨中信伟业展览有限公司

协办单位：俄罗斯12个州/市政府、中国机电产品进出口商会、中国国际贸易促进委员会机械行业分会

协办媒体：焊接21世纪，《中国焊接设备采购指南》，《电焊机》，焊接在线，中国焊接采购网，中国电焊机联盟，中国焊接资讯网，中国焊接动力网，中国焊接人才网，中国船舶网，钢构英才网

（资料来源：e展网，http://www.eshow365.com/zhanhui/html/52422_0.html）

第四节　展览会招商方式

展览会招商是指办展机构通过各种方法和渠道邀请观展者（亦称观众）到展览会现场参观的活动过程。观众可以分为专业观众和普通观众。专业观众是指从事展览会上所展示的某类展品或服务的设计、开发、生产、销售或服务的专业人士以及该产品的用户。普通观众是指除专业观众以外的其他观众。展览会招商所邀请的观众往往是专业观众。展览会成功的衡量标准主要是专业观众的数量、质量和展览会的实际效果。展览会的观众也可以分为有效观众和无效观众。无效观众则是指展览会参展商所不期望的那些观众，这些观众对于参展商来说可有可无，但无效观众也能够增加展览会人气、活跃展览会气氛、扩大参展商的广告效应和知名度。有效观众则是指到会参观的专业观众以及参展商所期望的具有一定质量的其他观众。展览会要努力使有效观众的比例不低于65%。

展览会招商要邀请尽可能多的、高质量的有效观众到会参观，以便给各参展商带来所期望的观众，这是办展机构对参展商提供的最好的服务。高质量的专业观众可以提升展览会的影响力和质量，吸引更多高质量的参展商和更多的参展产品，提升展览会的品质，并进而吸引更多高品质的专业观众，从而使整个展览会进入一个良性循环的过程。所以，一个成功的展览会必须同时在招展和招商上用力，尽最大限度同时满足参展商和专业观众的需求，只有这样才能算得上一个高质量的、成功的展览会。

一、展览会招商的基本内容

（一）建立目标观众数据库

目标观众是展览会招商的主要客户，一般来说，展览会的目标观众的范围比目标参展商的范围要广，涉及的行业要多。

目标观众数据库既是展览会招商时目标观众的重要来源，也是展览会招展时目标参展商的潜在来源。目标观众的信息收集来源包括行业企业名录、商会和行业协会、政府主管部门、专业报刊、同类展览会、外国驻华机构、各种专业网站、各地的电话黄页等。目标观众数据库需要收集的目标观众信息包括他们的名称、地址、联系电话、传真、e-mail和网址等基本信息以及他们的产品需求倾向。

（二）制定招商方案

招商方案是在展览会招商和宣传推广策划的基础上，为展览会邀请观众而制定的具体执行方案。

1. 展览会招商分工

必须要有一个展览会组织者负责分工协调，对各组展单位之间的招商分工进行安排。展览会组织者要明确各不同组展单位必须共同遵守的招商原则、对各单位负责的招商地区（或行业）和重点目标观众的划分、对招商费用的预算和支付办法的规定、对重点目标观众的邀请和接待等作出的安排。

在展览会举办机构内部，企业要首先确定主要负责招商的人员名单，要明确各招商人员负责招商的地区范围和重点目标观众；其次，要制定各招商人员的信息沟通和工作协调办法；最后，对重点目标观众要制定统一的接待安排计划。

2. 招商宣传推广

为了更好地促进展览会招商成效，必须有针对性地举办展览会招商宣传推广活动，并制定招商宣传推广计划。招商宣传推广计划主要是指对招商宣传推广的策略、渠道、时间和地域以及费用预算等进行安排。展览会招商宣传推广活动必须紧扣展览会主题，突出展览会的优势。招商宣传推广的渠道包括召开新闻发布会、专业媒体和大众媒体宣传推广、向有关人员直接邮寄展览会资料、在国内外同类展览会上宣传推广、在网上宣传推广、通过有关协会和商会宣传推广、利用外国驻华机构和我国驻外机构进行宣传推广等多种渠道，各展览会组织机构可以根据招商工作的实际需要来进行选择。表 10-11 列出了展览会宣传推广的阶段及目标：

表 10-11　展览会宣传推广的阶段及目标

展览会阶段	展览会宣传推广的主要目标	备　注
筹备初期	向业界发布展览会的基本信息，告知人们展览会基本信息	提示性宣传
筹备中期	促进招展、招商	宣传推广跟进
开幕前夕	全面介绍筹备工作的进展情况，进一步促进展览会招商工作	通报性宣传
展览会期间	大力宣传展览会的特色和亮点，开始下一届展览会的招展招商工作	报道性宣传、推广
展览会结束后	报道展览会的成果，扩大展览会的社会影响	总结性宣传推广

3. 招商预算

展览会营销人员需对招商的费用进行预算，招商预算是展览会招商方案中的重要内容之一。展览会的直接招商费用主要包括招商人员费用（含招商工作人员的

工资、差旅费、办公费等)、招商宣传推广费用、招商代理费用、招商资料的编印和邮寄费用、招商公关费用、其他不可预见的费用。

4. 招商渠道

展览会的招商渠道和措施一般包括专业媒体(主要针对专业观众)、大众媒体(主要针对普通观众)、有关行业协会和商会、国内外同类展览会、参展企业、网络招商、国内外著名展览会主办机构、国际组织、各种招商代理、外国驻华机构、政府有关部门策划在展览期间举办相关活动。

5. 招商进度安排

展览会的招商工作不可能一次铺开、一步完成，只能分步实施，所以有必要对展览会的招商工作时间进度进行计划安排。所谓招商进度计划，就是在展览会招商工作开始实施之前，就对招商工作及其要达到的效果进行统筹规划，事先安排好什么时候该达到什么样的效果、完成什么样的任务等。

一般而言，展览会招商的时间进度安排是：①开幕前12个月开始招商工作，有针对性地铺开招商宣传推广活动，使行业内对展览会有一定的认知；②开幕前9个月，随着招展活动大规模的实施，招商活动逐步展开，招商宣传推广转为对招商活动的直接支持性宣传；③开幕前6个月，与各行业协会和商会等机构的合作招商工作正式开始，范围缩小，目标更明确；④开幕前3个月，展会招商工作大规模展开，对普通观众的宣传推广力度加强，对专业观众开始实施跟踪服务，大众媒体成为重点宣传推广阵地。当然，在重点时间段和重点招商地区，要加大展览会招商营销和宣传推广工作的力度。

二、展览会通讯及观众邀请函的印发

(一) 展览会通讯

展览会通讯是办展机构根据展览会的实际需要编写，用来向展览会的目标客户通报展览会有关情况的一种宣传资料。它可以是一本小册子，或是一份报纸。其内容主要包括展览会的基本内容、展览会展览题材所在行业的市场信息和行业动态、展览会招展情况、展览会招商情况、展览会宣传推广情况、展览会期间举办的相关活动情况、为参展企业做广告、参展(参观)回执表等。

展览会通讯是宣传推广的好形式，能够及时准确地向展览会的目标客户传递展览会的有关信息，为展览会目标客户提供良好的信息服务，与目标客户保持联络和信息沟通，促进展览会的招展招商工作，也有利于建立展览会的良好形象。

展览会通讯一般要求分期编印，根据展览会进展的需要，不同阶段的展览会通讯内容侧重点不同。为吸引客户，展览会通讯应当兼具知识性、时尚性和趣味性，外观要美观大方，内容要短小精悍，信息要真实可靠。

（二）观众邀请函

观众邀请函是办展机构根据展览会的实际情况编写，用来进行展览会招商的一种宣传单，主要针对目标观众，特别是专业观众发放。一般在展览会开幕前一个月左右才开始发放邮寄，国外观众要提前3个月到半年。观众邀请函的内容一般包括展览会的基本内容、展览会招展情况、上届总结（主要展品、参加展出的新产品、展览会招展情况、行业知名企业的重点通报）、展览会期间计划举办的活动、参观回执表。观众邀请函的内容比展览会通讯更简洁、更集中，其所有的内容都在于吸引观众到会参观。

三、专业观众确认及预登记

观众邀请函寄出后，招商营销人员对有参展意愿并有积极反馈的企业进行跟进确认，并对专业观众的预登记信息进行数据库建设和管理。

四、专业观众现场组织与服务营销

在展览会现场，展览会举办者要对专业观众实施服务营销，向专业观众提供专业的、高质量的营销服务，包括交通、餐饮、咨询、安全、卫生保障和其他现场服务。

五、专业观众展后营销

展览会结束后，展览会组织者要对参加展览会的专业观众数据进行更新和统计分析，理清本次展览会专业观众的特征，为以后展览会的招商提供思路，并要向重要的专业观众寄发感谢信，以加强与客户的关系营销。

需要说明的是，展览会目标观众的身份并不是一成不变的，他们还可能是展会潜在参展商的一个重要来源。

第五节　展览会广告与赞助方案销售

展览会广告与赞助是展览会产品的重要组成部分，也是展览会的两项主要收入来源。展览会广告与赞助营销工作对于展览会的成功举办具有积极的意义。展览会广告与赞助可以增加展览会的获利机会，为展览会组织者赢得更多的收入；还可以吸引更多其他类型的企业参加展览会，为参展商提供更多可供选择的服务项目，提升展览会的产品质量和参展商参展体验质量。

一、展览会广告

此处的展览会广告不是指展览主办方和营销代理机构为销售展览产品而借助各种媒体资源和载体进行招展招商的广告宣传，而专指展览会主办单位通过门票（观众邀请函）、会刊、展览场馆内外的气球、灯箱、拱门、横幅等方式，向参展商或参展观众推出的广告宣传产品。展览会广告是展览会收入的主要来源渠道之一。

展览会拥有巨大的广告空间，可以为展览会参展企业和赞助企业提供更多展览现场的广告营销机会。常见的展览会广告形式主要有展览会门票（观众邀请函）、会刊广告、展览场馆内外的气球、灯箱、拱门、横幅广告、馆内视频广告、新闻中心广告、参观指南广告、官方网站广告等。展览会主办机构应结合展览会及展场布局特点，创造性地挖掘和选择恰当的展览会广告形式，并将其有效地销售给目标参展商和赞助商。

二、展览会赞助

（一）展览会赞助概述

1. 展览会赞助的含义

展览会赞助是指企事业单位为了扩大影响、增加宣传机会，向展览会组织者提供资金、实务、劳务、技术等支持，展览会组织者则以广告、冠名权、专利、论坛演说等无形资产作为回报的一项平等合作、互惠互利的经济活动。在展览活动中，赞助商将展览会赞助视为企业营销组合的有机构成部分，赞助商向展览会组展商提供资金、实物、劳务和技术支持；作为回报，组展商向赞助商提供广告位、冠名权、演说的时间和空间等回报产品。

在展览会的赞助活动中，组展商可以获得现金收入、减少实务和服务支出，而赞助商可以获得更为理想的宣传机会、提高行业内的知名度、推动销售额的提升。通常情况下，有影响力的企业赞助行为可以提高展览会的声誉，而赞助有影响力的展览会也会给赞助企业带来可观的营销效益。当然，赞助商的回报通常具有间接性和长期性，并不能马上见效。

从本质上说，展览会赞助是赞助商的市场营销行为，企业赞助展览会是为了利用展览会这种综合性的贸易平台获得更加理想的宣传机会；展览会赞助是展览会产品的有机构成部分，是展览会组织者的重要销售标的和主要收入来源之一。

2. 企业赞助展览会的原因

展览会赞助是赞助商与组织者之间的商业交易行为，赞助商对其赞助行为具有明确的商业目的：

（1）相较于广告而言，赞助的宣传和推广效果更容易被目标顾客接受，并得

到社会认同，与植入式广告相似，同时具有公关特性。

（2）赞助展览会能够使赞助商的促销行为比较准确地指向目标市场，引起专业观众（目标客户）的关注。

（3）赞助展览会有利于赞助商利用展览会的行业号召力扩大影响。

3. 展览会企业赞助的类型

根据不同的分类标准，展览会企业赞助可以分成不同的类型：

（1）按照赞助内容的表现形式，展览会企业赞助可以划分为现金赞助、实物赞助、服务赞助。现金赞助是指赞助商以现金或支票等资金形式向组展商提供赞助的方式，是赞助的主要形式。实物赞助是指赞助商以实物形式向组展商提供赞助的方式；这些实物通常是与展览会有密切关系的展览会用品，如胸卡、胸牌吊带、资料袋、礼品、公司的办公设备等。服务赞助是指赞助商以向大会提供某种服务的方式为组展商提供赞助，如礼仪服务、邮政服务等。

（2）按照赞助商数量多少，展览会赞助可分为独家赞助和多家赞助。独家赞助是指展览会举办机构只接纳一家企业对展览会提供赞助，同时给予独家赞助商很高的赞助回报。通常情况下，独家赞助要求赞助商具有很强的资金实力，能够为组展商提供数额较大的赞助费用。与独家赞助不同，多家赞助是指组展商同时接纳多家企业共同为展览会提供赞助，多家赞助是展览会的主导赞助形式，有利于组展商利用多方面社会资源为展览会谋取资金，也有利于赞助商降低商业风险。

（3）按照赞助商提供的赞助内容，展览会赞助可分为单项赞助和多项赞助。单项赞助是指赞助商只对展览会某个部分或某项活动提供赞助，如赞助参观门票、论坛门票、展览设备、餐饮、资料袋等。多项赞助是指赞助商除了赞助单项活动之外，还对展览会的其他事项提供赞助，如赞助商在赞助会议午餐、晚宴等餐饮活动的同时，还提供展览设备等展览会用品。

此外，也可以按照赞助商的等级，将赞助商划分为钻石赞助商、白金赞助商、黄金赞助商、白银赞助商等不同类别；还可以将展览会赞助设为高级合作伙伴、合作伙伴、赞助商和供应商四个层次，每个层级赞助金额不同，其回报也有差异。表10-12列出了2005年第24届世界港口大会展览会赞助项目及价格：

表10-12　**2005年第24届世界港口大会展览会赞助项目及价格**

赞助类型	赞助类别	数量	赞助金额（美元）
主要赞助	钻石赞助	1	150 000
	铂金赞助	不限	100 000
	黄金赞助	不限	50 000
	白银赞助	不限	30 000

续表

赞助类型	赞助类别	数量	赞助金额（美元）
单项赞助	欢送晚宴	1	100 000
	大剧院之夜	1	80 000
	豫园晚宴	1	50 000
	早到者晚宴	1	25 000
	高架道旗赞助商	1～3	面谈
	国会中心广场广告牌	1	面谈
	文件包	1	面谈
	纪念品	1	面谈
	T恤	1	面谈
	饮用水	1	面谈
	大会文具	1	面谈
	吊索	1	面谈
	吊牌	1	面谈
	大会电脑供应商	1	面谈
其他赞助	工作午餐	5	30 000
	茶歇	9	10 000
	道旗	200	3 000/20 面
	大会请帖，餐饮券	1	10 000

（资料来源：http://wenku.baidu.com/view/decadd1fc5da50e2524d7f9b.html；有删减。）

4. 最有可能成为展览会赞助商的企业的特征

展览会营销人员应根据展览会的实际情况选择和寻找可能会成为展览会赞助商的企业及其赞助事务决策人，并通过积极的营销行为使其成为本展览会的赞助商。对于一个展览会来说，最有可能成为展览会赞助商的企业通常具有如下特征：

（1）在行业内具有领导地位，但也同时存在实力相当的竞争对手的企业。它们为了取得市场竞争优势，愿意通过展览会赞助行为来扩大行业和社会影响，树立良好的企业形象。

（2）不断推出新产品和新服务的成长型企业。这样的企业需要不断地为其新产品或新服务进行有效的市场营销，而赞助展览会是其新产品、新服务营销的有力

方式。

(3) 曾经有过大量赞助经历的企业。这类企业因为有过赞助经历，已经从赞助展览会的商业行为中取得过营销成效，所以更容易成为展览会赞助营销的目标。

(二) 展览会赞助营销设计的原则

展览会组展人员在进行展览会赞助营销时，需要先明确展览会赞助营销设计的基本原则。展览会赞助营销设计应遵循以下原则：

1. 赞助商利益导向原则

该原则即是要从目标赞助商的需求出发来设计展览会赞助方案。展览会赞助本身是一种特殊的服务产品，最终是要销售给潜在赞助商。因而，赞助方案能否满足赞助商的需求是决定赞助商是否会赞助展览会的重要因素。因此，设计赞助方案一定要从目标赞助商的需求出发，具体研究赞助商对展览会的期望，并将这些期望最终体现在赞助产品中。只有这样，潜在赞助商才会对赞助方案感兴趣，才会愿意购买赞助产品。

2. 赞助回报量力而行、切实可行

展览会赞助营销方案设计要能满足赞助商的需求，让赞助商满意。但满足赞助商的需求、对赞助商的赞助行为进行回报必须考虑现实可行性和可操作性，必须要从组展商能够控制的资源条件出发，不能为了迎合赞助商的需要而夸大回报，否则就会因为回报的不可操作性而引发赞助商的不满，并为以后展览会的赞助招商工作留下隐患。所以，赞助营销设计方案中对于赞助回报的设计一定要量力而行、切实可行。

3. 与展览会价值相符合的原则

该原则实际上就是要求赞助营销方案中确定的赞助项目、赞助金额应与展览会自身的规模和影响力相适应。尽管对展览会组织者来说，赞助企业越多、赞助数额越高越好，但在现实中，展览会组织者能够获取的赞助数额的多少最终还要取决于展览会自身的价值。如果赞助营销方案设计人员不顾展览会自身的价值，盲目设计名目繁多、数额巨大的赞助项目，最后只能成为一纸空文，让潜在赞助商望而却步。

4. 赞助产品多元化原则

在进行赞助营销方案设计的时候，赞助系列产品，形成不同类别和层次，一定要借助展览会举办过程中的不同平台，把赞助营销项目设计成不同类别和不同层次，使得最终的赞助产品是一个系列，而不是一种产品。这种做法一方面有利于充分挖掘展览会的市场价值，另一方面能够满足不同类型赞助商的需求。

(三) 展览会赞助营销的内容

展览会赞助营销的基本程序和内容通常包括：

1. 制定展览会赞助方案

展览会赞助方案的内容通常包括：

(1) 展览会的概况。

(2) 赞助方案的总体设计。在赞助方案的总体设计里，要对展览会的赞助类型（现金赞助、展览会用品实务赞助、服务赞助）、赞助等级、赞助金额进行设计。赞助金额的确定既要以展览会的影响力为基础，又要考虑到目标赞助商的承受力。

(3) 回报项目的设计。展览会赞助是一种商业行为，赞助商在支付赞助费的同时，需要从展览会中获取相应的回报。因而，对于展览会组织者来说，能否设计出具有吸引力的回报方案，是决定能否找到赞助商的关键环节之一，故展览会营销人员应针对不同等级的赞助商提供不同层次的赞助选择，寻找适合赞助商的关键环节，设计回报方案和具体回报项目。一般来说，赞助商的回报条款要详细明确，具有可操作性；同时能够将不同等级的赞助商的回报条款明确区别开来，使每一个赞助商的付出与回报相对应。大多数情况下，赞助商是通过获取展前、展中和展后的各种宣传机会作为回报的。但是，在这一段时间内，赞助商如何才能达到预期的宣传要求，通常需要赞助方案设计人员对具体的宣传平台和措施进行细化，并在项目设计中明确表现出来。

2. 赞助商市场调查与分析

通过市场调查和本展览会实际情况，分析判断哪些企业或法人符合赞助商资格、可能会有赞助意向，同时要弄清其赞助目的、赞助项目和回报要求的具体特征。同时，还要对潜在赞助商关心的事情和顾虑有所了解和反映。

3. 展览会赞助营销，选择赞助商

展览会的营销方式通常分为公开销售、定向销售、个案销售等，展览会组织者可以根据行业的不同情况和销售进程，采取其中的一种或几种销售方式。

公开销售是指展览会组织者通过官方网站和其他媒体公开征集企业赞助意向；定向销售是指向具备条件的企业发出征集赞助邀请；个案销售是指展览会组织者直接与符合条件的企业进行销售洽谈。

通过邮寄展览会赞助方案书至目标市场，展览会组织者将赞助征集情况知会目标企业或公开向目标市场征集赞助意向，同时根据意向赞助商的赞助资格、综合实力及商业信誉、赞助数额等情况选择合适的展览会赞助商。

展览会组织者选择展览会赞助企业时，一定要考虑赞助企业的以下因素：

(1) 资质因素。目标赞助企业必须是有实力的企业，是行业内的领军企业，发展前景良好，有充足的资金支付赞助费用。

(2) 保障因素。目标赞助企业必须能为展览会提供充足的、先进的、可靠的产品、技术或服务。

(3) 品牌因素。展览会赞助企业必须具有良好的社会形象和企业信誉，企业

的品牌和形象与展览会的办展理念相符。

(4) 报价因素。展览会赞助企业所报的赞助价格是选择赞助企业最重要的考虑因素之一。

总之，当面对多家赞助商存在赞助意愿时，展览会组织者应该综合考虑多种因素来选择合适的展览赞助商。

4. 组展商与赞助商面对面沟通，签订赞助合同

对于提交赞助意向书的企业或重点目标赞助企业，展览会组织者在进行企业资格审查后可以确定赞助建议书，并和确定的赞助事务决策人就赞助方案进行面对面的沟通协商，直至签订赞助合作协议。

赞助合同是约束展览会组织者和赞助商行为、保障各自权益的法律凭据。赞助商一旦决定赞助某家展览会，通常需要以正式合同的形式，将组展商和赞助商之间权利与义务的关系确定下来。赞助合同需要明确表明赞助商选择的赞助类型、获取的回报项目、款项的支付、商业秘密的保护、违约的责任和调解程序等条款。

总之，一个成功的展览会需要数量多、质量高的参展商和专业观众的参与，也同样需要展览赞助商的支持。所以，招展、招商及广告和赞助营销工作的好坏将直接决定展览会的成功与否、展览会举办方能否获利。这就要求展览会计划者和展览公司、参展商、代理公司等协调配合做好展览会的营销工作。但是，需要说明的是，展览会的规模并不是越大越好，招徕的参展商和观众也并不是越多越好；盲目地进行大规模的招展及招商不但浪费资金，而且未必能取得较好的效果。所以，展览会举办方和展览公司必须通过公共关系营销搞好与参展企业、政府、协会、媒体及其他展览会利益相关者的关系，明确展览会营销目标，组织和管理好展览会营销工作的每个环节和过程，以确保展览会的成功举办和展览会营销目标的顺利实现。

思考与讨论

1. 详细说明展览产品的价格体系组成。

2. 展览产品和服务通常有哪些定价方法？请说出它们之间的区别。

3. 请说出展览营销渠道的类型和特点，并说明如何加强展览代理商的管理。

4. 请详细说出展览会招展、招商工作的基本内容和程序。

5. 试说明展览会招商和招展之间的关系，并根据其关系论述展览会营销工作的要点。

6. 展览赞助与普通的捐赠行为有什么不同？企业为什么要赞助展览会？

7. 展览赞助方案通常包含哪些内容？展览会赞助营销的工作要点是什么？

本章案例

第二届中国（河南·郑州）绿博会汽车产业新能源绿色科技展览会招商方案

展览会主题：让绿色融入我们的生活

举办时间：2010 年 9 月 26 日—2010 年 10 月 5 日

举办场馆：第二届绿博会汽车产业新能源绿色科技主体园区综合展览中心

所在地址：河南省郑州市

所属行业：绿色科技/新能源

主办单位：全国绿化委员会，国家林业局，河南省人民政府

★承办单位：河南省绿化委员会，河南省林业厅，郑州市人民政府

★汽车展承办单位：河南汽车网，河南汽车展组委会

推广背景

中国绿化博览会是我国绿化领域组织层次最高、参展范围最广、影响力最大的绿色盛会，也是我国绿色产业和生态文明建设成就展示的博览盛会，被誉为中国绿色领域、绿色产业的"奥林匹克"。中国绿化博览会（简称"绿博会"）是我国绿化生态领域和绿色产业组织层次最高的综合性盛会，享有"绿色奥运会"和"小世博会"之称，每五年一届。由全国绿化委员会、国家林业局、河南省人民政府主办的第二届中国绿博会将于 2010 年 9 月 26 日—2010 年 10 月 5 日在河南郑州隆重召开。

近年来，从排放标准到消费税，从购置税到节能汽车，从汽油车到新能源车的推进过程，无不将环保的进化历程表现得淋漓尽致。

本届车展以"绿色·科技·责任"为主题，大力倡导节能减排、科技创新的理念。当汽车业发展到如今的这个岔路口，科技创新开始向着更有利于人类可持续发展的方向迈进。同时，在本届车展上，我国绿色自主创新品牌的战略调整和技术创新也为我国汽车行业新能源汽车的建设起到了积极的促进作用。

展览会日程

（1）2010 年 4 月，发布招商广告。

（2）2010 年 4 月—7 月，组织商家报名。

（3）2010 年 7 月，资格审查、签订有关合同。

(4) 2010年8月，展销类划分展位。

(5) 2010年9月15日—25日，参展单位布置展位。

(6) 2010年9月26日—10月5日，组织展览会。

展览会地点 郑州绿博园 地址：万三路（规划的新107国道）以东，中央大道（规划）以南，郑开大道人文路向南1 000米。

展区划分 四大展区：品牌整车区、汽车用品区、综合服务区、电动汽车区

展品范围 汽车、电动车、自行车、绿色节能车、旅游观光车、汽车用品

配套活动

◆ 展示活动：新车上市仪式、汽车（4S店）用品采购会、汽车用品折扣会、大型开幕式等

◆ 互动活动：新车试乘试驾活动、幸运大抽奖、车技表演、汽车博客大赛活动、汽车竞价拍卖活动、供需方交流、交易联谊、地区"十大年度车型与十大品牌经销商"评选活动。绿博之星、绿博广场文化活动，"绿博杯"全国青少年征文、废弃物再利用设计大赛有奖征文、"相约郑州看绿博"大型笔会、市民在行动

参展理由

郑州斥资30亿建设主会场郑州·中国绿化博览园。位于郑汴产业带南2公里以南，贾鲁河以北，西临万三公路（规划中的新107国道），北临中央大道（规划），东至中牟县人文路（规划），南至冉老庄村北，面积约2 939亩。该区域道路网络密集、交通便利，属于郑汴产业带规划的绿化隔离带，也符合建设大郑州东新区的发展方向，从规划上符合现有城市规划，立地条件适合建园，土地性质属于国有林地，建设绿博园主体用途仍是林业用地，不改变土地性质，可操作性强，也能节约时间。

郑州绿博园将分为"一湖、二轴、三环、八区、十六景"。绿博会后绿博园将作为郑州市民的后花园。园内由国际展区、国内（省、区、市）展区、部门（行业）展区、绿化模范城市展区、特色园区等室外展区和室内展区组成，全面展示世界、祖国各地不同风光和绿色风景。据了解，绿博会期间同时将举办绿色论坛、中原国际民间插花艺术比赛、国内外苗木、花卉、园林绿化机械新产品的展览展示、盆景奇石展、书画摄影展等活动。

11类展销共设标准展位1 800个，展销地点：绿博园中央大道东连栋温室展区7 000平方米，连栋温室外展棚展区33 000平方米。展区面积共计40 000平方米，展览会规格高、规模大。展览会由政府主导，旨在借助绿博会的平台提供一个政治、经济、文化、科技交流平台，促进各地经济发展。因此，企业借绿博会之平台提升自身形象和扩大其影响力是一个千载难逢的机遇。

相较于一般展览会规格低、投资少、宣传力度不够、覆盖面狭窄，达不到商家提升品牌效应、扩大影响力、开发新市场、销售成交等目的，此届绿博会大型综合展览优势在于：

（1）政府领导重视，投入大量人力、财力、物力，保质保量完成展览会硬件设施建设和宣传工作。由国家林业局局长贾治邦、河南省省长郭庚茂任主任的组委会提出要把此次绿博会办成“中国一流，世界有影响”的盛会，在绿博园建设上政府投入了30多个亿，建设将近3 000亩绿博会园区。广告宣传上投入1个亿，在河南本土就直接给予5 000万元广告支持。届时，国家副总理回良玉以及相关部委领导都将在园区出席开幕式，这是任何展览会都无法比拟的，可见国家相关领导对此次博览会的重视程度。

（2）正值“十一国庆黄金周”，人流量大，人流集中，参展效果显著。绿博会举办时间：2010年9月26日—2010年10月5日，正值一年黄金时段，参展园区来自法国等国外参展团体以及全国各省市88个特色园。通过不同途径的强势宣传，一方面全国各地的商家代表团和普通游客都会来到绿博园参观，另一方面对于河南当地企业商家和市民来说，这是在家门口举办的绿化盛会，各地特色园都会把当地最具特色的一面浓缩展现，“游绿博”就等于到全国各地旅游，“游绿博”就等于饱各地文化大餐和民俗风情大餐，参加此次大型综合展览会不但可以了解到全国各地的市场现状，更能借助展览会平台寻求到新的合作伙伴和潜在客户，这足以保证绿博会的人流大而集中，保证了商家参与此届展览会的卓越效果。

（3）郑州地处中原腹地，地理、交通优势明显。绿博园北临郑开大道，南临310国道，距郑州市中心19公里，周边干线道路有京珠高速、连霍高速、郑民高速、郑开大道、商鼎路、人文路等。处于“六横六纵”和“一极两圈三层”城乡交通网络核心区，地理环境优越，交通便利。届时开通绿博会专线快捷公交，规划绿博会线路指引，确保绿博会的交通畅通，为展览会的成功举办提供良好的外部保障。

媒体合作推广

为确保此次展览会的成功举办，在政府相关部门的组织领导下：

（1）利用以下媒体强势宣传：中央电视台1套、中央电视台2套、中央电视台4套、中央教育频道、凤凰卫视、河南卫视、郑州电视台、都市频道、《人民日报》、《河南日报》、《大河报》、《郑州日报》、《郑州晚报》、《中国绿色时报》、新浪网、新华网、大河网、中国林业网、河南汽车网。

（2）做好本土宣传。在郑州市内，利用公交车体、每户一册绿博会宣传手册、每个小区张贴绿博会宣传海报、市区大型LED视窗广告等手段，在让市民深入了解绿博会的同时也把此届展览会提上了一个更高的台阶。

（3）严密组织，确保落实。绿博会执委会从制定计划、市场调研、展位选择、展品征集、客户邀请、展场布置、广告宣传、组织成交直至展品回运，形成了一个互相影响、互相制约的有机整体，确保了此次展览活动的效果。

如此大规模、大面积的宣传造势，如此严谨的组织领导，必将把此届展览会办成“商家满意、顾客放心、效果一流”的高级别商业盛会。

参展费用

◆ 标准展位：4 800 元/个 3×3 标准展位面积。

◆ (100 平方米起租，提供大型标准展篷及有偿特装)

广告费用

参展企业刊登会刊黑白文字简介免费，刊登广告另行收费（收费标准资料备索)。包括场馆广告（展馆内外平面广告、条幅广告、气球广告、旗帜广告、灯箱广告、充气拱门广告)。

为了使参展企业获得更加突出的参展效果，主办单位在展场内外、展场周边地区和市区主要街道设立了样式各异的广告位。具体事项及收费标准详见《广告项目册》。请于 2010 年 9 月 20 日前将有关材料报组委会，截稿期为 2010 年 9 月 20 日。

参展商可享受到以下免费服务

◆ 官方网站 www. hn7c. cn 全面报道最新产品，免费提供网上预展。

◆ 授"第二届绿色博览会，河南汽车网推荐经销商"铜牌一面，铜牌有绿博会标志及河南汽车网标志。

◆ 免费索取足够量印刷精美的《参观邀请函》邀请您的重点客户。

◆ 出席展览会开幕式及晚宴，接触政府官员、VIP 客户、相关专业人士，商机无限。

◆ 为贵公司量身打造品牌推广计划，展前资讯中及时报道其品牌及产品相关资料等。

◆ 在会刊上刊登公司展品中英文简介，并在申请后提供给您及您的客户足够量会刊。

◆ 在《会刊》中刊登企业简介，在《参观指南》中列示公司名称和展位位置等资料。

◆ 提供《参展商手册》，详细说明参展相关细则。

◆ 按照展位面积赠送一定数目门票。

◆ 提供环境幽雅、设施服务齐全的商务洽谈区，以便您更为有效地开展业务。

◆ 提供相关卡、证及应急、救护等专业服务。

◆ 绿博园管理方为商家提供优良的工作环境。

◆ 绿博园管理方为商家提供系列化管理服务。

◆ 绿博园管理方为展销类商家免费提供水、电、三面围板、门楣、射灯二盏、桌子一张、椅子二把，为经营性商家提供便利的水、电服务和优良管理服务。

◆ 展览会期间，为商家工作人员办理入园工作证，免费赠送入驻商家绿博园门票 3 至 5 张。

◆ 展览会期间，参加展销的商家不再承担展位费以外的任何费用。

◆ 活动期间，中国第二届绿化博览会执委会组织评奖活动，对获奖展销商家给予物质奖励，颁发证书。

◆ 展览会结束后，信誉良好的商家可以优先成为绿博园招商项目入驻商家。

◆ 展览会结束后，信誉良好的商家可以优先成为绿博园长期合作伙伴。

◆ 信誉良好的商家合同到期后，在同等条件下，可以优先续约。

有偿服务项目

(1) 特装展位费用八折优惠。

(2) 获赠会刊内页整版彩色广告一页。

(3) 成为展览会 VIP 展商，拥有享受媒体宣传、出席活动等服务的优先选择权利。

(4)《参观手册》上将印放贵公司产品简介，于展前免费派发至目标消费群体手中。

(5) 贵公司产品及图片将收入车展官方网站 lbh. hn7c. cn 首页“展商推介”栏目中，打造海外推广平台，延长展览会时效。

(6) 车展官方网站 lbh. hn7c. cn 报道贵公司最新动态，为您提供商务洽谈预约服务。

征求冠名及赞助单位

为便于厂商全面宣传企业形象，扩大品牌的知名度，提高产品的市场占有率，组委会特开展展览会冠名及赞助征求活动，获得冠名权及赞助权的单位将得到丰厚的回报。贵单位若有意参加，请与组委会取得联系。(详见组委会《赞助与推广计划》)

参展程序

1. 申请单位请填妥“参展申请表”内的各项内容并加盖公章后，邮寄、电子邮件或传真至组委会。

2. 我们收到“参展申请表”后，会给您发去30%订金的账单；在您将订金汇入账单中指定的账户后，将银行出具的汇款凭证复印，传真给我们。

3. 待30%的订金收到后，我们会再给您提供一份确认参展性质的文件，并根据距离展览会开幕的时间，将需支付的余款的账单发给您。

4. 余款于2010年9月20日前付清。我们会将《参展商手册》等展览会资料提供给您。

5. 各单位在报送《参展申请表》时，请寄送展品样本或说明书，以便划分展区和开展展前宣传工作。

6. 请您注意，如果您取消参展，您支付的订金将不予退还。

7. 展览会分配实行“先申请、先付款、先分配”原则，特殊情况下，组委会保留调整部分展位的权利。

8. 如遇不可抗力，组委会有权依法取消或变更展览会时间，解释权归组委会所有。

联络方式：

河南汽车网

地址：郑州市花园路198号　　邮编：450000

（注：2010年9月15日前还未收到参展确认书者请及时与组委会联系。为使您的参展工作更顺利并能得到更好的服务，更详细资料请登录官方网站查询。）

（资料来源：http://wenku.baidu.com/view/66d33f6fb84ae45c3b358cc0.html；有改动。）

思考题

1. 结合上例，分析展览会招商方案应包括的主要内容。

2. 结合会展营销的基本战略和原则，分析本届展览会市场营销组合要素的具体内容并分别评估其合理性和可行性。

3. 查阅资料了解目前国内外主要有哪些汽车展览会？河南郑州的绿博会汽车产业新能源绿色科技展览会与其他车展的主要区别是什么？

第十一章 会展目的地营销

学习目标：

1. 了解会展目的地即会展场馆和会展城市营销的基本特征、内容、程序和可行战略。
2. 熟练掌握会展场馆场地营销和会展场馆公司自办展营销的工作程序和营销战略要点。
3. 掌握会展城市营销方式和战略。
4. 理解会展旅游及会展业、旅游业协同发展的目的地整体营销战略及其可行方法。

【导读】

女士们、先生们，大家好！

我很荣幸能被邀请到这次会议上做如何成功打造世界级会展目的地的演讲。M. I. C. E 是几个英文单词的大写字头，分别代表业务会议、奖励旅游、专业会议和展览。

当一些政府部门决定要将本地打造成为世界级会展目的地时，他们往往会急于修建庞大的会展中心，或建造有大宴会厅的会议酒店。可惜的是，这些并不意味着能够帮助该国家/城市成功地打造真正的世界级会展目的地。许多案例失败的原因是目的不明确或方法有误。

毫无疑问，会议的设施是很重要的。但是与之配套的基础设施建设，如国际机场、铁路、公路交通枢纽和邮船码头等，也具有同等重要的地位。但是，修建基础设施需要有明确的目的，并且要有充分的市场调研和周到的规划作保证。会

议设施的修建还必须切实符合会展客户的真正需求。

在20世纪80年代，日本政府指定超过25家城市作为会展城市，因此许多城市的政府部门来香港取经，向我征求意见。他们想知道香港是怎样推广会展的，为何香港在会展市场上能取得较大的份额。

然而事实上，日本的这些会展城市很多都没有自己的机场，更别说国际机场了。所以我的建议是，他们应该把更多的精力放在国内旅游或休闲旅游上，而不是一味地发展要求很高的国际会展业务。到今天，只有东京和大阪能占有一部分的世界会展业务份额，而日本始终不是数一数二的世界级会展目的地。

并非每一个目的地都适合发展会展业。

（资料来源：节选自“旅游对话媒体·2006沈阳峰会”上香港旅游协会总干事陈郑绮艳的讲话；http://travel.sohu.com/20060527/n243438527.shtml）

会展目的地是一个集会展吸引物、设施、服务于一城的综合体，也是一个包含着众多利益相关者的区域集群。会展目的地营销包括会展场馆营销和会展城市营销。会展目的地整体营销是一种在城市层面上进行的营销方式，在这种方式下，城市将代表区域内所有企业及机构，以一个会展目的地的整体加入到会展产业竞争中去。

第一节　会展目的地营销概述

会展目的地营销是指目的地会展营销主体利用会展以达到宣传推广目的地的营销目的，以带动会展目的地的相关产业（如会展业、旅游业、投资、餐饮业等）发展或刺激消费。会展目的地营销的重点包括制定会展业发展的具体经济目标、重点发展的展会类型或模式、会展设施建设、会展发展的软硬环境建设及会展目的地整体宣传等。会展目的地营销对于塑造城市形象、推进城市建设、提升区域形象和促进区域会展产业和旅游业发展、提高会展目的地所在国家的国际吸引力和美誉度具有积极的意义。

一、会展目的地营销的基本特征

（一）会展目的地的营销主体

会展目的地营销主体通常包括目的地政府部门、会展业协会组织、会议和观光协会、企业联合体和其他专门营销组织等，企业和居民也应成为会展目的地尤其是会展城市营销的主体组成。

（二）会展目的地营销的对象与营销目标

会展目的地营销的对象包括居民、投资者、参观者、周边城市、主要竞争城市、上级政府、国际组织/跨国公司等。会展目的地营销的根本目标就是通过会展目的地整合营销和建设，提升目的地会展产业竞争力，吸引更多的企业、投资者、人才和游客来目的地办展办会、参展参会、居住和旅游。营销对象不同，营销的重点和目标也会有具体差异。(见表 11-1)

表 11-1　　会展目的地营销对象、重点与目标

营销对象	营销重点	营销目标
居民（包括未来居民）	基础设施，生活环境，就业保障，城市管理，会展活动对社会经济的贡献	吸引未来居民尤其是高素质的人才，争取市民对会展业的支持
投资者	产业发展政策，投资环境，都市服务	争取更多的资金和先进技术
参观者	都市服务、都市景观、都市文化、会展场馆、大型会议或展览会	大力推进都市旅游的发展
周边城市	辐射作用	与周边城市开展实质性的合作
主要竞争城市	竞争优势，合作前景	开展错位竞争与合作
上级政府	产业发展潜力，产业贡献率	争取上级政府的支持
国际组织/跨国会展公司	综合办会办展环境，组织和接待国际会议和展览会的能力，会展产业发展的优惠政策	让更多的会议和展览会在本城市举办

(资料来源："会展策划与实务"岗位资格考试系列教材编委会．会展市场营销[M]．北京：旅游教育出版社，2007：80.）

(三) 会展目的地营销的内容

会展目的地营销的主要内容是：会展目的地营销主体通过对目的地会展业发展的 SWOT 分析，辨识目的地会展产业发展的竞争优势，确定会展目的地会展产业发展目标，通过明确的市场定位和营销战略来对会展目的地目标市场进行销售推广，以推动目的地会展产业的发展。会展目的地营销的核心内容就是会展目的地的发展环境，包括经济条件和产业基础、区位条件、会展场馆设施和城市基础设施、社会与文化环境、制度条件和会展业规章、安全状况、人才素质、城市自然条件和生态条件。

二、会展目的地营销的战略

会展目的地营销主体通常会采用形象战略、事件战略、广告战略、联合战略等

来对目的地进行营销。

（一）形象战略

形象战略是会展目的地营销的关键战略。科学地设计会展目的地形象如会展城市的发展理念和城市形象，并通过其外显的形象口号、视觉、行为识别系统进行展示宣传，在市场中塑造和树立目的地良好的形象，是会展目的地会展产业迅速发展、会展经济持续推进的重要方面。

（二）事件战略

会展目的地营销的事件战略是指会展目的地通过策划、组织和利用具有轰动效应、新闻价值及社会影响的人物或事件，引起媒体、专业公众及社会群体的关注，以提高会展目的地的知名度、美誉度，树立良好的品牌形象。会展目的地在进行事件战略营销的时候，要注意选择具有显著影响的事件，比如全球性的体育赛事、博览会、国际性的知名会议进行营销宣传：事件的知名度越高，营销价值就越大；事件越接近目的地形象定位，越能达到营销目的地的目的。

（三）广告战略

在会展业的营销过程中，信息传播和广告宣传必不可少。要想提高会展目的地的知名度，扩大会展城市及会展场馆公司在行业内的影响力和在目标市场上的号召力，就必须大力实施广告战略。世界著名的贸易展览公司如 Miller Freeman 和 Reed 集团都深谙广告宣传对于会展项目及会展场馆营销的重大影响，这些公司经营着世界上著名的商业出版社，各自拥有数百种专业展览期刊和专业杂志，建有自己的商业网站。它们利用自身拥有的宣传手段和媒介，在会展市场竞争中表现出强劲的竞争优势。对于会展目的地而言，一定要借助媒体，通过广告战略来统一推广会展目的地形象，营销会展目的地。

（四）联合战略

联合战略是指会展目的地政府机构、行业协会、会展行业企业和其他企业联合起来对会展目的地进行统一营销。此外，会展与旅游具有十分紧密的联系，会展参加者向来是旅游业的重要客源，二者可以互为补益，所以，会展目的地营销也要与旅游目的地营销进行整合，会展与旅游单位或部门通力合作，通过联合战略来对会展目的地进行营销。其具体措施有两个：一是在宣传会展时附带介绍当地丰富的旅游资源和具有吸引力的旅游景点，而目的地在进行旅游项目宣传时也注重营造本地区适宜举办会展的氛围，实施联合营销战略；二是真正将目的地的会展与旅游项目结合起来进行开发营销，发展会展旅游项目。

会展目的地营销系统是一个以城市为营销对象，整合各类事件活动资源，以发挥优势、统一形象、统一执行机构、统一传播系统来运作的“事件活动”管理系统。在大多数国家和地区，政府组织在目的地整体营销中历来担任主要角色。

三、会展目的地营销过程

（一）会展产业的SWOT分析

SWOT分析是一种战略分析法，它的实质是通过与竞争对手的比较，分析自身的优势劣势，判断分析自身所处的环境、外在的机会与威胁，最终从战略上提出问题解决方案。

SWOT分析通过将企业内部的优势和劣势与企业外部的机会和威胁相匹配，可以帮助会展企业认清形势，指导企业制订出符合自身条件的、高质量的会展营销策划方案。营销主体通过对会展目的地举办会展活动、发展会展产业所具有的优势、劣势以及在市场竞争中所面临的机遇与挑战进行客观、系统的分析评价，对会展目的地会展产业发展的重点、会展产业发展目标和客户市场进行判断，对会展目的地特别是会展城市进行市场竞争定位，为目的地会展营销打下基础。SWOT分析是会展目的地营销战略制定的第一步，也是会展目的地营销的必经程序。

（二）会展目的地市场定位

对于会展目的地来说，一定要根据市场上会展产品的供需和市场竞争情况，准确地对目的地主要会展产品、品牌和主要目标客户市场进行定位，并确定目的地会展产业竞争位置和目的地形象。

会展城市营销应该扬长避短，树立鲜明独特的品牌，与市场上的竞争者相区别。德国被称为世界会展之都，夏威夷是全球最佳会议暨奖励旅游地。同为知名的展览城市，汉诺威以计算机博览会为其会展品牌，法兰克福的会展品牌是消费品博览会，慕尼黑的会展品牌是建造机械博览会，纽伦堡的会展品牌是国际玩具博览会。在中国，会展城市广州以广交会、大连以服装节闻名于世，义乌的会展品牌是小商品博览会。这些城市在会展营销时都有自己知名的会展品牌，并因这些品牌会展树立了会展名城的形象，确立了会展目的地的市场地位。

会展目的地应基于市场调查和SWOT分析结论进行理性的竞争定位和形象定位，准确划分和选择自己的目标消费者市场。以东莞为例，东莞是典型的外向型经济，是著名的制造业城市。虽然东莞会展资源呈现出国际化、工业化、开放性、现代化四大特征，但由于地处经济社会比较发达、会展经济相对发展的珠三角地区，面对着广州、深圳等城市的竞争，相对于“中国展览之都”、“会展名城”等，“华南工业展览之都”的品牌定位与东莞结合更加紧密，其表述也更加贴切。

（三）会展目的地的营销规划

会展目的地营销规划的内容包括确定会展目的地会展业发展的具体目标、重点发展的展会类型或模式、会展设施及配套硬件建设以及相关产业和各种软环境的建设、会展目的地营销推广计划和方案等。

(四) 会展目的地形象设计与推广

会展目的地形象设计要借鉴企业形象设计方法，通过整合目的地营销资源，从理念设计、行为设计和视觉设计层面出发来对会展目的地统一进行形象设计，如对会展城市进行形象设计，并借助各种营销渠道对目标市场宣传和推广会展目的地形象，以在目标市场塑造会展目的地良好的区域形象或城市形象，渲染会展目的地优良的会展举办环境，吸引目标客户前来办展、参展和观展。

第二节　会展场馆营销

会展场馆是指举办会议、展览会等场所的总称，包括从事会议、展览活动的主体建筑和附属建筑，以及相配套的设施、设备和服务。会展场馆通常包括会议中心和展览中心/展览馆两大类型。会展场馆的特点包括：

(1) 它是一个或多个建筑物组成的接待设施，必须能够提供举行会议或展览活动所需要的专门设施和配套设施。

(2) 它是有形场馆和无形服务的结合，具有商业性质。会展场馆面向公众提供会议或展览方面的专业服务，使用者理应支付一定的费用。

(3) 会展场馆产品具有不可贮存特性，应通过市场营销行为尽可能提高其使用率。

(4) 会展场馆具有不可专利性，品牌忠诚度低。所以，会展场馆必须通过有力的市场营销行为，才有可能使会展场馆从被目标市场识别、接受发展到目标市场对其具有较高的市场忠诚度和品牌忠诚度。

在我国，由于会展场馆重复建设现象严重，再加上会展场馆的上述特点和功能，会展场馆营销才显得特别具有经济意义。

一、会展场馆营销特征

(一) 会展场馆营销的目的

会展场馆营销的主要目的在于树立会展场馆独特的市场形象和品牌，吸引更多、更高层次的会展项目，同时加强市场开发，提供更合理、更专业的会展产品和服务。

(二) 会展场馆的营销对象

会展场馆的营销对象并不仅仅是会议、展览公司或其他会展策划、中介服务公司，还包括政府组织、公司、协会和其他企业团体，它们都是会展项目的潜在主办单位和参与单位。以展览场馆为例，展览场馆的营销对象不仅包括展览会的主办单位和展览公司，还包括参展商、专业观众、一般观众、媒体记者等，其中最主要的是组展商、参展商和参观者。

1. 组展商

业界一般把展览会的组织者称为组展商。作为会展活动的主办者和展览产品主权的所有者，组展商包括政府部门、展览公司和行业协会等。组展商是场馆营销的最直接客户，也是连接展览场馆、参展商及各类资源的重要纽带。

2. 参展商

参展商是组展商最直接、最重要的客户，也是展览场馆营销的目标客户。组展商整合各种资源，目的就是希望吸引到更多高质量的目标参展商参展。

3. 参观者

参观者或观众是参展商的目标客户，也是展览场馆另一个需要争取的重要营销对象。

（三）会展场馆营销的内容

会展场馆的市场营销工作也要从产品、定价、渠道和促销等方面来展开。会展场馆要不断完善场馆设施条件，提升会展服务的专业化、个性化水平和服务质量，提升会展场馆的经营管理水平，努力塑造和维护良好的企业品牌和形象。同时，会展场馆公司要根据市场供需情况和市场竞争格局，确定自己的定价目标和市场定位，利用多种定价手段、促销手段和营销渠道战略来对会展场馆进行有效营销。

以展览场馆为例，展览场馆的营销包括展览场地营销和展览场馆公司自办展营销两个方面。自办展营销是指会展场馆自己组展办展面向参展商、观众和赞助商等会展利益相关者进行营销。场地营销是指会展场馆公司将场馆作为营销客体向组展商或会议举办者营销，主要提供会展场地和服务。会展场馆本身并不能创造市场，只能通过提高其利用率来产生效益。场地营销的影响因素包括场馆面积、场地形式及会展场馆的功能（如是否有足够的停车场，是否有餐饮、消防、通风、保安等功能，场馆是否有展示区域、公关区域、登记与咨询区域、招待和洽谈区域、办公区域、储存区域、休息区域等的划分）。

（四）会展场馆市场营销方式与手段

会展场馆市场营销的方式与手段通常包括如下几点：

1. 参与城市整体促销

会展场馆公司在其市场营销过程中不仅要对场馆本身进行宣传和营销，还要争取将会展场馆定位成所在城市的代表性城市景观、城市重要的功能性建筑和城市的重要活动场所融入城市营销过程，营销和宣传展览场馆。

2. 加入专业协会、组织，实行关系营销

会展场馆公司可以申请加入国际展览业协会（原名国际展览联盟）UFI 成为其成员单位，经 UFI 认证通过的会展场馆具有高品质的标志，本身就具有品牌号召力和行业影响力。截至 2012 年 6 月，中国已有 73 家会展场馆或展览会产品项目加入

UFI，其中包括重庆国际会展中心和中国国家会议中心①。2011 年，包括北京国际会议中心在内的中国国际会议协会成员单位共举办 302 场次的国际性会议，国际性会议数量居世界第 8 名；其中，北京、台北、香港、上海共接待 273 场重要的国际性会议，这四个城市是亚太地区会议举办数量排名前十的会展城市；我国的杭州、西安、澳门、成都、大连、深圳、天津、重庆、南京、长沙等城市也是纳入 ICCA 国际会议数据统计的会议城市。②

3. 实施品牌形象战略

成功的品牌形象战略是会展场馆和会展公司取得市场成功的关键。会展场馆虽然都是为会展活动提供场所，但每一个会展场馆在场馆的功能结构、布局模式和配套服务上有其独特性，以此相互区别。会展场馆的形象包括功能性形象和象征性形象；功能性形象指会展场馆为会议或展览会提供服务的实际功能形象，象征性形象则指会展场馆的抽象化形象，如文化内涵形象、高档次的形象等。因此，会展场馆公司既要积极导入企业形象战略，综合运用多种手段，塑造展览场馆企业良好的理念、视觉和行为识别系统，也要通过恰当的广告宣传、得力的公共关系营销、优质的场馆服务让市场受众能够接受并认可会展场馆公司导出的品牌战略形象，从而树立会展场馆公司良好的市场形象。

4. 开展网络营销

在会展营销过程中，网络具有信息搜索与发布、商情调查、品牌价值拓展、特色服务等重要市场营销功能。网络营销已经成为会展营销发展的新趋势，并将在会展场馆营销中发挥更加重要的作用和影响。

5. 与旅游企业合作

会展场馆应与旅游企业合作，将会展场馆作为目的地旅游吸引要素或游娱活动举办场所纳入旅游企业的旅游线路中去，并使会展场馆融入会展目的地旅游营销系统。

6. 服务营销

服务营销一般是指依靠服务质量来获得顾客的良好评价，以口碑的方式吸引、维护和增进与顾客的关系，从而达到营销目的。服务营销在会展场馆营销中扮演着越来越重要的作用，专业化、高质量的会展服务有时候比会展场馆的面积更重要。特别是在可租用展览面积一定的前提下，优质的配套会展服务能弥补会展场馆在硬件设施方面存在的缺憾，构成会展场馆市场竞争力的重要方面。如果会展场馆在对外宣传中突出专业、完善的会展服务优势，能有效吸引会展主办单位或会展公司。

总之，会展场馆应对会展场馆市场进行科学的调查与预测，科学地进行营销策

① UFI. UFI Info June 2012. p. 6.

② ICCA Statistics Report 2002-2011：International Association Meeting Market. ICCA.

划，有效组合产品、定价、广告宣传、产品分配、推销、服务等要素，努力构建会展场馆营销综合系统，并借助所在地城市营销系统和目的地旅游系统，推动会展场馆的市场营销。

二、会展场馆市场营销的程序与内容

（一）会展场馆市场调查与 SWOT 分析

会展场馆应通过细致的市场调查，明确会展场馆的市场竞争力和目标市场的客户需求。会展公司可以利用SWOT分析，对本会展场馆在可展览面积、配套设施、智能化水平、周边环境、会展服务人员、品牌形象等方面的优劣势及市场竞争中面对的机遇与挑战进行客观理性的分析，从而准确把握自己的市场竞争力、竞争优势和目标细分市场。

（二）会展场馆的市场定位

会展场馆在进行市场定位时，一般要考虑供给因素和需求因素，在识别自身潜在竞争优势的前提下选择合适的竞争优势，通过媒体宣传和推广向会展场馆的目标客户（会展主办者、参展商或会议代表、观众、与会人士、承办商、贵宾、公众及游客等）传达会展场馆的各种信息。

1. 会展场馆市场定位的影响因素

（1）供给因素。会展场馆市场定位的供给因素主要是指会展场馆面积是否能够满足展览需求，是否有优质、配套、专业的服务水平，是否有良好、齐全的配套设施如宾馆、酒店、大型商场、商务写字楼、健身场所等。

（2）需求因素。需求因素包括会展项目的收入预期、会展规模及品牌等。承接大规模的会展活动能够带来可观的直接收益；高档次、国际性的名牌会展产品不仅可以给会展场馆带来可观的经济效益，更重要的是能提升场馆的知名度，并促进场馆服务水平的提高。所以，会展场馆公司在营销时既要选择能够为场馆带来最大利润的会展市场，也要尽可能地争取更多大规模、国际知名品牌的会展活动或项目来本场馆举办。

（3）竞争因素。在进行市场营销时，会展场馆要对本场馆、本区域周围、邻近省市同类场馆的硬件、服务、人员、形象等方面及其客源市场进行详细的调查和比较，识别自身潜在的市场竞争优势，理性、客观地进行场馆市场定位。

总之，会展场馆的市场定位要树立企业鲜明的市场形象（包括功能性形象和象征性形象），突出场馆的设施、服务与市场上同类场馆之间的差异，确保客户在租用本企业的场地后能获得理想的利益要求。

2. 细分市场选择与市场定位

会展场馆的目标市场主要是指办展机构、各政府组织和一些特殊的团体。会展场馆的目标市场可根据客户的地理因素、人口统计学因素、心理因素、参展行为因

素、最终客户的要求、客户的市场规模和参展/会数量进行细分。会展场馆必须明确认识场馆自身的优缺点，寻找自己与竞争对手之间的服务差异、人员差异、形象差异、品牌差异，并在差异性上寻找竞争优势和营销突破口，明确市场定位目标。

总之，会展场馆应通过提高硬件环境建设和软件服务管理确保客户在租用会展场馆场地后能获得理想的利益要求，这是有效市场定位的关键。会展场馆在确认自身竞争优势之后，应选择其中最有价值、最能成为行业榜首的优势进行定位，并把这种定位信息传达给目标市场，表明会展场馆的定位、优势和服务意愿，以引起客户的注意和兴趣。

会展场馆也应进行CI策划，将会展场馆自己独特的经营宗旨、经营理念、目标精神、道德、作风、企业组织及员工的整体形象、企业文化、团队精神、场馆环境和与众不同的会展产品等，运用统一的整体传达系统（特别是视觉传达设计），传达给会展场馆周边的关系或团体（包括企业内部与社会大众），并使其对企业产生一致的认同感和价值观。

资料链接

上海国际展览中心定位

上海国际展览中心通过SWOT分析，明确了市场定位，提出了“甘作中小型精品展览会摇篮”的方针，坚持把场地销售定位在中小型、高质量的展览会，这不仅能提高展馆出租收益，还带动了租赁、饮食消费、人员服务和保卫等相关服务项目的收益。

（资料来源：郑建瑜．会展场馆经营与管理．上海：上海人民出版社，2006．参见 http://www.docin.com/p-155047844.html）

（三）会展场馆广告宣传

会展场馆在明确自身的目标市场定位以后，应详细了解传统平面媒体、电视、广播、网络和其他特种广告媒体在会展营销中的优势和局限，对所选媒体的覆盖范围及目标受众进行详细分析，通过广告宣传推广方案的制定实施，确保会展场馆营销广告产生实效。

在广告宣传内容上，会展场馆应向目标受众充分展示会展场馆适宜的接待规模、完备的配套设施、优质的会展服务等，以达到向其传递有用信息的目的。

三、会展场馆自办展营销

自办展就是指会展场馆公司自己主办会议和展览。在自办展中，会展场馆扮演着会展组织者的角色；会展场馆处于核心和支配地位，与参展商和参观者发生业务关系。

(一) 会展场馆自办展的意义

会展场馆本身是以场馆租赁为主要业务，场馆公司自主办展的原因主要有：

(1) 会展场馆通过在场馆场地出租的时间空档期穿插自办会展活动，可以填补此时间段的空白，提高会展场馆收入。自办展是许多会展场馆淡季期的主要业务及收入来源。自办展可以提高淡季时会展场馆的出租率和利用率，弥补淡季场馆会展业务的不足，提高会展场馆的收入。

(2) 会展场馆公司自主办展，可以提升会展场馆的形象，扩大其知名度和美誉度，反过来又有利于提高会展场馆的旺季出租率。

(二) 自办展营销渠道与手段

自办展营销的渠道有直接渠道和间接渠道两种。自办展营销的直接渠道是指会展场馆公司自主策划展览会，并通过面对面营销、直接邮寄、电话销售、网上营销和对重要客户的上门销售，将信息传递给潜在的参展商、目标观众和展览会赞助商，从而吸引他们参加展览会。其中，使用直接营销渠道的前提是会展场馆公司基于已有的资料和市场调查结果建立一个完整和有效的客户数据库。

自办展营销的间接渠道是指会展场馆公司通过中间商来对目标市场招展招商，一般是招展代理。会展场馆公司以支付佣金方式与代理商之间建立联系。会展场馆公司聘用招展代理的基本程序如下：

(1) 取得必要的证明资料，对代理商进行资质验证，确定代理商的资质可靠。

(2) 会展项目经理或业务员初步与代理商议定代理条件，项目总监或经理审查代理条件。

(3) 会展场馆公司负责人（总经理或副总经理）批准代理条件，签订代理合同。

除了营销主体的变化，会展场馆自办展营销的内容、流程和工作要点与会议、展览营销基本相同。

第三节　会展城市营销

会展活动的举办和会展业的发展离不开设备良好、地点适中的会议展览场地、便捷的交通条件、齐全的综合设施和服务（通信、金融、运输、住宿、餐饮及购物等）等。会展业的特点决定了基础设施水平和综合产业基础较好的大中城市常常成为会展业的空间载体。所以，会展城市营销是会展目的地营销的主要内容。

一、城市营销概述

城市营销也称为“营销城市”。城市营销的资源包括产品、企业、品牌、文化氛围、贸易环境、投资环境、人居环境、旅游资源及城市形象等。城市营销的最终

目的是满足城市客户（投资者、游客、居民及未来市民）的需求，使市民、企业对其所在的社区感到满意，而游客和投资者则对城市的期望得到满足。

作为一种社会管理活动或过程，城市营销可以有步骤地传达目标城市价值，提升城市知名度和美誉度，从而吸引目标客户。短期来说，成功的城市营销可以刺激整个城市旅游业、会展业及相关服务业的增长；长远来看，成功的城市营销可以大大提升城市的品牌影响力，对城市未来的发展具有不可估量的积极影响。

（一）城市营销的特征

1. 城市营销的实质

城市营销是在政府认识到传统城市建设与管理的弊端后，主动运用现代市场营销理论和方法，调动社会各方面参与城市建设和发展，对城市进行积极管理的产物，是面对激烈城市竞争环境的城市管理创新。

2. 城市营销的核心主体

城市营销是在城市决策层的领导和协调下，城市各相关行业、相关部门取得共识、目标一致、各有分工又协同作战的公共营销体。城市政府、协会组织（如会展业协会组织、旅游行业协会组织等）、企业、城市居民都是城市营销主体多元结构中的组成部分，而城市政府作为城市营销的核心主体，要统合其他营销主体进行城市整体营销。城市政府在营销城市时要对城市的功能定位、规划布局、城市发展环境改善、形象设计、城市整体推销等方面进行宏观上的把握。

3. 城市营销的目标顾客群

城市营销的目标顾客群是指城市的消费群体，包括现有消费群体和潜在消费群体。科特勒认为，城市营销的目标是为了吸引商业公司、工业企业、跨国公司总部及其分支机构、投资资本、体育运动会、旅游者、国际会议者及定居者等。简单而言，城市营销的目标顾客群是企业、投资者、城市定居人口、观光客和会议人士等。

4. 城市营销的立足点

城市营销的目的在于吸引目标客户来城市消费或投资，促进城市出口，提升本地产品的市场竞争力。因此，城市营销要立足于发挥城市的整体功能，尽可能满足目标市场的需求和期望。

5. 城市营销的方式

城市营销就是对城市进行整合营销，通过公共关系营销、广告和媒体宣传、会展和节事活动等方式，把城市推销出去，让城市形象、城市品牌深入人心。

6. 城市营销的核心内容

城市营销的核心内容就是要从文化、传统、资源、区位、品牌等方面来规划城市的长远发展，塑造优良的城市软环境和硬环境。城市硬环境主要是指城市的公共基础设施，包括城市的土地、基础设施、社会设施、旅游设施等，同时也应该包括依附于其上的名称、形象等无形资产；而城市软环境则是指包括人才、政策机制、

城市形象、品牌等在内的城市旅游环境、政策环境、投资环境等。对于会展城市而言，其城市营销的主要内容就是城市所具有的优越的办会和办展环境。

城市品牌是城市营销的主要内涵，城市吸引物是城市营销的核心，市政设施是城市营销的基础。城市土地、基础设施、社会设施、旅游设施等硬环境作为一种资源，可以通过城市营销挖掘潜力，通过经营收益支持城市建设，促进城市发展。创新的机制和灵活的政策对于人才有重要的吸引力，城市形象的设计和城市品牌的建设也十分有助于城市的自我推销，从而提高城市的吸引力。

（二）城市营销的任务要点

城市营销是指将城市视为一个企业，运用市场营销的方法论，以现代市场营销手段对城市的各种资源进行优化组合，并以城市作为整体向目标受众或目标客户宣传或兜售。在城市营销战略任务过程中，城市战略定位、产品规划和整合传播是城市营销的关键内容、程序和要点。

1. 城市战略定位

城市战略定位的本质是回答“城市将会建成什么样”的问题，其根本任务就是要明确城市的发展方向和目标，在目标受众心目中给城市一个独一无二的位置，在城市消费者心中树立起城市特有的形象或个性特征。

进行城市定位时，必须遵循以下原则：

（1）优势原则：要考虑城市独有的优势和亮点，根据实际情况科学合理地定位城市。

（2）前瞻原则：要充分研究城市未来发展状况和潜力，使城市定位具有现代特质。

（3）认同原则：要考虑社会公众对定位的认同，科学理性地进行城市定位。

2. 城市产品规划

城市产品包括文化产品、环境产品和服务产品。其中，文化产品主要包含思想观念的变革、改革开放意识的增强、市民精神文明建设等；环境产品主要是指城市发展规划、建设具有明显的特色，完善公共设施、旅游景观与设施等；服务产品的内容主要包括服务型政府建设、治安服务、金融服务、通信物流服务等。

3. 城市营销整合传播

城市营销整合传播主要从两方面执行：

（1）整合城市营销主体。城市营销主体是一个由政府、企业、社会组织、居民等主体组成的主体子系统，城市营销必须由这样一个主体系统进行资源整合，统一进行城市营销。

（2）整合传播媒介。即要通过包括报纸、杂志、广播、电视、网络、会议、节庆、展览、户外广告、文学作品等在内的立体化传播媒介最大限度地推广与传播各种城市产品。

资料链接

汉诺威：支柱产业引领城市精神

汉诺威的崛起靠的是会展业。它是德国一个典型的中等城市，给人的第一印象是“博览会城”。在汉诺威火车站的站台上，就挂着这样称呼的大标牌。记者在这个城市转悠时到处可以体会到“博览会气氛”。据汉诺威一位研究城市规划的学者介绍，“二战”期间，汉诺威整座城市的一半地方被毁。1947 年，英国作为战胜国，在一个废旧工厂举办第一届工业博览会，取得了意想不到的效果。很快，“博览会”确定为汉诺威的城市主题文化。而“创意，绿色，文化”也成为汉诺威的城市精神。

汉诺威是德国最绿的城市，城区近一半由花园、树林和水域构成。这里有欧洲最大的市区森林埃伦泽瑭，有马施湖，有吉鲁吉亚花园群等。众多的绿洲使汉诺威成为一个具有高档生活质量的居住区。难怪德国前总理施罗德在这里居住几十年，从不打算搬家。

此后，汉诺威市政府确立了“博览会带动城市发展”的城市方针。汉诺威还成立一个城市营销公司，专门推销城市文化、城市精神。它的具体任务很多，比如吸引和赢得投资者、创造城市认同、城市的旅游业吸引力、提高城市知名度等。

2000 年汉诺威世博会的召开让汉诺威享誉世界。现在，汉诺威已拥有世界上最大的展览中心，27 座展厅和展馆的面积为 49.6 万平方米，露天场地达 5.8 万平方米。汉诺威的会展业每年仅展览创利就超过 200 亿美元。按当地媒体的说法，汉诺威会展业是世界最响亮的城市品牌。

（资料来源：http://www.wenming.cn/fwms/shbl/201111/t20111125_401684.shtml）

二、会展城市营销

（一）会展城市的界定

根据国际展览业协会对会展城市的界定，一个城市或地区如果基础设施相对完备，人均收入在世界中等以上，服务业在 GDP 中的比重超过制造业且过半，外贸份额占 GDP 的比重接近或超过 10%，行业协会的力量相对较强，那么会展经济就会在该城市或地区得到强势增长并发挥积极作用。一个会展城市一般必须具备四个条件：①该地区城市综合实力强，人均GDP处于世界中等及以上水平；②区位条件优越，如有航空港、海港及健全、便利的交通设施；③拥有一个设施先进的展馆；④现代服务业发达。

在我国，具有会展业发展的比较优势，会展综合实力、集聚力、辐射带动能力与发展潜力较强，以会展业为其重要城市职能的城市即为会展城市。根据我国学者的研究，一个城市需要具备以下条件才能称得上国际性会展城市：①具有组织招商招展的能力和承担举办展览的民事责任能力；②设有专门从事办展的部门或机构，并有相应的展览专业人员，具有完备的办展规章制度；③曾经参与承办和协办5个以上较大规模的国际性展览会。我国已有数十个城市提出了“会展城市”建设目标，但并非所有城市发展到一定规模和水平后都应该，而且能够发展成为会展城市。

我国的香港、北京、上海、广州和大连等城市因为城市经济水平高、城市基础设施完善、交通便利、第三产业发达、会展产业发展水平较高，成为我国比较有影响的会展城市。国际上，英国的伦敦、德国的汉诺威、杜塞尔多夫、莱比锡、慕尼黑等均是世界知名的会展城市；法国的巴黎、瑞士的日内瓦因为每天要承办众多的国际大型会议，因此有“国际会议之都”的美称。

（二）会展城市5W营销系统模式

会展城市营销就是在发挥会展城市整体功能的基础上，整合城市各种资源，统一设计，精心策划，通过展览、会议、旅游节事、文艺演出、媒体广告等途径，向公众宣传城市的经营理念、建设成就、自然资源和精神风貌等，从而改善城市环境，树立城市形象，提升城市知名度和美誉度，以吸引目标客户的一种社会管理活动或过程。现在，许多国家的政府部门和会展业界越来越深刻地认识到，会展城市也应视为一个产品，通过“5W”营销模式来营销推广，从而争取更多更大型会展活动的举办权。

1. 会展城市营销的目的（Why）

即回答为什么要进行会展城市营销的问题。城市营销是为了城市获取更多的资源如政策、资金、技术、人员。营销城市，将城市卖给目标市场的顾客，是城市获得资源、赢得城市之间竞争的有力手段。对于会展城市而言，要想获得城市发展尤其是城市会展产业发展所需的各项资源，赢取城市发展的更大空间和会展产业发展的更多机会，就必须进行城市营销，将城市优良的办会、办展环境和各种优惠措施传达给公众尤其是会展活动的组织者，以吸引更多、更大规模的、更高档次的会议或展览会。会展城市营销的综合效应见表11-2：

表 11-2　　会展城市营销的综合效应

营销对象	预期效应
国际协会或组织	宣传城市形象，为城市争取国际性会议或展览会
会展活动的策划、组织者	让更多的会议或展览会在本城市举办
市民	提高市民对会展的认识，促进市民素质的提高，吸引未来的居住者和人才
周边城市	树立榜样，并争取广泛的区域性合作
其他	改善投资环境、促进基础设施建设等，吸引投资者

（资料来源：王春雷．会展城市营销的几个基本问题［J］．旅游科学，2004，18（2）：33-38.）

2. 会展城市营销的内容（What）

会展城市到底营销什么呢？城市营销的主要内容应该是城市的软硬环境和发展远景。城市环境包括当地的安全状况、产业基础、市场潜力、基础设施、旅游吸引及接待条件、土地及税收政策等，内容十分庞杂。对于会展城市而言，会展城市的经济条件和产业基础、区位条件、会展场馆设施和城市基础设施、完善的会展设施和优良的配套服务、城市自然条件和生态条件、城市社会与文化环境、制度条件和会展业规章、安全状况、人才素质、强大的会展策划组织和接待能力、会展项目能给参展商或专业观众带来的独特利益、先进的管理和优质的服务、优美的旅游休闲场所与景观、会展产业的美好发展前景都是会展城市营销的主要内容。

同时，会展城市营销应根据特定目标和对象来确定内容：面向会展活动的主办者，应大力宣传良好的办会办展环境和各项优惠政策；面向广大市民，应宣传和介绍会展业对城市社会经济发展的巨大促进作用，争取市民的支持等。会展城市营销的核心内容就在于向目标市场传递会展城市优良的办会/展环境信息，向目标受众描绘城市会展业发展的美好蓝图和发展远景，树立和提升会展城市的形象和品牌。

3. 会展城市营销的主体（Who）

即解决由谁来进行会展城市营销的问题。会展城市营销内容十分庞杂，企业无法解决城市营销中所涉及的各种资源、环境等方面的事情和问题，企业不应也不能够对整个城市进行营销。会展城市营销必须是政府主导下的城市整体营销。政府主导的会展城市营销的基本含义包括：由政府主管部门牵头，组织本市的主要会议服务公司、展览举办企业或会展场馆，在全国甚至全世界范围内，大力宣传本城市的会展产业发展条件及办展（会）水平，以吸引更多的会展组织者和专业观众。但政府主导并不是指政府主办一切；政府部门、会展业协会组织（包括会议和观光局、展览业协会、企业联合体）和其他专门目的地营销组织都是会展城市营销的主体。会展城市营销应该是一个整合各营销主体进行协同营销推广的过程，并应采取市场化运作方式。

资料链接

韩国首尔的城市营销主体与机制

韩国首尔为营销城市，已建立了统一领导、多元协调的城市营销组织网络和领导机制。其中，首尔市长和首尔城市营销担当官室构成首尔的城市营销规划组织，承担领导和协调的功能。市长是城市营销的最高协调人。而首尔城市营销担当官室则负责首尔城市品牌的管理和推广，监督城市品牌在具体城市产品中的应用。首尔的其他城市营销组织则根据首尔城市发展使命、愿景以及首尔营销目标，特别是在城市品牌核心识别和应用规范的指引下，分别在投资促进和企业服务、旅游促进和开发、市民沟通和雇员服务方面规划和展开城市营销工作。

首尔已初步形成了城市营销组织协调机制，确立了城市统御性品牌管理机构，同时，政府也确保了相关的基本预算。如2004年，首尔市用于城市形象营销的预算为110亿韩元（相当于1 000万美元），而2003年则为114亿韩元。此外，首尔特别市政府在首尔发展研究院每年也有一定比例的投入。正因如此，首尔的城市营销研究和实践均取得了快速发展。其撬动的私人部门及第三部门的参与和投入无疑是更大的，这才形成了首尔生气勃勃的城市营销热潮。

（资料来源：德骏文传 http://www.dedrin.com/gsxw/2012-09-18/34.html；内容有所删减。）

4. 会展城市营销渠道（Where）

会展城市的营销渠道包括直接渠道和间接渠道。会展城市可通过网络营销、会展活动推介会、大型节事活动等方式对会展城市进行直接营销，也可以委托专业的营销公关公司对会展城市进行整体策划包装，对目标市场进行营销宣传与广告推广。如香港特别行政区政府高薪选聘、设立规模庞大的城市品牌顾问团来对香港这样一个国际金融中心、会展中心进行城市营销。香港城市品牌顾问团从多家国际公关公司中筛选，最后选择美国博雅公关公司组建专门的品牌顾问团，并通过香港娱乐巨星代言，在全球宣传和推广香港。

5. 会展城市营销的目标对象（Whom）

即会展城市营销者向谁营销的问题。会展城市营销的目标市场包括产业投资者、参展企业、观光客、会议人士和一般公众。会展城市营销目标对象容易确定，但根据地理属性和参展企业类型来进行目标市场细分相对比较重要，需要根据会展产品的特点、会展城市与其他区域的经济文化联系、市场竞争要素等来选择细分市场，进行会展产业营销宣传。在某一特定时期内，会展城市营销的重点对象依不同的营销目的而变化。会展城市营销要素见表 11-3：

表 11-3　　　　会展城市营销要素表

营销主体	营销对象	营销内容	营销目的
会展城市	会议或展览组织者	优越的办展环境	吸引更多、更高档次的会议或展览在本城市举办
会展主办者	参展商、政府、观展商	会展对当地的贡献率和对产业的拉动力，展会的规模、档次和观展者	吸引更多的参展商参展、观展商观展，以及政府支持
会展企业	会展主办者、媒体	大力宣传自己的展会策划能力	争取承办展会策划业务，树立企业形象
展览场馆	主办单位和展览公司、参展商、专业观众、媒体	功能完善的设施和优良的配套服务	吸引更多高档次的展会在本展馆举行，提高场馆知名度
参展商	专业观众、其他参展商、媒体	宣传自己的新产品、新服务和新技术等	吸引新客户和新的合作伙伴以及树立企业形象
旅游企业	会展主办者、参展商、观展商	宣传自己的专业服务	争取会展外围服务，招揽更多业务

会展城市营销者要先进行城市会展产业发展的 SWOT 分析，寻找城市会展产业发展的重点和目标，理性地对城市和会展业发展进行市场定位，并通过各种营销手段向目标市场传达会展城市有关办展办会的环境信息，吸引目标市场的企业、个人来办展参展和观光旅游。

再以韩国首尔为例，韩国首尔在制定城市形象推广策略时进行过深刻的环境分析，包括 SWOT 分析等，对本市市民及国内其他地区的居民、首尔的友好城市、对首尔发展具有重要影响的国家和地区（如中国、日本、美国、德国等）进行城市形象的宣传，内容包括目前已经建立的品牌识别系统，如口号、标识以及首尔的核心价值形象等。

(三) 会展城市定位

会展城市定位主要反映在城市重要会展产品定位、会展城市形象定位和市场竞争定位几个方面。会展城市形象定位要结合城市旅游形象定位统一进行。对城市重要会展产品的定位则主要考虑城市的产业发展优势、潜力和既有会展产业优势。对于城市主打会展产品定位，可以根据其展示主题来凸显会展城市优势，并与竞争者相区别。如大连主打以服装展为主的会展产品（如大连国际服装展），深圳主营以新经济与高科技产品为主题的会展产品（如高交会），上海则主要强调发展社会经济类国际性会展等。

通常，对会展城市的市场竞争定位分为国际性会展城市（如香港、慕尼黑、法兰克福、伦敦、巴黎、日内瓦等）、国家级会展城市（如北京、上海、广州等）、区域会展城市（深圳、大连、青岛、武汉、昆明、成都、宁波等）和一般性会展城市几类。

(四) 会展城市整合营销

与旅游目的地整体营销类似，会展城市营销也具有公共产品的性质。会展城市营销具有非盈利性、不排他性和不可分割性的特点：①非盈利性是指政府或行业主管部门在制定营销计划时，自身没有直接的盈利目的，其主要目标是为本城市会展业的发展营造良好的环境。②不排他性，指本城市的任何会展企业都可享用城市整体促销所带来的成果，不具有排他性。③不可分割性，指会展城市应该以一个整体概念展示在人们面前，对会展城市的营销要进行整合，实行各部门联合协作下的统一营销。

会展城市营销的特点决定了会展城市营销应该是政府主导、协会和企业合作下的整合营销，会展城市营销应该整合资源、发挥优势、统一形象、协同推广，进行整体营销。

1. 整合资源

会展城市营销主体要整合城市营销的各种资源——资源、产品、企业、品牌、文化、传统、区位、环境（含贸易、投资、人居和旅游环境）和旅游吸引物等，要联合政府各部门、各种协会组织、企业、媒体和居民等各种利益相关者，会展城市不同营销主体及会展城市内不同的利益相关者应整合起来，形成一个利益联盟，充分利用其营销资源来对会展城市进行营销推广，以推动城市发展。

2. 发挥优势

会展城市整合营销就是要充分吸收和调动城市各界广泛参与，发挥各自优势，共同营造会展城市良好的办展办会气氛。会展城市营销组织要在对城市进行充分、理性的SWOT分析的基础上，寻找和甄别城市会展业发展的系统优势，来进行会展城市目的地营销。

3. 统一形象

城市营销不是产品层次的营销，而是城市整体形象的营销。尽管每个城市都处在不断的发展变化中，但在一段特定时期内，城市对外界的形象宣传和营销口径应具有持续性和统一性。会展城市的政府、行业、企业及个人应协同合作，对会展城市的会展产业进行整体营销，统一城市对外形象，统一塑造会展目的地整体形象，形成独特的营销品牌。如果不同的会展营销主体对其会展产品及所在城市的营销各自为政、分别进行，容易导致向目标市场传递信息的无序和杂乱，既增加了城市营销成本，也容易造成会展城市形象的模糊混乱，影响需求者对目的地的选择决策。

需要指出的是，会展城市营销口径不统一与城市营销的再定位有着本质区别。前者使得城市会展业的主题形象含混不清，后者则是为了适应城市会展业新一轮发展的需要。统一的营销口径对塑造会展城市整体形象至关重要。但是，当前大多数城市往往容易忽视这一点，其营销口径说法纷纭，或变化过于频繁，或明显滞后于会展业发展的实际情况。

4. 建立会展城市整体营销的执行机构

以会展目的地系统利益最大化为基点，建立保证会展城市整体营销系统运行良好的统一执行机构，是会展城市营销的组织保障。会展城市整体营销的执行机构可以在城市会展行业主管部门、目的地会展企业（会议中心、场馆等）、专业会议/展览会组织者、参展商和专业观众之间建立一座联系、沟通、交易的桥梁。

一些国家和地区的政府组织在目的地整体营销系统中担任着重要角色，成为会展城市整体营销的执行机构。例如，新加坡旅游局下成立有展览会议署，主要职责是每年制定专门的推广计划，到世界各地介绍本国举办会展活动的优越条件，介绍本国会展产业和旅游业发展情况，并协调配合企业开展工作而不收取任何费用。而香港地区旅游局与香港贸易发展局和展览会议协会联合，以一个整体对外开展目的地营销活动，有效地推进了香港旅游业和会展产业的发展。

资料链接

设立国家管理机构推动我国会展业发展

世界上许多国家和会展城市都设有国家会议局和城市会议局，负责会议、展览和奖励旅游的组织、协调与市场开拓。从设置来看，有的使用会议局的名称，有的同旅游局并在一起，如法国巴黎就是“会议与旅游局”，有的设在旅游局之内，作为旅游局的一个职能部门，如香港会议及展览拓展部设置在香港旅游发展局之下，专门负责促进香港的会展活动。各国和地区的会议局（旅游局）作为政府会展主管部门，无不担负一项重要的职能，即目的地营销。

为了争办一个会议或展览，国家之间，甚至一个国家内部各城市之间，竞争都十分激烈。把一个国家或城市作为营销对象，塑造会展目的地良好的整体环境，展示目的地的美好形象——这就是政府会展主管部门的工作。会展主管部门的基本职能是代表目的地从事会议和展览营销工作，组织营销活动。这些机构主要从事以下几个方面的工作：

1. 参加相关国际组织，进入专业领域。全球会议和展览协会很多，最主要的是国际会议协会（ICCA）、国际专业会议组织者协会（IAPCO）、会议策划者国际联盟（MPI）、国际协会联盟（UIA）、国际展览局（BIE）、国际展览管理协会（IAEM）、贸易展览参展协会（TSEA）、国际展览联盟（UFI）等。目前我国北京、上海、广州、大连等地已有一些政府部门和企业陆续参加了上述专业组织。

2. 参加专业交易会，扩展市场。目前，全球范围内影响较大的会议和展览交易会主要有三个：每年5月在瑞士日内瓦举办的欧洲会议、公务、奖励旅游交易会（EIBTM），每年9月在美国芝加哥举办的奖励和会议旅游展销会（IT&ME），每年12月在亚洲易地举办的奖励和会议旅游展销会（IT&CMA）。三个交易会分别于一年之内的不同时间在欧洲、北美、亚洲举办，具有一定的市场互补性。

3. 以政府名义同相关组织建立合作关系，促进联络协调。政府会展主管部门处在会展城市市场竞争的前沿，它可以同航空公司、旅游批发商、饭店等相关机构合作，整合市场营销力量，加强会展城市营销。

4. 邀请买家做专业考察。有计划地邀请有实力、高质量的买家到目的地实地考察，使买家对当地举办大型会议和展览的各种有利因素、会展设施、接待条件、接待能力等有深入的了解，刺激他们的购买欲望。这种请进来的方式投入小、见效快，能为更多企业提供与国际买家见面的机会。

目前在会展业产业规模、经营能力、专业人才等方面尚十分滞后的情况下，为使我国会展业健康有序地发展，必须借鉴国际上成功的国家或城市的经验，参照国际惯例，结合中国国情，走分层次、分级别、跨越式的发展道路。基于贸促会在我国展览业中扮演的重要角色，以及会展业与旅游业密不可分的关系，在我国会展业尚无统一管理协调机构的情况下，贸促会和国家旅游局应当仁不让，担负起重要责任。其他职能

如收集会展方面的信息资料，统计会展业相关数据，协调、监督、管理会展服务质量，开展专业人员的教育培训等，应随着会展业的发展，逐步由行业协会来承担。同时，随着我国会展业开放进程的加快、市场化运作程度的加深，政府应将对会展业的审批、管理、主导的权利和职能转变为注册、服务、引导的职责。

（资料来源：王晶.《光明日报》2004年2月23日. http://www. promo salons-china. com/index. php? ac=article&at=list&tid=104）

5. 建设会展城市 DMS

2001 年，第 14 届世界旅游大会正式提出了 DMS（Destination Marketing System）的概念，即一种将旅游目的地通过互联网进行营销的模式。DMS 以互联网为基础平台，结合数据库、多媒体技术和网络营销技术，通过全面收集和规范目的地的各种旅游信息，建立通畅的旅游信息传播渠道，使公众对旅游目的地产生浓厚的兴趣，进而采取具体的旅游行动。鉴于会展活动和旅游活动的开展具有十分相似的基础条件，会展城市营销完全可以与旅游目的地营销系统实行捆绑，有效整合城市营销的各类资源，建设会展城市 DMS，进行城市整体营销与整体促销。

在英国、新加坡、西班牙、澳大利亚、奥地利、芬兰等旅游产业和会展业比较发达的国家和地区，DMS 已演变为一种新的旅游营销模式，并被认为能够将网络和传统营销业务有效结合，从而广泛地支持当地的旅游企业，提高旅游营销效益。在会展城市的旅游目的地营销系统中，会展业发展环境、场馆设施、会展企业等也应有所突出，这样不仅能节约城市整体营销的费用，还能极大地丰富 DMS 的内容。

三、城市会展营销与目的地旅游营销的融合

城市营销实践最早可追溯到 14 世纪的意大利，其目的是为了促进旅游胜地的发展。20 世纪中期，欧洲的一些滨海城市、休养胜地开始尝试以促进旅游、房地产销售为目的的城市营销。随着会展经济对于城市驱动作用的加强，越来越多的城市政府正试图通过城市会展营销与目的地旅游营销的融合，提升城市在吸引投资、游客及优秀居民方面的竞争能力，从而推动城市的持续发展。在当前体验经济时代，旅游形象常常成为城市形象的代表，旅游业成为承担提升城市形象重任的载体。在会展城市营销实践中，旅游目的地营销常常与会展城市营销融合进行或者部分取代会展城市营销。

第四节　会展旅游与会展旅游目的地系统营销

一、会展旅游与会展旅游营销

会展业与旅游业融合是全球会展业发展的必然趋势，会展旅游就是会展业与旅游业融合发展的产物，是旅游属性结合会展活动的特点而衍生出来的产品。

（一）会展旅游

1. 会展旅游的定义与分类

狭义的会展旅游是指为会议和展览活动的举办提供会/展场外的且与旅游业相关的服务并从中获取一定收益的经济活动。此时，旅游业参与会展活动的目的是开拓旅游市场空间并获取一定的经济收益，其手段是根据参会者的不同需求为其提供旅游企业所擅长的服务。我国国内的一些会展业和旅游业人士在谈到会展旅游时，有意无意地将奖励旅游排除在会展旅游之外。在这种狭义语境下，会展旅游的服务对象应该落实到具体参加会议和展览活动的人，并根据参加者参加活动类型及所需服务的不同，将其细化为会议旅游和展览旅游两种类型。

中义的会展旅游即是在狭义会展旅游的基础上增加了奖励旅游，形成旅游业人士基本认同的概念——MICE。国外发达国家所指的会展旅游多是中义层次的会展旅游，即 Meetings（会议）、Incentives（奖励旅游）、Conventions（大会）、Exhibitions（展览）。中义的会展旅游包括会议旅游、展览旅游、奖励旅游三种类型，不包括节庆、大型活动等。

广义的会展旅游是指以参加会议、展览、博览会、交易会、体育运动会和节庆活动等为主要目的而进行的旅游活动。此时，会展旅游的内涵最为宽泛。国内外不少学者及业界人士认为凡是有一定主题的聚集性活动都可以纳入会展旅游的范围之内，他们据此认为会展旅游应该包括各种类型的会议、展览和活动，如展览会、博览会、交易会、招商会、发布会、专题会、颁奖会、庆典活动、节庆活动、文化活动、科技活动、体育运动等。从广义角度来看，会展旅游应该包括会议旅游、展览旅游、奖励旅游和节事旅游四种类型。

2. 会展旅游的要素组成

会展旅游的主要参与者可分为会展旅游组织者、会展旅游目的地接待服务者、会展旅游者三大类。会展旅游的要素主要包括主体、客体和介体三类：

（1）会展旅游的主体。会展旅游的主体即会展旅游者，在构成上主要包括异地会展活动组织者（如政府机构、协会、展览公司等）、异地而来的专业观众（参与产品展示、经贸洽谈等商务活动的专业人员）和因会展活动的进行而在特定时间被吸引来到活动地的参观者。其中，前两部分构成了会展旅游主体的核心。会展旅游的这三部分主体在实际的旅游活动中可分别独立存在，但在某些情况下也可"三位一体"。以上海世博会为例，在长达6个月的时间里，各国与会人员既要参与世博会的展览活动，展出自己的先进成果，又要参与期间召开的交流会议，同时又是各国展品的参观者。

（2）会展旅游的客体。会展旅游的客体即会展类活动的旅游资源。对于会展旅游来说，其特定的旅游资源构成主要包括两大部分：一是以产业基础建构起来的各种吸引物，包括有形的会议和展览场馆及其相关设施、会议展览活动本身，以及为产业活动所提供的各项服务；二是目的地提供的其他自然和人文旅游景观。

一些规模较大、级别较高的会展场馆如上海世博会各国展馆、北京奥林匹克主运动场鸟巢等以其优秀的设计、独特的风格对旅游者产生巨大吸引力，成为人们游览光顾的目标之一。至于目的地其他自然和人文景观之所以成为会展旅游资源的构成部分，主要是由旅游者在会展目的地停留期间对会展活动以外的其他景点进行游览而决定的。会展活动尤其是大型的会展活动，常选择名胜较多、交通发达的城市地区和一些风景优美、环境舒适的湖滨、山地，因此这些地区原有的自然和人文资源也成为会展旅游者的吸引物。

（3）会展旅游的介体。会展旅游的介体主要指为会展旅游者在会展旅游过程中提供各种服务的会展业相关产业和部门，以及旅行社、交通、饭店等旅游产业部门。其中，从事组织、宣传和招徕参展商、与会人员和展览观众的企业、PCO（专业会议组织者）、DMC（目的地管理公司）、展览公司等是会展旅游过程中的主体媒介。只有在这些企业的经营下，会展活动、会展旅游才能得以启动和实现。

3. 会展旅游的功能

会展旅游既是会展市场的重要组成部分，也是商务旅游市场的重要组成部分。作为一种新的旅游形式，会展旅游以其产业的综合性、行业的带动性、消费的集中性、收益的显著性、服务的关联性等优势得到普遍重视。在一些会展经济发展势头良好、旅游资源丰富、基础设施完善的地区，会展旅游已成为当地改善旅游产品结构的支点、促进目的地经济发展的新动力、提升目的地形象的新手段。会展旅游对于区域经济的主要作用表现在：

（1）有助于提升目的地旅游形象。会展活动或会展旅游可以极大地提升东道地区的旅游形象，如上海 APEC 会议举办之于上海旅游形象的积极影响、北京奥运会的举办之于北京旅游形象的极大提高。会展旅游也有助于形成活动地作为潜在旅游目的地的良好形象。海南的博鳌过去为名不见经传的小渔村，"博鳌亚洲论坛"的举办极大地提升了当地的旅游形象，促进了当地旅游业的快速发展。

（2）有助于提高地区旅游吸引力。会展旅游最基本的作用就在于吸引旅游者前往某特定地区，提高目的地旅游吸引力。会展旅游一方面可以从本源上吸引旅游者前往某个地区进行旅游活动；另一方面，旅游者在某地进行相关的旅游或旅行活动时，会展旅游供给营销者提供某些会展活动或会展项目供其参与，提升旅游者的旅游体验。

需要引起特别注意的是，会展或节庆活动的旅游吸引力不仅与特定的物质设施有关，拥挤的人群、服务和娱乐等其他因素对于营造一种良好的旅游氛围显得更为重要。以云南省昆明市为例，昆明市在世界园艺博览会后将其整个会址及配套设施整体保留下来，作为一个旅游景区进行企业化经营利用，使云南省很多“养在深山人未知”的旅游景点迅速驰名于国内外，极大地促进了云南省旅游业的发展。

（3）有助于降低目的地季节性。季节性问题是许多旅游目的地一直非常困惑的问题。许多旅游目的地现在通过在旅游淡季举办各种会展活动来解决旅游淡旺季失衡的问题。会展项目和大型活动甚至还成为了目的地延长旅游旺季或形成新“旅游季”的重要手段。比如在北方地区，通过在冬季举办一些冬季竞技体育活动、冬季节庆活动等，完全有可能形成一个新的旅游旺季。因此，会展或大型活动在缓解目的地旅游发展过程中的季节性问题方面具有独特的作用。

在会展旅游发展过程中，旅游企业不仅突破了对异地会展活动举办者与参与者接待服务的局限性，也突破了对整个会展业接待服务的局限性，开始承担会展的策划和组织工作，成为会展业产业构架的主要组成部分。

（二）会展旅游市场营销4Ps组合策略

1. 会展旅游产品设计

会展旅游是会展活动与旅游活动的结合，所以，会展旅游产品就是会展产品和旅游产品的综合，表现出鲜明的以会展活动为主、自助性、个性化特点。目前的会展旅游产品主要表现为：会展旅游企业（通常是旅行社）根据客户需求，以会展期间的酒店、接送、餐饮等基本服务为主体产品，并提供配套服务及产品，进行自由组合。

会展旅游规划者要以会展旅游者的需求为设计依据，围绕会展城市及其周边区域重点开发高端会展旅游产品（如生态旅游、高科技旅游、专题投资考察游以及其他参与性极强的旅游项目）。此外，在会展旅游产品设计组合过程中，会展旅游规划者和营销者要结合当地的文化特色设计出多样化的会展旅游产品组合，努力打破景点之间、部门之间以及区域之间的壁垒，实现会展旅游产品的联合开发与灵活组合，提升目的地会展旅游发展实力。

在旅游行程设计过程中，旅行社可以为会展旅游者提供会展旅游及当地的市场

行情、法律法规及经济政策等方面的专业信息咨询服务，并可根据会展旅游者需要，提供以半日游、一日游、二日游的中、短线游为主，组团灵活的旅游产品，以配合会展旅游者的会展工作计划。除此之外，旅行社也可以根据客户要求，灵活组织和安排集体活动和分散活动，以满足会展旅游者多样化、高品质的旅游需求。

2. 会展旅游产品定价

会展旅游产品可根据会展旅游者独立性极强的特点，采取半包价、小包价以及采取单项产品收费的策略。

会展旅游产品也可融合旅游行业定价技巧，采取成本导向、需求导向和竞争导向三种方法对会展旅游产品进行定价。如会展旅游企业采取在产品成本基础上加成或加目标利润的方法进行成本导向定价，也可以以旅游者对会展旅游产品的需求强度、对产品价值的理解和可支付的价格水平为依据，来确定会展旅游产品的价格。有时候，会展旅游企业应以市场竞争为中心，结合企业自身实力状况、发展战略等因素的要求，采取率先定价法或随行就市的办法来制定会展旅游产品的价格。

需求差异定价在旅游业中应用广泛。它指的是旅游企业常常根据不同的时间、地点和不同细分市场上的顾客对价格灵敏度的不同，对相同成本的同一产品实行不同的价格，以实现企业利润的最大化和顾客群结构的最优化。如针对不同客人（如 VIP、CIP、长住客、常客、团队客、散客等）制定不同价格，针对不同产品形式制定不同价格，针对不同地点的产品（如外景房、内景房、角房等）制定不同价格，或者在一年之中的淡旺季对同一产品实行不同的定价。

3. 会展旅游营销渠道

会展旅游产品具有综合性特征，间接渠道是会展旅游产品营销的最主要渠道。

会展旅游的营销渠道主要有旅游中间商（包括旅游批发商、旅游经营商和旅游零售商——旅行代理商）、旅游经纪人、奖励旅游公司、酒店销售代表、预订系统、会议组织者及目的地管理公司、行业协会（如销售协会、温州商会、旅行社协会、自驾游协会）等。

旅游经纪人是一种特殊的旅游中间商，他们不拥有产品的所有权，不控制产品价格及销售条件，不卷入交易实务，只为双方牵线搭桥，促成双方交易。成交后，旅游企业支付佣金。所以他们不承担任何风险。旅游经纪人主要出售汽车旅游项目。这种旅游对于众多市场都很有吸引力。

4. 会展旅游促销

会展旅游促销的方式主要有广告促销、销售促进、人员推销和公共关系营销四种主要方式。

广告是会展旅游目的地整体形象最主要的载体；广告促销对于提高会展旅游产

品的市场知名度和目标市场接受程度、促进潜在顾客购买欲望具有重要的意义。会展旅游营销者要充分利用电视、广播、报纸、杂志、互联网等大众和专业媒体，配合会展活动营销同步或后续跟进对目标受众市场进行会展旅游产品及项目的宣传推广，以便让潜在的会展旅游目标市场知道会展旅游产品相关信息，产生对该旅游产品的兴趣及成行的足够动机。

销售促进也是会展旅游营销推广的方法。会展旅游营销者可以通过在短期内向目标顾客赠送优惠券、奖励、现金折款等方式来刺激会展旅游者对会展旅游产品的购买行为。销售促进具有刺激性强、激发需求快、有效期短、组织工作量大、耗费大、营销面窄的特点。

人员推销指会展旅游营销人员深入旅游中间商或会展旅游目标市场如会展活动现场，直接进行会展旅游产品的推荐和介绍工作，以促使顾客采取购买行为。人员推销具有方式灵活、针对性强、易强化购买动机、及时促成交易，易培养与顾客的感情、建立长期稳定的联系，易收集顾客对产品的反馈信息等优点。但人员推销费时费钱，传播效率低，往往成为平均代价最高的促销手段。会展旅游产品人员推销的主要工作步骤通常是：先寻找目标受众，做好推广的相关准备工作，正式向客户推广，后期工作，填表、内容补充等。

公共关系营销实际上是指会展旅游供给企业通过公共关系营销行为，促进与公众的良好关系，赢得公众对企业的好感，从而为企业或产品的营销创造良好的社会环境。公共关系营销是会展旅游营销的重要手段，会展旅游营销主体可以通过新闻发布会、新闻报道、人物专访、公益资助、专题公关等活动树立会展旅游产品及公司更好的市场形象，促进会展旅游的销售。

（三）会展旅游营销的 STP 战略

1. 会展旅游市场细分

会展旅游市场细分的客观基础在于市场需求的差异性，任何一个会展旅游企业，无论它的规模多大、资金多雄厚，都不可能满足市场的全部需要，因此，会展旅游企业只能在市场细分的基础上选择出自己特定的服务对象，制定相应的营销策略，只有这样，才能更好地进行经营。会展旅游服务接待企业要按照参展商、观众的属性、欲望、需要、购买习惯和行为特征，把整个市场细分为若干市场。细分会展市场有利于会展旅游企业发掘市场机会，发现市场上新出现的、尚未被满足的市场机会，发现新的目标市场，从而开拓新市场。

会展旅游细分市场划分有人口、地理、行为、利益等标准，会展旅游市场细分应该遵循可衡量性、可进入性、规模性和可盈利性的特点。

2. 会展旅游目标市场的选择

会展旅游目标市场选择模式包括无差异性市场策略、差异性市场策略及密集性市场策略三种形式。(见表11-4)

表11-4　**会展旅游目标市场选择模式**

	无差异性市场策略	差异性市场策略	密集性市场策略
企业实力	实力雄厚，资源丰富	实力雄厚，资源丰富	实力差，规模小
产品特点	同质产品	异质产品	异质产品
市场特点	竞争性差	竞争激烈	竞争激烈
适用产品周期	投入期，成长期	成熟期，衰退期	成熟期，衰退期
竞争者策略	无差异、差异或集中性	差异或集中性	集中性

在无差异性市场策略指导下，会展旅游企业将整个会展旅游市场看作一个大的目标市场，以一种产品组合、一种营销组合去满足所有旅游者的需求。该策略具有产品标准统一、易于管理、便于规模化生产、营销成本相对较低的优点。但是，旅游需求的差异性相对于其他产品来说更为明显，在会展旅游业处于买方市场的情况下，无差异性市场策略很难适应会展旅游市场的需求。

在差异性市场策略指导下，会展旅游企业在市场细分的基础上，针对每一个细分市场的需求特点和环境形势，进行不同的市场经营组合，以差异性的产品和服务分别满足差异性市场需求。例如，饭店向客人提供从单人间、标准间、普通套房、豪华套房以至于总统套房等不同规格、设施、价格的客房体系，旅行社向市场推出同一线路的一日游、二日游、四日游等以适应闲暇期长短不一、支付能力不同、兴趣各异的顾客群。但实行差异性市场策略必然要增加生产费用、推销费用、研究开发费用及行政管理费用，并且要求相当规模的人、财、物等资源力量的投入。

密集性市场策略是指会展旅游企业把全部资源力量集中投入在某一个或少数几个细分市场上，实行专业化的生产和经营的策略。无差异性市场策略和差异性市场策略都是以整体市场为目标，而密集性市场策略则只是以某一个或少数几个市场为目标市场，在有限范围的目标市场上集中力量以求拥有尽可能大的市场占有率。该策略一方面可以使旅游企业充分运用其有限的资源集中优势兵力打歼灭战，尽可能发挥资源的作用；另一方面也是避实就虚、扬长避短、充分发挥自己优势的有效方法，在适当时机该策略还有可能创造出意想不到的超额效益。

对于会展旅游企业来说，选择哪种方式要结合企业自身的情况，只有最适合自己的才是最好的。

3. 会展旅游的市场定位

会展旅游市场定位的出发点和根本要求在于确定会展企业产品的特色，努力实现会展产品差异化与会展品牌形象差异化。会展旅游企业必须在进行市场调研、了解竞争对手市场定位的基础上，充分挖掘和创造自身的特色，避免与竞争者定位的雷同。会展产品的差异化主要体现在产品内容及价格、服务属性与利益等方面的差异。与会展营销市场定位策略一样，会展旅游市场定位也可大致概括为对抗性定位、避强定位和重新定位三种类型。

同一区域大多数会展旅游企业产品间的差别较小、同质性强、易被模仿，往往吸引的是同一细分市场的游客，因此它们在许多情况下采用的是与竞争对手定位相一致的市场，争取更多的市场份额，从而使自己处于领先地位。

在避强定位模式下，会展旅游企业不与对手直接对抗，而是将自己定位于某个市场“空隙”，开发新的会展旅游特色产品，开拓新的市场领域，从而在市场上站稳脚跟，在消费者心目中树立起一定形象。

重新定位通常是对那些市场销路少、市场反应差的会展旅游产品进行二次定位。重新定位也可作为一种战术策略，以通过新的产品开拓新的市场范围。例如，某些专门为青年会展旅游游客设计的产品在中老年游客中也开始流行后，这种产品就需要重新定位。

二、会展旅游目的地营销

会展旅游目的地营销通常是政府主导下的整合营销，其营销战略包括整体营销战略、联合营销战略、形象与品牌营销战略、公共关系营销战略及网络营销战略等。

（一）整体营销战略

政府主导尤其是旅游行政主管部门统领下的目的地营销是会展旅游目的地整体营销的关键战略。会展旅游目的地营销主体可组织目的地分散的营销资源，集中力量宣传本地区优越的会展旅游环境和品牌，提升和传播目的地的整体形象。因此，我国各城市可以以政府旅游部门、展览业管理部门或协会组织牵头，大力推进目的地整体营销。例如香港旅游局、贸易发展局和展览会议业协会合作开展了大量的目的地营销活动，以共同推动本港旅游业与会展经济的发展。

会展旅游目的地整体营销不仅要提炼目的地整体形象，还要求目的地各政府部门、各关联企业各有分工、各司其职，共同开展目的地旅游整体形象宣传。

（二）联合营销战略

会展目的地联合营销不仅要求政府相关部门、相关产业与会展业、旅游业两个业态之间的联合，还要实现会展业内及旅游业内不同企业之间的营销联合。

会展业与旅游业虽然属于两个不同产业，但这两个业态之间存在着固有的紧密联系和相互补益关系。对于会展旅游目的地而言，会展业与旅游业可以相互携手，对会展旅游目的地进行联合营销。在会展业或旅游业内部，虽然各企业之间存在竞争，但也可以将各会展企业或旅游企业的力量进行聚合，共同开拓会展旅游市场。

如法国国际专业展促进会就是由巴黎工商会、法国外贸中心、法国展览协会等机构发起的、数十个法国展览公司和巴黎大区经济发展局、法国海外工商会联盟、巴黎市政府、巴黎大区议会、法国企业国际拓展署、法国企业行动联盟以及巴黎展览馆群组成的会展促进营销组织，涉及航空与运输、农业、食品、建筑与市政工程、美容、食品、包装、教育教学、环境/能源、家居装修、房地产、餐饮、工业、物流、高新技术、信息、光学、健康、安全、防务、服务、运动、旅游休闲、纺织、时尚等各产业。这一组织通过行业、企业和部门联合，在全球进行法国的会展旅游市场营销与拓展。

（三）形象与品牌营销战略

会展旅游目的地营销者运用现代形象—品牌营销理论，树立会展旅游目的地不同于其他目的地的旅游形象，打造区别于其他目的地的完全被消费者接受和认可的会展品牌，来吸引相关的企业和专业观众参展，是会展业、旅游业发展的必然趋势。无论是展览、会议还是奖励旅游、节事活动等，目的地形象往往起着非常重要的作用。

最高级的营销不是建立庞大的营销网络，而是利用品牌符号，把无形的营销网络铺建到社会公众心里，把产品输送到消费者心里，使消费者选择消费时认可这个产品，投资商选择合作时认可这个企业，这就是品牌营销。会展旅游目的地形象—品牌营销就是要树立目的地独特的旅游形象，建设目的地会展品牌产品，通过会展旅游目的地鲜明的形象和品牌来对目标市场形成市场号召力和影响力。

资料链接

世界各地旅游形象定位

马来西亚：亚洲魅力所在 Truly Asia

泰国：奇妙的泰国 Amazing Thailand

韩国：2005 年：庆典之国，快乐之邦；针对中国：开心胜地，友好邻邦

日本：2000 年，把您本世纪末的最后一次旅行放在日本；2005 年：日本欢迎您 Yokoso Japan

越南：魅力无穷，千年的旅游目的地 The Hidden Charm

印度：难以置信的印度 Incredible India

西班牙：微笑吧，西班牙 Smile! You Are in Spain

智利：自然打动你的心 Nature That Moves You

加拿大魁北克：感觉如此不同 It Feels So Different

苏格兰：经历在此 Live It. Visit Scotland

美国宾州：美国从这里开始 America Starts Here

埃及：历史的金库 Where History Began and Continues

新西兰：百分百纯粹新西兰 100% Pure New Zealand

纽约：我爱纽约、万都之都 I Love New York

澳大利亚昆士兰州：除了昆士兰还是昆士兰 Where Else but Queensland

意大利西西里：其他都是多余 Everything Else Is in the Shade

摩洛哥：神奇的地方 A Land of Wonder

加拿大：发现本色加拿大 Discover Our True Nature

古巴：个性、纯洁——今儿就来见它吧 Unique and Unspoiled—See It Today

列支敦士登：高贵时刻 Princely Moments

捷克：24 小时的魔幻 24 Hours of Magic

澳大利亚：别具光芒 A Different Light

山东：好客山东；湖北：灵秀湖北；云南：七彩云南，旅游天堂；浙江：诗画江南，山水浙江；广东：活力广东；上海：精彩每一天；四川：天下四川，熊猫故乡

（资料来源：根据网络资料整合。）

（四）公共关系营销战略

对于目的地会展旅游业来说，实行客户关系营销，通过企业和客户关系的长期维持与互动，建立客户忠诚度是非常必要的。国外一些世界级会展旅游城市常常通过开展国际性的公关与宣传活动来塑造城市的独特形象，吸引世界各地的商家和游客，以推动城市会展旅游业的发展。在这方面做得比较好的城市有巴黎、纽约和我国的香港。新加坡旅游局下设展览会议署，每年制定专门的推广计划，到世界各地介绍本国的旅游业和会展业情况，向全球尤其是国际会议或展览会的组织者宣传新加坡举办会展活动的优越条件。

（五）网络营销战略

网络信息技术的使用是当前会展旅游目的地营销的主要趋势，网络营销也成为目的地营销的主要方式和战略。作为一种十分重要的分销渠道和宣传推广媒介，网络营销具有速度快、成本低、广告形式多样、不受时空局限等优点。网络在目的地营销中日益发挥着重要作用。

会展旅游目的地营销主体可以利用网络发布目的地和产品信息，与潜在会展旅游者直接交流和沟通，或者进行市场调查和实现在线交易。网站和电子邮件是会展旅游营销机构利用信息技术进行目的地营销的最常见方式。

总之，会展旅游以及会展旅游目的地营销将越来越依赖于现代信息技术，并会随着会展业的发展得到不断的发展。

思考与讨论

1. 试比较会展场馆营销与会展城市营销之间的异同。
2. 什么是会展城市？会展城市营销与城市会展业营销之间的异同是什么？
3. 什么是会展旅游？会展旅游的类型有哪些？
4. 试比较分析会展业与旅游业、会展活动与旅游活动之间的异同，并谈谈会展旅游的特点。

本章案例

会展目的地国家和城市营销案例——新加坡

一、新加坡会展业发展概况

新加坡地处东南亚的中心，面积694平方公里，人口50.8万。新加坡具有便捷的交通和完善的配套设施，目前有64家国际航空公司的航线，可直飞50个国家的154个城市，举办国际会展的地理位置十分优越，且多元文化交融，是优质娱乐和休闲的理想选择，在过去26年连续被国际协会联盟（UIA）评为“亚洲最佳会议城市”，2008年至2010年连续三年成为全球国际会议召开最多的城市，也是亚洲首选会展举办地城市；每年举办的展览会和会议等大型活动达3 200个。新加坡举办的知名展览品牌有新加坡国际家具展、亚洲食品与餐饮业展、亚洲通信与亚洲广播展以及亚洲航空展等。

从发展历程来看，新加坡的会展旅游业主要经历了三个阶段：

第一阶段，20世纪70年代—80年代为起步期，1974年，新加坡旅游委员会成立了会议展览局，确立了会展旅游的发展方向，优势定位为区域性会议。会议展览局拥有24名员工，其主要任务是协助、配合会展公司开展工作，向国际上介绍新加坡发展国际会展的优越条件，促销在新加坡举办的各种会展。在新加坡举办会展没有任何管理法规，举办展会也不需要任何审批手续。

第二阶段，20世纪80年代中期—90年代为黄金期，会议数量和接待人数年均递增达17.7%和13.4%，并持续不断地提高服务品质，在整体营销上也不遗余力，系列政府旅游会展推广活动取得了非常显著的成绩。

第三阶段，21世纪初为持续发展期，面对泰国、日本、韩国、中国香港等周边国家和地区的挑战，新加坡充分挖掘该地区经济增长机会来推动商务旅游和会展业，吸引大量的会议展览来新加坡举行。同时还着眼于吸引更多的国际组织和国际协会把亚太区域总部设在新加坡，以服务和设施取胜。

早在20世纪70年代初，新加坡政府就意识到了发展会展奖励旅游的重要性。1988年，新加坡旅游局就开始实施奖励旅游开发计划，使商务和会奖旅游业步入快速发展轨道。以国土面积来看，新加坡的会奖旅游资源算不上丰富，但是政府清晰的战略远见使得会奖资源被挖掘到了极致。2009年2月，新加坡加强了“新加坡商务活动”计划的力度，从更多角度向商务活动和会议组织者提供协助和支持。比如，新加坡旅游局出资为会议和活动邀请国际一流演讲人，类似第77届国际展览联盟大会、2012年国际商务仲裁委员会大会、2015年世界心脏起搏与心电生理大会等国际会议都获得了该计划的支持。2009年新加坡旅游局还推出了“会奖新加坡的2009个理由”促销活动，联合20余家酒店、6所保健场所和各种休闲娱乐中心，推出了系列优惠，并特别推出了“城市惊喜汇”手册，便于游客获得各种活动的信息。

为增强会展业国际竞争力和会展产品吸引力，新加坡政府一直把扩大会展场地面积和提高会展档次和接待能力作为一项重要发展战略，不断投入巨资建造一流会展场馆。目前，新加坡会展场馆面积已具有相当规模。以位于城市核心区的新加坡博览中心为例，其特色在于拥有充足的面积和无柱空间，并且以积极的态度开发市场。从2006年起，该中心便启动了“新行业展会计划”，满足其甄选资格的展会活动主办方可以得到诸如免费公关宣传、免费网站广告、奖励积分等支持。而后又向市场推出“简单会展”的打包服务，从半天的会议到大型活动，向组织者提供五种包括基本服务的优惠打包。最近，该博览中心又推出了“信任伙伴计划”，联合9家高端酒店，为会议展览客户提供超值的住宿价格。

新加坡旅游委员会既起到国家旅游组织的作用，也通过SECB发挥着会议和观光局的作用。在新加坡本身具有发达的交通、通信等基础设施、较高的服务业水准、较高的国际开放度以及较高的英语普及率基础上，新加坡旅游委员会通过其相关的市场营销，使新加坡成为亚洲首屈一指的会展举办地。

从新加坡会展旅游者情况来看，以商务与会展为目的的客人逐年增加。据新加坡旅游委员会公布的数据显示，2004年新加坡共有830万游客，分别比2003年和2002年增加了36%和10%，旅游收入达到98亿美元，分别比2003年和2002年增长了41%和11%。其中，2004年新加坡游客中商务客人比重为21%，MICE客人比重为5%。综合这两项，新加坡的商务和会展游客在2004年就达到215.8万人次，占到了该国常住人口的一半以上。

通过“非常奖励新加坡”、“会奖新加坡联盟”等活动的进行和运作，新加坡的旅游业和会展旅游进一步得到发展。2005年，新加坡入境游客增长至894.3万

人次，2006年新加坡游客数达到974.82万，平均逗留天数达到2.91天，三成左右的游客逗留天数在3天以上。显然，新加坡会展旅游的发展是与新加坡旅游委员会的相关营销活动分不开的。新加坡主要的会展场馆见下表：

新加坡主要的会展场馆

场馆名称	最大报告厅（平方米/层）	最大宴会空间（平方米）	会议桌数	最大展览空间（平方米）
新加坡博览中心（10个会议厅）	19 000	60 000	36 000	100 000
滨海湾金沙会展中心	11 000	8 140	6 600	18 570
新加坡国际会议与展览中心（新达城）	12 000	12 000	5 000	12 000
圣陶沙名胜世界	7 300	6 500	5 520	6 500
来福士城会议中心	3 200	225	2 000	225
新加坡香格里拉酒店	1 500	1 357	1 300	1 357
新加坡丽思卡尔顿千年酒店	1 400	1 085	1 000	1 085
新加坡乌节大酒店	1 250	1 234	1 000	1 234
新加坡文华大酒店	1 200	1 020	1 000	1 020
海滨会议中心	900	850	600	850

（资料来源：全球最佳会议局联盟 Best Cities Global Alliance）

二、新加坡旅游委员会的会展旅游市场营销活动

（一）灵活多样的促销计划

1. GlobeMeet 计划

1998年，新加坡旅游委员会与该城市的行业提供者一起开展了GlobeMeet计划。该计划在3年活动期间对会议组织者采取大量激励措施，包括打折、免费服务、组织会议策划者实地考察等，这次活动促进了会议组织者选择新加坡开展相关的活动。

2. “再来一次”活动和“再次造访”活动

在新加坡实行的“再来一次”活动中，在该城市逗留至少3天和决定将逗留时间延长为至少2天的与会代表，住宿酒店提供1天的免费服务。此外，与会代表在食品和饮料商店、酒吧、迪斯科和洗浴中心消费可以分别打折100新元。“再次造访”活动中，9个月内再次造访期间，所居住的同一家酒店可以得到居住3

晚免1晚的服务。通过这些活动，鼓励与会代表延长在新加坡的逗留时间，携带陪同者，在一年时间内重新造访新加坡，并且使得1998年之后新加坡的会展旅游市场份额逐渐上升，宾馆的住宿率提高。

3. "非常奖励新加坡"活动

2005年至2007年推出的"非常奖励新加坡"活动提供了三种奖励方案。在此期间，游客需停留三天两夜以上。如果游客在新加坡总逗留天数（旅客人数×停留天数）超过150天，免费提供一场欢迎表演仪式；如果游客总停留天数超过400天，可以从新加坡旅游委员会提供的活动经费补助和量身打造的主题活动中选择其一；如果是国际性董事会议，除了上述体验型或特别资助，还有VIP协助。

2007年新加坡旅游委员会与丽星邮轮、圣淘沙及新达城组成4S策略联盟，整合旅游资源，提供客制化服务及更具弹性创新的2007年新奖励旅游方案，进一步加强了对会议举办者、奖励旅游的吸引力。

（二）完善的服务与多元体验

新加坡长期以来注重会展服务和多样体验的提供。首先，在基础设施方面，新加坡占据了"世界的十字路口"的优良区位，并且拥有完善的海陆空立体交通体系；新加坡也积极投入资金进行场馆建设，其中，新加坡展览中心是政府的重点投资项目之一，总投资额达到2.2亿新元；此外，新加坡的星级酒店和不同类型商场、餐馆等遍布全岛，并提供良好的服务。其次，新加坡具备丰富的旅游吸引物。2006年开始新加坡招标开发圣淘沙岛，开发方案中包括众多的住宿、餐饮、会奖、娱乐设施。环球影城将在圣淘沙建立亚洲最大的主题公园。新加坡还将在滨海湾和圣淘沙各设一家设有赌场的综合度假地。再次，新加坡具有很好的相关服务和政策。游客在新加坡享有30天免签证的礼遇，体验到井然有序的环境营造和丰富的多元文化。

（三）积极准确的市场定位

近年来，新加坡根据游客统计数据，将中国大陆和台湾作为目标市场进行开拓，并专门设立了大中华区商务会展及奖励旅游市场专员，以进行细致的市场营销。2006年新加坡旅游委员会还特别针对大中华区旅游市场制订了新加坡商务旅游专家计划（Singapore BTMICE Specialist），由熟知新加坡商业设施及服务的专家组织有会议和奖励旅游潜力的公司决策者共同参与考察团组，让终端客户通过游览新加坡了解其商务旅游各方面，且部分费用由新加坡旅游委员会承担。

三、新加坡会展旅游营销的启示

（一）政府对会展业的大力支持

新加坡会展旅游的迅速发展显然是与政府的支持密不可分的。新加坡国务资政吴作栋曾经说过："为持续保持新加坡的吸引力，政府已经采取灵活应变的态度，一方面预测未来的发展趋势，进行自我调整适应；另一方面也愿意打破旧的思维框框。

（二）积极的宣传

新加坡政府在积极进行思路调整和加强对会展旅游重视的同时，也积极展开多样化的宣传和市场促销。此外，新加坡旅游委员会积极借助网络、交易会、电子出版物、旅行社等进行会展旅游的大力宣传。

（三）及时持续的市场调查与促销策略的快速应对

凭借市场调查作出快速应对措施。这点也是一个区域市场营销的关键所在，是我国会展旅游发展值得借鉴的重要之处。

（资料来源：参见刘敏．会展旅游的市场营销研究——新加坡旅游委员会市场营销经验借鉴[J]．江苏商论，2008（7）：85-86. http://www. istis. sh. cn/list/list. aspx？ id＝7469）

思考题

1. 结合新加坡会展城市营销的实例，阐释会展城市营销的主体、客体、方法和程序。

2. 结合你所在城市的实例，说明如何在会展城市营销中进行 SWOT 分析。

附录一 某国际会议中心营销方案

开拓市场没有多大捷径可走，准确的定位、合理的房价、良好的合作信誉都具备的同时，信息输出（宣传促销）最为关键。酒店销售在广告宣传上不可能像做日用品，大量投放媒体广告，即使有也是小范围内在开业初期，那么人员促销是最主要的手段。所以定期回访是最重要的。

一、销售部

1. 旅行社客源

（1）把价格做杠杆，在旺季追求利润最大化，在淡季追求高的出租率，吸引各社团队。

（2）稳住本岛的主要大社，走出去寻访广东、上海、北京各地的旅行社，和国内主要游览地的旅行社合作，力争为指定酒店。主要是岛内旅行社。它们的客源是酒店生存的基本客源，在旅行社客源市场的开发主要以价格为杠杆，接待好各社的老总、保证节日用房基本不存在问题，而价格是竞争对手最容易做到的。要在同等价格或稍高价格的情况下保证较高的开房率，就必须对计调部人员进行公关。

（3）积极寻求与港澳各地旅行社合作及其他地区旅行社团体客源。

（4）推出“年价团队房”（一年一个价）。

（5）为扩大餐饮消费，团队要求含早餐、正餐。

（6）加强日本团、韩国团、会议等促销。

2. 会务客源促销

（1）促销时间：上半年1至4月，下半年10至12月。

（2）促销对象：①政府各职能部门；②本地商务公司；③岛外商务公司。

（3）以本岛企业单位和建立岛外酒店联盟对接会务、散客。

（4）健全代理制，组织省内外会务客源。策划一些企业经济类、学术研讨、培训班会议和事业单位的会议。

3. 散客客源

散客市场客源的开发是我们酒店客房追求的最主要客源市场，要在有限的房数基础上提高总量，散团比例的改变是根本途径。在开拓散客市场方面，重点是海口市场，其次是岛内其他县市，从战备方向上来讲最后的重点移向岛外，如广东、上海和北京等地。

(1) 参加行业的连锁服务网，加强与各企事业单位的联系，稳定现有客户，大力开发新客户，本地市场客户要逐一登门拜访。

(2) 针对散客，客房、餐饮捆绑销售，客户在酒店住房，可同时在餐饮、娱乐方面享受不同程度的优惠。

(3) 根据不同客人的需要，设计多种套餐（包价），含客房、餐饮。

(4) 大力发展长住客户，制定内部员工合理的客房提成奖励制度。

(5) 扩大司机拉客量，对出租车司机进行促销，建全中介差价规定和订房差价提差方法。

(6) 开辟网上订房，加强网络促销，扩大网络订房中心的订房。

二、餐饮部

(1) 增加品种和特色菜，降低价格，提高质量。

(2) 举办“美食节”、中西餐培训班。

(3) 根据节庆推出相应的团圆宴、长寿宴、婚庆宴等。

(4) 开展有奖销售活动，如福寿宴、良缘宴，赠送客房或免费接送及小礼品。

(5) 增加旅行社指定用餐，给导游折扣，增加团队自点餐和风味餐消费（每天前台都给餐饮部提供一份导游姓名和房号单，以便销售部和餐饮部联系）。

三、内部消费链建立

1. 外部宣传和促销

(1) 岛内外新闻媒体全面合作。除正常的广告播放和栏目合作，还要抓住时机策划和炒作一些临时性的新闻报道宣传，提高酒店的知名度和美誉度。

(2) 交通工具上的宣传。如飞机上的介绍和代理订房业务，海口、三亚豪华巴士的宣传和代理订房业务。

(3) 人员促销、交易会促销、信函促销。通过旅行社宣传、电子邮件、其他媒体等，利用以上方法和促销宣传网，把客人吸引进来。

2. 内部宣传网

客人进店要促成每项消费，就必须把每项服务介绍给他们，这样就需要建立内部宣传网——自走进酒店的大厅开始，就能了解酒店的基本设施情况（制作总体设施灯箱和图片），走进电梯，又能进一步看到图文并茂的宣传广告，到了客房，除了一些重点介绍的项目外，还有一本图文并茂的服务指南，除了各项设施的介绍图片、计费方法、电视节目、菜谱（含图片）外，还有酒店的背景资料和名人来访图片资料及企业文化的内容等，同时还有酒店位置图、各项交通设施和旅游景点的介绍、相应的地方风土人情等。打开电视应在整点插播酒店介绍专题片。

3. 内部消费链的促成

通过内部交叉宣传网将内部各营业部吸引客人的方法介绍给客人，并赠送住房折扣卡等以完成内部消费链的构成。

四、提高回头率

通过促销把客人引进来，留住客人，提高回头率是最关键所在，只有留住客人、让客人满意才能提高回头率（当然指在准确的价格定位的前提下），才能提高存量，只有积累，才会有存量的增加，才能保证相对稳定和较高的开房率。留住客人的手段除了硬件配套外，还有软件（包括服务、餐饮出品质量、其他营业部门高标准的服务），同时还可以采用一些赠送和让利——推行"住房消费积分卡"：住房消费达到一定的金额，享受赠送房，凭此卡享受优惠折扣，住房达到一定数量后，凭卡可申请 VIP 金、银卡，赠送娱乐消费。

五、改变客源结构

通过市场分析，除留住客人外，改变客源结构是提高效益的重要手段。首先是要改变团队结构，改变团散比例，提高团队房价。先增加合作旅行社（中小社），不求每社单量，当求积少成多（中小社因数量相对较少，价格相对较高）。其次，要提高旅行社接团档次，要提高开房客人档次，减少对客房物品的损耗，增加入住后的潜在消费。采用交替更换的方法，达到提高团队房价的目的。

改变团散比例是指散客市场开拓客源稳定增加的情况下，降低团队接待量，力争在一年内能达到团散各占 50%，这是除营业指标外的另一个重要指标，也是酒店后期发展的根本途径。

六、增收节流，强化管理

（1）建全团散下单程序、复查程序，公开旅游、车、票等代理价格，堵塞销售漏洞。

（2）进一步强化销售员工培训，提高员工素质、业务水平。

（3）调配部门层级设置，定岗定编，降低销售成本。

（4）目标考核，制定内外激励机制，调动全部员工积极性。

（资料来源：选编自 http://www.tianya.cn/techforum/content/951/1/658.shtml）

附录二

展览会招展合同范本

会展展位销售合同

甲方：__________

乙方：__________

为进一步维护__________会参展秩序，维护企业及大会组织者双方的共同权益，本着公平、互惠的原则，签订此次销售合同，具体内容如下：

一、展位确认

按照甲方向乙方提交的__________所述，经双方共同确认购买甲方展位位置，现予书面确认：甲方参展展位面积为：室内净场地__________平方米，原价：__________，实际费用：__________（含装修）。

二、会议演讲

经双方确认，甲方确认购买__________会演讲时段。（注：30分钟为一时段。）

现予书面确认：甲方购买__________个演讲时段，注为：__________年__________月__________日__________时__________分和__________年__________月__________日__________时__________分，演讲人：__________，演讲主题为：__________，费用原价为__________，现实际收费为：__________。

三、其他项目广告

1. 经双方确认，甲方确认购买__________会主背板 logo（或/和）广告牌__________个，原价：__________，实际费用：__________。

2. 经双方确认，甲方确认购买__________会室外广告充气虹门/正门充气球/户外广告旗__________个，原价：__________，实际费用：__________。

3. 经双方确认，甲方确认购买__________会的会刊广告__________个，规格为：会刊封底/封底内页/封面内页/会刊内页/总裁致辞，原价：__________，实际费用：__________。

4. 经双方确认，甲方确认购买__________会的大会独家手提袋赞助/独家胸卡挂带赞助/大会独家门票赞助/大会独家纪念品赞助中的__________赞助（不计数量），赞助原价：__________，实际费用：__________，共计：__________。

四、展示确认

1. 经双方确认，甲方确认参加__________会__________行动及集中展示，展示样机为__________台，样机型号：__________，展示费用原价：__________，实际费用：__________，总计费用：__________，展示样机由甲方提供，展示样机应于__________年__________月__________日前提供给乙方，并由乙方统一管理，乙方承诺展示用手机应于展览结束后 15 个工作日内归还甲方，如出现丢失或损坏情况由甲方予以赔偿。

2. 经双方确认，甲方确认参加__________会中的__________展示及模特秀，每次模特秀展示为__________分钟，甲方确认购买模特秀展示__________次，展示费用为：__________，实际费用：__________，总计费用：__________，此次模特秀展示样机为__________台，样机型号：__________，展示费用原价：__________，实际费用：__________，总计费用：__________，展示样机由甲方提供，展示样机应于__________年__________月__________日前提供给乙方，并由乙方统一管理，乙方承诺展示用手机应于展览结束后 15 个工作日内归还甲方，如出现丢失或损坏情况由甲方予以赔偿。

五、关于付款

1. 付款方式：甲方应在双方正式签订本合同书后 15 日内向乙方缴纳上述全额参展费用或全额费用的 30% 作为订金；如缴纳订金，则甲方应于__________年__________月__________日前将剩余款项一次性付至乙方。具体方式如下：可

通过电汇的方式缴纳上述费用，汇款方式如下：户名：＿＿＿＿＿＿，账号：＿＿＿＿＿＿，开户行：＿＿＿＿＿＿。

2. 甲方在缴纳订金后，逾期未补交余款者，乙方有权将甲方的展位及广告另行分配，其定金则用于补偿乙方之损失，不予退回。

六、乙方责任

1. 乙方负责向甲方提供此次大会的相关广告服务项目。

2. 乙方将在甲方缴纳上述费用后5日内根据实际到账金额向甲方开具有效的报销凭证。

3. 乙方将于＿＿＿＿＿＿年＿＿＿＿＿＿月＿＿＿＿＿＿日前向甲方提供《参展手册》。

4. 乙方将向甲方免费进行会刊登载及此次大会网站宣传。

七、甲方责任

1. 甲方应按要求及时向乙方提供展览会所需的各种广告及参展资料，保证所提供的全部资料均为真实、有效的，并同意将其载入乙方数据库内，供乙方制作会刊、对外宣传及展览会推广之用。

2. 甲方须在双方共同签署本合同之日起15日内，按第二款之要求按期向乙方支付全额参展费用（或订金30%）；剩余款项则应于＿＿＿＿＿＿年＿＿＿＿＿＿月＿＿＿＿＿＿日前一次性付至乙方指定账户。

3. 甲方应自觉遵守组委会及大酒店的各项规章制度（详情请参阅此次网站＿＿＿＿＿＿＿＿＿），按大会的有关要求进行布、撤展，维护展览现场的良好秩序。

4. 甲方应严格在所属展位区域内进行布展，不得随意占用公共通道及其他展位展示产品，自觉保护好各自展位内设施。

八、保密原则

乙方和甲方均有义务履行保密义务，未经对方同意，不得向任何第三方披露或透露有关本合同内容项下的任何信息。

九、违约责任

1. 甲、乙双方应正当行使权利，履行义务，保证本合同的顺利进行。

2. 任何一方没有充分、及时履行义务的，应当承担违约责任；给其他方造成损失的，应赔偿其他方由此所遭受的直接和间接经济损失。

十、合同期限与终止

1. 本合同自双方签署盖章之日起生效，有效期至________为止。

2. 任何一方可在另一方发生违约行为并在该违约方收到守约方关于违约行为已发生并存在的通知的15日内仍未能对违约行为作出更正之时，可以通过向另一方发出一份书面通知的方式立即终止本合同。

3. 本合同的提前终止不应影响双方于本合同提前终止日之前根据本合同已产生的权利和义务。

十一、声明与保证

双方互相向对方声明、陈述和保证如下：

1. 其有资格从事本合同项下之合作，而该合作符合其经营范围之规定。

2. 其授权代表已获得充分授权可代表其签署本合同。

3. 其有能力履行其于本合同项下之义务，并且该履行义务的行为不违反任何对其有约束力的法律文件的限制。

十二、争议解决与适用法律

1. 如双方就本合同内容或其执行发生任何争议，双方应进行友好协商；协商不成时，任何一方可向另一方所在地法院起诉解决。

2. 本合同的订立、执行、解释及争议的解决均应适用中国法律。

十三、其他

1. 本合同的任何一方未能及时行使本合同项下的权利不应被视为放弃该权利，也不影响该方在将来行使该权利。

2. 如本合同中的任何条款无论因何种原因完全或部分无效或不具有执行力，或违反任何适用的法律，则该条款被视为删除。但本合同的其余条款仍应有效并且有约束力。

3. 本合同正本一式二份，双方各执一份，每份正本具有同等法律效力。

4. 本协议未尽事宜由双方另行协商解决。

（资料来源：法律教育网 http://www.chinalawedu.com/new/19000a208a2011/201182caoxin143421.shtml）

附录三 城市营销案例

韩国首尔城市营销案例分析

首尔（汉城）是东亚重要的国际性都市，曾举办过1988年奥运会和2002年世界杯足球赛，有着深厚的城市品牌资产沉淀；作为韩国经济奇迹的引擎及缩影，受到国际社会的瞩目；其城市营销理论和实践也值得总结和借鉴。

20年营销城市脉络

首尔市市长李明博曾说过这样一段话："还在半个世纪以前我们曾经在看不到任何希望的万丈深渊中起步。那时候环境十分恶劣，前途一片渺茫。但我们还是用空手实现了'汉江奇迹'，实现了经济成长和民主。"这段饱含感情的致辞，这是首尔崛起历史及现实状况的高度浓缩和真实写照。

曾经是世界上最贫穷的农业社会之一的韩国，从1962年开始认真着手发展经济。在不到40年之中，韩国取得了被誉为"汉江奇迹"的经济成就。到2004年，韩国的国民生产总值已上升至世界第10位。其中，首尔首都圈集中了约70%的国家经济总量。

20世纪80年代，首尔主办了两次国际性的体育赛事，使城市形象得到空前的提升。1986年，首尔申办1988年奥运会并主办同年的第10届亚运会，这是首尔城市营销的坚实起点。从此，首尔加快了城市建设的步伐并抓住了建设国际化都市的机会。克服了政治危机的重重困难，大力解决环境污染和城市建设，特别是积极推进汉江综合开发工程，不仅修建了蓄水池和河岸，还修建了汉江边城市高速公路。

1988年首尔奥运会对韩国经济起飞产生了巨大的推动作用。实践证明，韩国利用举办奥运会把汉江北岸发展了起来。韩国因为举办奥运会，当年就使经济出现了12.4%的增长。1985—1990年，韩国人均国内生产总值从2 300美元增加到6 300美元，实现了从发展中国家向新兴工业国家的转变。首尔奥运会给予韩国的政治影响和精神力量更加强烈。

20世纪90年代，首尔的城市营销继续推进，确立了面向21世纪的新规划，开始致力于把首尔建设成东北亚的枢纽城市。期间具有重大国际影响的事件是1994年首尔定都600周年庆典系列活动以及1999年承办第4届亚欧工商论坛。

进入21世纪，首尔的城市营销开始快速发展，短短的几年里便实现了由城市促销向战略性、制度化的城市营销的质的跃迁。2000年，城市营销的概念首次正式出现在市长讲话和政府文件中，成为首尔城市营销迈向正规化的一个标志。

2002—2004年是首尔城市营销突飞猛进的3年。在此期间，建设"温馨的首尔、以人为本的首尔和充满活力的首尔"以及再创"首尔神话"，成为这个阶段的主要营销目标。2002年的世界杯足球赛、世界大都市协会首尔总会以及2003年的清溪川复原工程，是进入新世纪以来首尔城市营销再次吸引全球注意力的重大营销事件。更重要的是，在此期间，首尔设计并规范了城市品牌系统，建立了城市营销组织和协调机制，加大了城市营销作为城市发展战略的协同力度，有力地促进了城市的全面发展和繁荣。

战略规划六要素

首尔城市营销战略规划的六要素即组织要素、任务要素、形象要素、市场要素、协同要素和投资要素。

组织要素。目前，首尔已建立了统一领导、多元协调的城市营销组织网络和领导机制。其中，首尔市长和首尔城市营销担当官室构成首尔的城市营销规划组织，承担领导和协调的功能。市长是城市营销的最高协调人。而首尔城市营销担当官室则负责首尔城市品牌的管理和推广，监督城市品牌在具体城市产品中的应用。首尔的其他城市营销组织则根据首尔城市发展使命、愿景以及首尔营销目标，特别在城市品牌核心识别和应用规范的指引下，分别在投资促进和企业服务、旅游促进和开发、市民沟通和雇员服务方面规划和展开城市营销工作。总之，除了市长的个人因素外，笔者认为，城市营销进入品牌营销高度，品牌建设上升为城市发展战略的高度，是首尔城市营销组织与领导能力迅速得以提升的根本原因所在。

任务要素。根据首尔市新修订的《2020年首尔市发展计划（草案）》，提出首尔城市使命是"人类与自然、历史文化与尖端科技相融合的世界城市"，基本目标为"领导东北亚经济的世界级城市、充满文化气息的城市、治理环境的生态城市、充满幸福的福利城市以及统一朝鲜半岛的中心城市"，具体目标包括建设健康、便利、充满活力、具有竞争力的国际都市等。

形象要素。首尔1988奥运会的会徽和吉祥物给世界留下了深刻记忆，2002年韩日世界杯足球赛曾引发全球的瞩目。至今，首尔业已形成较为成熟的品牌系统构

建，确立了市徽、城市口号（Hi Seoul）、市歌、吉祥物（虎王）、市树（银杏树）、市花（连翘）、市鸟（喜鹊）等一系列城市品牌识别要素。

市场要素。首尔在制定城市形象推广策略时进行过深刻的环境分析，包括SWOT分析等，但在受众的细分和选择方面，尚无特别研究。首尔城市营销担当官室声称，由于机构创建不久，首尔的战略性城市营销还在起步阶段，城市品牌宣传还没有更多地考虑市场的细分和选择问题。目前主要对本市市民及国内其他地区的居民，首尔的友好城市，对首尔发展具有重要影响的国家和地区，如中国、日本、美国、德国等进行城市形象的宣传，内容包括目前已经建立的品牌识别系统，如口号及其标识，以及首尔的核心价值形象等。

协同要素。首尔建立了较清晰的规划框架，主要表现在推进地区均衡发展的努力、首尔生态环境改善及城市交通整编等方面。针对首尔经济和人口过分集中的问题，首尔市政府与中央政府，以及韩国政界朝野都认为应该以合理、智慧的方案继续加以探讨并逐步改善。近年来，首尔和其他地区政府领导就地区协同进行过多次协商，目前这一工作仍在艰难地继续。

投资要素。首尔已初步形成了城市营销组织协调机制，确立了城市统御性品牌管理机构，同时，政府也确保了相关的基本预算。如2004年，首尔市用于城市形象营销的预算为110亿韩元（相当于1 000万美元），而2003年则为114亿韩元。此外，首尔特别市政府在首尔发展研究院每年也有一定比例的投入。正因如此，首尔的城市营销研究和实践均取得了快速发展。其撬动的私人部门及第三部门的参与和投入无疑是更大的，这才形成了首尔生气勃勃的城市营销热潮。

执行层面的具体做法

城市形象的整合营销沟通。2003年底，韩国广告学会向首尔市政府提交了《21世纪一流城市的首尔城市营销战略研究规划方案》，被首尔市政府采纳。从2004年开始，首尔的城市营销，重点是城市形象营销，开始逐步进入规范的整合营销沟通阶段。规划方案对目标受众的媒体接触进行了深入研究，在诸如城市品牌推广、汽车使用制度宣传及清溪川复原工程的宣传等方面，都设计和实施了成功的整合营销实践。值得一提的是，除常规的公关、广告、推销、促销等沟通手段的整合，首尔还发展了城市宣传大使这一城市形象营销新手段，使城市整合营销沟通更具活力和效果。2003年1月15日，首尔市聘任13位著名人士为首尔市宣传大使。

节事营销。创造或利用节事开展城市营销是首尔城市营销的一大特色。首尔的节事活动主题多样、举办频繁，市民的参与热情也很高。节事活动包括首尔文化节、首尔市民月、清溪川庆典等。

会展营销。会展业是首尔市政府着力培养的新型产业。首尔致力于打造世界级国际会议举办城市的形象。从国际会议举办次数来看，2001年首尔市名列世界第8位。到2012年，还有100余场次大型国际会议已确定或协商在首尔召开。

广告与公关宣传。首尔在广告和公共关系方面积极投入，在国内外媒体也有一定的广告投放。同时，在公共关系方面也很重视，如每年举办“首尔的故事”有奖征文活动，面向市民和外国人展开，获奖作品集结出版，成为宣传首尔的重要资料。首尔的城市营销还特别注重海内外的媒体公关宣传。如在中国国际广播电台赞助专栏，定期播出有关首尔正面形象的报道等。

文化体育合作营销。主要举措有首尔市与职业足球队“FC 首尔”的合作、“Hi Seoul”城市品牌与首尔中小企业和其他企业的合作营销以及其他体育合作营销。如 2003 年 9 月，李明博市长被接纳为首尔职业篮球队“三星 Thundus 队”的球迷队名誉队员。

网络城市营销。目前，首尔具有典型营销功能的网站就是首尔特别市弘报规划局所建设和维护的首尔在线网站和“数字首尔”。值得一提的是首尔的网络服务基础设施。2003 年 2 月，历时 3 年、投入 92 亿韩元预算的首尔市电子网络正式开通，标志着首尔已建成世界领先的城市专用高速信息网。

营销治理视角的深层次思考

首尔的城市营销可谓厚积薄发、生气勃勃，而且成效也非常显著，为东亚城市营销树立了积极、成功的典范。

从 2002 年开始，首尔的城市营销迅速上升到战略层次，营销战略的实施也取得了良好的效果。从城市营销的战略规划要素来看，首尔的城市营销战略在六大要素之间已初步形成彼此关联之势，收到了营销战略的系统耦合和集成放大的效果；已建立了比较完备的城市品牌系统，从而极大地促进了城市形象的推广和提升；确立了核心的规划和协调组织，并初步形成了城市营销治理网络，官、产、学、民、媒等初步形成了良性的互动和协作局面，也具备了相当的营销组织和领导能力；城市营销策略执行有创意、有热情，注重营销形式的娱乐性和激情色彩，从而使营销战术有效地体现了战略思维和战略安排。

城市营销战略的规划和实施面对的是迅速变化的市场和竞争环境，面对的是复杂的城市产品的多元主体诉求。能否形成有效的营销治理结构和治理机制是城市营销能否得以深入开展并不断提升的关键。首尔的城市营销主要由政府发起和主导，但民间的参与正日趋活跃。就首尔的总体城市产品——城市形象而言，营销治理机制的建立正待提上日程。比如“21 世纪首尔计划委员会”是对首尔市政府决策有着重要影响力的团体，主要任务是制定市政运营 4 年计划。该委员会由环境、交通、安全、福利等各方面的专家、市民代表、市议员和新闻界人士等 75 人组成，致力于制定中长期市政计划。下属的 9 个分组则负责制定对应各方面的市政运营 4 年计划方案。委员会还设立了“均衡发展分组委员会”，将制定为推行汉江南北间的平衡发展的中长期计划。9 组委员会分别面向市政改革、均衡发展、环境、交通、安全、福利、居住、经济、文化旅游等。笔者认为，这个公私协作的规划顾问

机构就是首尔营销治理的一个雏形。

当然，首尔的城市营销还有其他不足之处。诸如，城市品牌识别的确定缺少足够的调查研究，并且在表述上也不够明确和一致；对首都都市圈（包括仁川等地区）的吸引力虽有认识和描述，但在产品化方面不够成熟；城市品牌与旅游和人居类产品结合较好，但创业投资类产品似乎借势较少；城市营销的宣传资料不够精细，如网站中英文内容与形式有差异，可能导致传递信息的混乱，网站内容更新不够及时和全面；Seoul 中文名改为首尔，虽然此前也有些铺垫和宣传，但公布形式和时机仍显突兀。从城市营销的角度看，如何取得汉语圈受众的理解和支持，特别是如何使"首尔"能顺利继承"首尔"所附载的巨大品牌资产，城市营销者对此显然考虑不周。这些，都有待后续的营销举措加以弥补。

（资料来源：德骏文传，http://www.dedrin.com/gsxw/2012-09-18/34.html；内容有所删减。）

附录四

博览会策划方案

2011 北京汽车嘉年华·博览会策划方案

一、展会基本信息

秉承"凝聚·文化·发展"的办展理念，北京汽车嘉年华·博览会将继续不断导入国际化的办展元素和模式，以 2009 年展会积累的经验和教训为基础，全面提升车展品牌影响力和服务水平，充分发挥"展出精品，覆盖市场，服务优秀"的特色，调整展会结构，丰富展会形式，完善服务体系，加大宣传力度，利用各种媒介资源，通过多种渠道全方位积极推广本次活动。

2011 北京汽车嘉年华·博览会将实现跳跃式的发展，展出规模达到 50 000 平方米，参观人次将达到 20 万，参与品牌将达到 60 个，参展车辆将达到 500 辆左右。参展企业的展台搭建、表演展示手段都将得到进一步提升。另外，此次展会采用静态展示、动态体验、娱乐互动、知识灌输等各种方式，采取有别于一般汽车展会的全新汽车活动模式，其资源珍贵、形式新颖、设计引人入胜，具有极强的吸附力和巨大的商业拓展空间，代表了汽车活动未来的发展方向，可以为组办者带来巨大的社会效益和经济利益。

会展组织机构

主办单位：中国国际商会，中国市场学会，中国汽车文化网，中国主流汽车电视联盟；

支持单位：北京汽车行业协会；

承办单位：北京嘉华兴会展有限公司，中汽泰达（北京）文化发展有限公司，香港亚洲体育管理集团公司。

参展范围

乘用车（各种基本型乘用车、SUV、MPV、改装车型等）、新能源汽车、老爷车、房车等；

商用车（卡车、客车、半挂牵引车、货车）等；

汽车金融、汽车服务机构、汽车配件、汽车相关产品等。

二、市场调查与可行性分析

内容删减，参见前例。

三、媒体组织

2011 年，北京汽车嘉年华·博览会将进一步拓展与媒体的深度合作，打造媒体宣传联盟，开创展会—媒体合作新模式。

大众报纸媒体：《北京晚报》、《法制晚报》、《北京青年报》、《新京报》、《北京晨报》、《北京商报》、《精品购物指南》、《周末画报》、《中国贸易报》、《中国经营报》、《国际商报》、《信报》、《中国经济周刊》、《今晚报》等。

专业杂志媒体：《中国汽车报》、《中国汽车画报》、《汽车导报》、《汽车之友》、《轿车情报》、《车王》、《汽车族》、《汽车与运动》、《家用汽车》、《51 汽车》等。

电视媒体：北京电视台新闻频道、北京电视台公共频道、北广城市电视等。

电台媒体：中央人民广播电台交通台、北京人民广播电台交通台、北京人民广播电台新闻台、天津人民广播电台交通台等。

网络媒体：新浪汽车、搜狐汽车、腾讯汽车、网易汽车、凤凰网、MSN 汽车、TOM 汽车、太平洋汽车网、汽车之家、车 168、易车网、万车网、中国汽车网、21CN 汽车、网上车市、爱卡汽车网、猫扑汽车、车夫网、中国汽车博览网等。

四、展会进度表

1. 展会日程安排

布展时间：

2011 年 11 月 1 日 9：00 AM—17：00 PM

2011 年 11 月 2 日 9：00 AM—17：00 PM

2011 年 11 月 3 日 9：00 AM—21：00 PM

展览时间：2011 年 11 月 4 日—2011 年 11 月 8 日 9：00 AM—17：00 PM

撤展时间：2011 年 11 月 9 日—2011 年 11 月 10 日 9：00 AM—17：00 PM

2. 展会计划进度表

展会具体时间安排如下（总计 80 天，2011 年 8 月 29 日开始）：

时间进度	项　目	(天)
第一阶段 8月29日—9月8日	• 联系主办方，确认场地资料 • 了解付款方式及展会销售情况 • 详细了解所定展位周边参展的资料和展会格调 • 了解同期还有没有其他展会，以及展会现场观众进出口详细位置	10
第二阶段 9月9日—9月18日	• 设计展会结构布局，并联系当地装修公司进行前期沟通 • 准备展会用的相关产品和资料 • 计划审购 • 联系主办方确认展会期间广告投放情况，选择适合的公司广告	10
第三阶段 9月19日—9月28日	• 展会前期宣传，媒体选择 • 了解和确认展会相关产品的进度 • 进一步了解展会主办方的活动推广和展会期间的广告销售活动	10
第四阶段 9月29日—10月6日	• 展位设计最后确认，与装修公司把最后方案落实 • 装修细节执行情况跟踪 • 确认主办方广告推广活动的内容和进度以及公司内部宣传活动的执行 • 展会的资料和服务、产品的进度和到位情况，准备回访目标客人的方案	8
第五阶段 10月7日—10月16日	• 对参展人员进行前期训练 • 确认现场推介活动和宣传的详细内容 • 相关人员准备和出行的前期准备	10
第六阶段 10月17日—10月28日	• 准备联系物流公司，了解产品运输的流程和价格 • 准备相关合同以及物流公司进展相关证件资料 • 相关人员车票以及食宿安排 • 检查物品到位情况 • 现场活动最后确认	12

续表

时间进度	项　　目	(天)
第七阶段 10 月 29 日—11 月 3 日	• 展位结构和设备最后检查 • 具体布展工作（11 月 1 日—11 月 3 日）	6
第八阶段 11 月 4 日—11 月 10 日	• 展会现场工作 • 实地了解后计划下一次的展位 • 记录到现场展位客人的详细资料并分类整理 • 总结当天的工作内容 • 撤展工作（11 月 9 日—11 月 10 日）	6
第九阶段 11 月 11 日—11 月 18 日	• 客户资料入库 • 寄出公司感谢贺卡	8

五、宣传推广

除正常的软硬性宣传外，还可通过其他形式扩大宣传：

（一）创办论坛，服务市场

2011 北京汽车嘉年华 · 博览会为了顺应市场发展、引领市场健康消费，拟与伙伴媒体深化合作，同期举办两场论坛。

1. 新能源汽车发展论坛

深入研究、探讨新能源汽车在世界范围内的发展前景和趋势，以及我国在节能新能源汽车方面的优势与不足。

2. 中国汽车文化产业发展论坛

以目前国内外汽车市场现状为依据，深入探讨“十二五”期间我国汽车市场的发展方向和高速发展的规律。

（二）宣传单派发

在商业中心、办公区等人流密集区域通过显示屏广告、楼宇广告、宣传单派发等多种途径广泛邀请观众。

（三）手机短信群发

与中国电信、中国移动、中国联通等车展战略合作伙伴联手，锁定目标客户，以短信方式连续发布展会信息。

（四）海报新颖

在全市各高档物业小区、汽车美容店、音响店、汽车交易市场、部分大型商场和超市张贴本届车展新颖海报。

（五）新兴媒体合作

与新兴的媒体渠道提供商合作，通过电梯框架广告、地铁液晶电视广告、公交巴士液晶电视广告等方式发布车展宣传广告等。

（六）广告广泛发布

媒体广告的深度合作与广泛发布。

（七）票房促进

票房促进也可以增强宣传效果。

（1）深入大中型酒店。

操作要点：

①为酒店送 VIP 专场参观券（借此看是否有可能卖出广告），为酒店员工送普通场次参观券。

②制作易拉宝或小型画册，要求酒店放置于大堂中总台前。

③与酒店签订代理票务协议，将参观券放在酒店前台销售，票务出售后给予酒店一定佣金。此举可将大部分外地来展人员纳入。

（2）深入各大中型商场（超市）。

操作要点：

①为商场员工送普通参观券。

②与商场签订协议，购物送参观券和小型画册（注意：此操作可定出送票最低限额，如 100 元或更高，但无论购物多少，一单仅送一张，其目的是拿到票的顾客在去时可能带领家人朋友，而这些人就会购票，即使持票人不去也会为展会进行宣传。）

③在商场内放置易拉宝、横幅、活动介绍等。

④此活动应在开展前一个月左右开始，以最大限度宣传。

⑤此活动对商场操作时需严格控制（如需要其提供小票复印件、客户登记表等），以防止其滥发或作假。

（3）深入学校。

操作要点：

①选择适当学校，为教职员工送普通场次参观券。

②放置易拉宝。

③向学生赠送普通场次参观券和小型画册。

④此操作仅在小学进行（初高中生可以自行去看展览，而小学生一般会由家人带领，而家长就需购票了）。

⑤此操作可让老师、学校配合，如布置车展作文、日记等。更可以组织展地小学生作文比赛为名与教育部门合作，免费送票参观，要求小学生全部或绝大多数到场，带来的家长会相当多。

(4) 深入高校。

操作要点：

主要联系学生会、团委等，可以打折出售门票，如寻找一个主题（如车展献爱心、挽救失学儿童等）更好。

(5) 在摄影行业进行拓展。

(6) 深入餐饮、酒吧、娱乐和其他消费场所。

操作方法类似于商场。

(7) 深入企业、老干部活动中心、军队干部干休所等。

可先向其中某一部分人赠票，再图突破。

(8) 深入各写字楼物业、住宅小区。

操作要点：

①先给部分人特别是管理人员送票、送画册。

②再将易拉宝放置醒目位置。

③印刷宣传海报，打入电梯。

六、多元化观众组织　确保观众质量

（一）观众定向邀请

(1) 在俱乐部、高端会所等会员中进行宣传，锁定高端客户。

(2) 在银行 VIP 会员及中高端客户中进行宣传，力邀其参观。

(3) 与各类车友会建立合作，吸引更多的车迷参与。

(4) 与媒体合作，向媒体会员发出定向邀请。

(5) 重点邀请上街参观的观众。

（二）排除宣传盲区，全面市场覆盖

(1) 在商业中心、办公区等人流密集区域通过显示屏广告、楼宇广告、宣传单派发等多种途径广泛邀请观众。

(2) 手机短信群发：与中国电信、中国移动、中国联通等车展战略合作伙伴联手，锁定目标客户，以短信方式连续发布展会信息。

(3) 新颖海报：在全市各高档物业小区、汽车美容店、音响店、汽车交易市场、部分大型商场和超市张贴本届车展新颖海报。

(4) 新兴媒体：与新兴的媒体渠道提供商合作，通过电梯框架广告、地铁液晶电视广告、公交巴士液晶电视广告等方式发布车展宣传广告等。

(5) 媒体广告的深度合作与广泛发布。

七、展会现场活动

1. 优惠大派送

实行汽车消费各环节优惠措施的集中放送，掀起消费热潮。参展商与观众互动，为订购车者和参观者提供多重优惠及相关礼品。

2. 汽车大讲堂

在活动官网和现场，嘉年华将请来大家熟悉的汽车选购、保养、维修方面的专家，每天定时给观众讲解购车、维修、保险、金融服务、汽车改装方面的知识，与大家分享经验。

3. TOP10 评选及有奖问答

“最具人气车型”、“最佳展台设计”、“最受关注车型”、“最佳设计车型”……这些车型评选是否能吸引你？有奖回馈的此次活动将由现场观众参与评选，线上、线下投票同时进行。知道的越多，得到的越多。组委会和赞助厂商将为答题者提供丰厚的奖品。

4. 汽车文化活动竞赛

组织汽车彩绘、汽车音响、汽车改装、汽车逃生、汽车贴膜等系列汽车文化竞赛活动，凸显本届汽车文化消费节百姓参与性、互动性、趣味性的活动亮点。

5. 场地驾乘体验

为期5天的北京汽车嘉年华·博览会除了静态展示整车之外，主办方还将组织新车深度试驾体验活动。或聘请专业车手现场展示，或邀请相关媒体和意向客户到专业基地参与本次互动体验活动。

6. 摄影大赛

新车汇聚的车展历来是摄友关注的焦点，本次汽车嘉年华·博览会再次招募摄友，举办“2011年北京汽车嘉年华摄影大赛”，此次大赛分为大众组与专业组两个组别。报名摄友可现场拍摄展车、车模、现场活动等。

7. 公益文化、奉献爱心送温暖活动

旨在宣传社会文明与公益爱心。通过募捐、招募爱心企业、义卖和拍卖等形式，把所募款物由组委会官方合作伙伴，以“北京汽车嘉年华博览会爱的奉献”为名，向相关组织和地区直接捐赠。

8. 模特大赛

从世界汽车文化到国内汽车文化，香车美女已成为一种最流行、最前沿的时尚元素。本次大赛由主办方和知名媒体、汽车赞助商联合打造，旨在聚合最时尚、最流行的汽车模特。线上报名、线下评选相结合，甄选出优秀汽车模特人才，做好汽车模特人才储备，为国内优秀模特与国内外知名汽车品牌厂商、经销商之间架起一座沟通、合作的桥梁。

9. 展会旅游娱乐活动

此项活动可以带动北京旅游、文化、娱乐、购物等第三产业的发展，无论在展前、展中还是展后，这些娱乐活动都将是很不错的选择。北京既是一座充满古韵的

城市，也是一个国际化的大都会。在这里，您既可以徜徉于历史，也可以享受时尚。组委会小编搜集了一些北京著名景点和休闲购物场所的图片并附上简短的文字介绍，参展观展之余，不要忘了品味老北京、感受新北京。

◆ 名胜古迹

- 天安门广场
- 故宫博物院
- 天坛
- 北海公园
- 雍和宫
- 八达岭长城
- 十三陵
- 颐和园

◆ 娱乐休闲

- 后海
- 三里屯—工体酒吧街
- 798 艺术区
- 鸟巢
- 水立方
- 国家大剧院

◆ 购物时尚

- 西单
- 王府井
- 前门大街
- 秀水街市场
- 新光天地

时间	活动主题	展示活动内容	活动内容	活动亮点
展前一天	中国典藏老爷车珍品巡游	老爷车巡游	13：00 巡游 20：00 烟火施放及文艺演出	警车带队，在展地周边辅道进行。所有巡游车辆前风挡张贴嘉年华标志，车队中穿插数辆敞篷车辆，邀当地著名汽车模特随行巡游。
第一天	开幕式及 VIP 活动日	• 中国典藏老爷车珍品展示 • 万国极品车模联展 • 环球汽车邮票展 • 汽车百年历史文化展 • 木雕汽车手工艺术品展 • F1/F3 展示 • 两栖汽车展	09：00 开幕式 10：00 摩托车特技表演、模特大赛预赛、摄影预赛 11：00 特技大师表演 A、汽车驾驶技能预赛 13：00 优惠大派送、场地驾乘体验 14：00 家庭轿车趣味赛 15：00 特技大师表演 B	邀请社会各界名人、官员及各类嘉宾参加。安排小型直升机空中撒花、小型固定翼空中拖带横幅、国内顶尖摩托车特技表演等

续表

时间	活动主题	展示活动内容	活动内容	活动亮点
第二天	汽车与历史	• 中国典藏老爷车珍品展示 • 万国极品车模联展 • 环球汽车邮票展 • 汽车百年历史文化展 • 木雕汽车手工艺术品展 • F1/F3 展示 • 两栖汽车展	09：00老爷车收藏家集体亮相 10：00模特大赛预赛 家庭轿车趣味大赛 特技大师表演 A 11：00汽车驾驶技能预赛 13：00摄影大赛 14：00 摩托车特技表演 15：00 特技大师表演 B	邀请老爷车收藏家、车模收藏家、新闻媒体开展汽车历史回顾、汽车收藏展望等活动。
第三天	车迷大联欢（酷车大比拼）	• 中国典藏老爷车珍品展示 • 万国极品车模联展 • 环球汽车邮票展 • 汽车百年历史文化展 • 木雕汽车手工艺术品展 • F1/F3 展示 • 两栖汽车展	09：00 汽车驾驶技能大赛 10：00 摩托车特技表演 特技大师表演 B 11：00 家庭轿车趣味赛 13：00 TOP10 评选及有奖问答 14：00 汽车模特大赛 15：00 特技大师表演 A	邀请多家汽车俱乐部，组织改装酷车举行汽车越障技巧、双边桥、绕桩等技能比赛。
第四天	汽车与生活	• 中国典藏老爷车珍品展示 • 万国极品车模联展 • 环球汽车邮票展 • 汽车百年历史文化展 • 木雕汽车手工艺术品展 • F1/F3 展示 • 两栖汽车展	09：00 儿童汽车绘画比赛 10：00 特技大师表演 A 11：00 摩托车特技表演 汽车驾驶技能决赛 13：00 公益文化，奉献爱心 14：00 特技大师表演 B 15：00 家庭轿车趣味决赛	邀请儿童在百米长卷上进行汽车绘画比赛，举办少儿汽车知识大赛。二手车拍卖；开展老爷车婚纱摄影活动。

续表

时间	活动主题	展示活动内容	活动内容	活动亮点
第五天	汽车论坛	• 中国典藏老爷车珍品展示 • 万国极品车模联展 • 环球汽车邮票展 • 汽车百年历史文化展 • 木雕汽车手工艺术品展 • F1/F3 展示 • 两栖汽车展	09：00 汽车文化产业发展论坛 10：00 摩托车特技表演 11：00 特技大师表演 A 13：00 汽车大讲堂 14：00 特技大师表演 B	邀请全国汽车界著名人士，就汽车生产、营销服务及汽车文化发展举办论坛，然后举办参展商答谢赏酒会，2011 北京汽车嘉年华博览会正式闭幕

八、预算

（一）成本

（1）资源成本约 2 319 400 元（含往返运输、保险、差旅、食宿、交通、通信、出场费等所有费用）。

（2）操作成本需根据情况确定，一般不超过 40 万元（未计入宣传）。

1. 展览场地及相关费用——682 800 元

（1）展览场地租金费：

中国国际展览中心　100 个展位共计：393 000 元/天

标准展位（最小 9 平米）：1 200（元/平米）；光地展位（最小 36 平米）：900（元/平米）

（2）展位特装费：

12 元/M^2/展期 2 000M^2 的国际标准展位，共计 24 000 元加上押金共计 28 000 元，施工单位提前与会展中心业务部联系，办理手续，交纳施工管理费及押金（14 元/M^2/展期），方可进馆施工。

（3）标准展位搭建费：50 元/149 个展位×9M^2×50＝67 050 元　共计 67 050 元/展期

（4）展馆地毯及铺设费用：12 元/M^2　共计 120 000 元/展期

备注：a. 按实耗地毯面积计算；b. 各展位为同一地毯，公共区域不铺设地毯。

2. 宣传推广相关费用——34 2600 元

具体费用包括：

（1）广告宣传费用　共计　442 600 元

①电视广告：32 万元　a. 广告创意、拍摄、制作费：10 万元　b. 电视广告播放代理费：12 万元　c. 移动电视广告（公交、地铁）：15 万元

②纸质广告：10 200 元　a. 纸面广告制作：8 700 元　b. 报纸广告刊登（以上海地铁免费发送的报纸为主）：彩板 4 万元，黑白 9 000 元　c. 杂志广告刊登：6 万元

③网络广告：54 200 元　a. 广告制作费（旗帜、banner、logo）：5 000 元　b. 网络广告投入宣传费（网站合作、付费搜索引擎或其他）：5 万元　c. 制作展会官网：32 000 元

（2）新闻宣传费用（尽量节省预算）　共计：20 000 元

①电视新闻：12 300 元　电视新闻滚动字幕播报：12 000 元　网络新闻投放：5 000 元　②新闻发布会会场布置费用：8 700 元

（3）海报宣传　共计：12 500 元

①设计制作、印刷、材料费 8 000 元　②海报张贴租金：5 000 元

（4）宣传资料共计：12 000 元　①宣传册+秩序册：12 000 元　设计、印刷、材料（各 5 000 本，3 元/本，内含参展商、赞助商信息及环保咨询等相关报道）：15 000 元；②DM 宣传单：3 200 元　设计、印刷、材料（2 万份，640 000 元）

（5）宣传人员办公费：15 000

（6）气球、横幅、灯杆旗、拱门　共计 540 000 元

（7）配备身穿企业 LOGO 的模特 500/人/天　共计 500×600＝300 000 元

（8）组织时，加入爵士乐队、T 台模特、小提琴独奏、钢琴（电子琴）伴奏、民乐伴奏、小型歌舞、名人歌会、交际舞会、大型 PARTY 等活动　106 000 元

3. 招展与招商费用——250 000 元

具体费用包括：

（1）招展代理费用　共计：234 000 元　劳务费（代理公司人员劳务领取范围）：12 万元　差旅费（外出招展人员）：5 万元　办公费（包括招展资料复印、印刷、办公文具等）：12 000 元　电话营销费：3 000 元　资料编印和邮寄费：7 000元　客户联系费（参展商、专家、相关政府人员）：8 万元　宣传推广公关费：5 万元

（2）招商费用　共计：32 000 元　信件邮寄费：5 000 元　招商联系费（赞助商、供应方、合作伙伴）：2 万元　办公费：5 000 元

（3）备用费用：用于不可预见的支出　费用：8 700 元

（4）门票广告招商：12 000 元

（5）海报广告招商：16 000 元

4. 筹备相关费用——274 000 元

具体费用包括：

（1）停车证（50 元/张）共计：8 000 元　京牌、外地牌、货车等

（2）仓储、运输等费用　共计：118 800 元

①仓库租赁 1.2 元/m^2·天　560m^2×1.2×3 天=3 800 元

②仓储服务管理费：5 000 元

③装卸服务：进出——150 元/吨 8 000 元

备注：

a. 不足一吨按一吨计算，每增加 500 公斤按 75 元逐增。

b. 10 吨以上，价格可与参展商面议。

c. 泡货按体积计算：按 80 元/M^3 计算。

d. 人工搬运：50 公斤/件以内按 10 元收费。50 公斤/件按 10 元递增。

④运输费：10 万元

（3）展具租赁费共计：120 400 元

a. 人字梯：2M 高、3M 高　20 元/架/天（10+10）×20×4=1 600 元

b. 平板小推车 1.07×0.63（M）20 元/辆/小时 10 辆×20×10=8 000 元

c. 二层脚手架 3.5M 高　50 元/半天 5 台×50×4=800 元

5. 其他相关费用——670 000 元

（1）办公费用：①胸牌、席卡制作费等（设计、编订、印刷）12 000 元；②文具纸张等相关用于办公的费用 5 000 元

（2）人员费用：①邀嘉宾出场费：25 000 元　②嘉宾接待费：1 000 元

（3）接待费：酒店房间、交通费、餐饮：30 000 万

（4）茶歇点心，包括酒会、会议茶歇点心等：100 000 元

（5）装饰品开幕式、会议及展览会场　20 000 元

（6）服装展览会纪念 LOGO 衫　54 000 元

（7）纪念品礼品环保袋+小礼品　8 000 元

（8）门票制作设计、印刷　25 000 元

（9）一次性物资费、一次性水杯等一次性用品　2 000 元

（10）保险费用展品保险、观展客意外伤害保险、会展设备安装与拆卸工程保险、会展融资信用保险 50 000 万

（11）相关税收：250 000 元

（12）往返运输：120 000 元

（13）差旅交通：50 000 元

（14）其他不可预测费用 200 000 元

（二）效益点

（1）活动冠名（1家）可寻找企业为活动冠名，中国汽车嘉年华将给予企业超值的宣传回报。

（2）支持单位（多家，以3～4家为宜）。在活动现场、老爷车车身等为企业提供宣传，吸引企业赞助。

（3）场地招商

①计划开辟展示专区10个（每个100平方米，可以招汽车厂家、旅游景点、房产、通信、银行等）。

②计划招汽车展位100个以上。

③计划招用品及其他展位100个以上。

（4）场地广告招商费用

①计划设立大型喷绘广告（3m×6m）60块，用于招商或置换宣传。

②计划设立升空气球8个，其垂幅用于招商或置换宣传。效益分析预测：

升空气球垂幅广告，按8个，每个按3 000元计算，收益2.4万元（气球费用已包含在场地费中）。此项合计15.6万元。

（5）老爷车巡游招商

①计划举办两次巡游：一次在活动开展前，一次在活动开展中。巡游时老爷车车身广告、模特绶带、遮阳伞等广告均可用于招商。

（6）VIP专场招商：利用活动前或晚上为企业组织VIP专场活动。

（7）门票、海报广告位招商：门票背部、宣传海报底部均开设广告位，用于招商。

（8）门票收益。

（9）各种表演项目招商（特技表演可以选用厂家车辆，表演场地、表演者服饰可以携带广告）。

（三）利润预测

（1）门票收益20万人参与，每张票价按20元计算，400万元。

（2）场地招商收益：

①招展示专区10个（每个100平方米，可以招汽车厂家、旅游景点、房产、通信、银行等）。每个5万元，收益50万元。

②招汽车展位100个（每个18平方米，主要招汽车经销商）。按5 000元/个计算，收益50万元。

③招用品及其他展位100个（每个9平方米，主要招汽车用品、车模、眼镜、机油、GPS、汽车软件、食品、各类小商品等）。按3 000元/个计算，收益30万元，扣除标摊搭建费（按每个300元计算）后剩余27万。此项合计127万元。

（3）场地广告招商收益

①喷绘广告按60个，每个3 000元计算，扣除喷绘搭建费用（按每个800元计算），收益13.2万元。

(4) 老爷车巡游收益：按两次计算，每次最少10万元（应报价10万以上），收益最少20万元。

(5) VIP专场收益：按一次计算，每次最少5万元（应报价10万元），收益最少5万元。

(6) 门票、海报广告收益：各按最少3万元计算，收益最少6万元。

(7) 支持单位收益：按两个算，每个按5万元计算，收益10万元。

(8) 冠名单位收益：城市冠名不少于100万元。

(9) 各种表演项目招商（特技表演可以选用厂家车辆，表演场地、表演者服饰可以携带广告）。收益不少于4万元。预计收益：587.6万元。

以上总计：预计收益687.6万元；扣除成本232万元，预计纯盈利：455.6万元。

（四）利润点挖掘

(1) 组织老爷车出、入城仪式：选择一定路线，针对某一企业（产品）或多个企业（产品）进行宣传，收取费用。

操作要点：

①寻找房产、日用品、酒业、烟草、药业、乳业、电子业等相关企业，利用老爷车左右车门、后风挡广告位，或制作气球，对企业进行宣传。可整个车队统一出售，也可按车出售。

②在确定的出、入城路线设立拱门、横幅、灯杆旗等多种形式配合企业宣传。

③在车展中穿插敞篷车，配备身穿企业LOGO的模特，配合企业宣传。

④选择其他各种可行措施，增大企业宣传力度，确保利益实现。此活动不仅可收取费用，还是一次很好的展前宣传。需注意的是：车辆前风挡需张贴巡展统一标志，车辆数量不宜过多。

(2) 选择楼盘开盘、企业庆典、产品推介会、公路开通、大型活动等时机，组织盛大的赏车酒（晚、歌、舞）会（时间选择活动开始前或结束后），收取费用。

操作要点：

①组织时，可加入爵士乐队、T台模特、小提琴独奏、钢琴（电子琴）伴奏、民乐伴奏、小型歌舞、名人歌会、交际舞会、大型PARTY等活动，以活跃气氛。

②组织时，提供饮料、鸡尾酒、咖啡、茶点等。

③配备模特（可佩戴企业LOGO）、侍应生。

④精心布置展场，注意灯光作用。

⑤（可能的话）组织烟火施放和文艺演出等。

(3) 展览第一天（或开展前一天的下午至晚上）组织VIP专场（专业场），票价为正常票价的两倍以上，主要接待各种VIP人士或专业人员。

操作要点：

①联系各大银行卡部，并根据其VIP数量（也可限定一定数量）免费赠送参观券，同时说服银行在展场设立广告及展台（可发放银行资料并开展售卡业务等），以此收取银行费用（每家不用过多，几万元即可。此费用可理解为卡部仅付很少费用即组织一次VIP活动）。

②联系各种上档次的会员俱乐部，按银行VIP办法进行。

③联系中国电信、中国联通，按银行VIP办法进行。

④联系各企业，赠送其领导、重要关系客户参观券，方法同上。

⑤允许（市级）劳模、优秀伤残军人等社会荣誉人士、社会知名人士凭证参观，以增加VIP专场参与者的荣誉感。

⑥最好在VIP专场安排T台模特、歌舞、伴奏、饮料、茶点等，以烘托气氛，并说服和吸引上述提到的客户参加。

⑦利用与各银行、会员俱乐部、中国电信、中国联通及其他企事业单位的合同，以购买能力最强、档次最高的人士（VIP）均到展场为由，去邀请房产（特别是高档房产）、奢侈品、艺术品及各种高档消费品等商家参展，收取巨额参展费用。注意：此操作方法即使未与银行等签订合同，只要设法搞到一纸证明，也可达到同样效果。

⑧邀请各种老字号、文化底蕴深厚的企业（如历史名酒）、博物馆等参展，并区分情况收取费用。

⑨以此活动推销展场各种广告。

⑩以此活动要求企业提供各种小型礼品，发放客户。注意：此举还可通过客户领取礼品时收集客户资料，此资料价值连城，可实现良好的效益。

⑪制作VIP专场单独入场券（可印成一本册子，上有老爷车等内容，以便长期保管，同时开辟众多广告位），出售此入场券广告位，收取较高广告费用。

⑫深入挖掘，确定其他赢利手段。此操作要点不在于售出多少票（但肯定可以卖出不少），而是利用巧妙手段，互相利用，互相激励，收取巨额费用。

(4) 门票广告招商

单页门票背面开辟广告位或印成一本精美画册，开辟多页广告。

(5) 海报广告招商

制作展览宣传海报，底部开辟广告位。

(6) 在展场内开设中心展区、特区，寻找展览荣誉赞助单位（相当于冠名，但不能与总冠名矛盾，应寻找规模企业）和协办单位，收取较高费用。

(7) 充分利用展场内外各种广告，最好在某些部位开设广告墙多处，统一出

售给汽车（配）城、汽车经销商及其他企业等。

（8）利用活动（特别是 VIP 专场的由头）吸引各种参展商入场，收取参展费。

（9）利用晚间（或展会结束后）开办企事业单位专场展览或晚会（类似于赏车酒会），如某某之夜等。

（10）有条件的地区还可组织小型城市或城郊老爷车巡游（可与政府合作以公益为题，进行商业操作。方法类似于出入城仪式）。

（11）与历史悠久的旅游景点合作（如北海公园、天坛等，可将蒋介石、周恩来、张学良的老爷车聚集，一定会引起轰动，采取适当形式收取费用）。

（12）与各种媒体合作，采取适当形式，收取费用或扩大宣传。

九、展后评估

活动组织前在当地进行充分宣传和市场拓展；活动组织时要特别注重利润点挖掘、宣传组织和票房促进三个重点。这是实现良好经济效益的重中之重。此次展会的活动新颖点会积聚起更多的人气（媒体、观众和参展商等）。

（资料来源：http://www.doc88.com/p-375880190227.html）

附录五 展览会专业观众邀请函

第十二届中国（上海）广告四新展览会专业观众邀请函

尊敬的广告行业人士：

您好！

由中国商务广告协会、中国广告协会霓虹灯广告分会、中国同源有限公司、上海秀博展览有限公司等单位联合组织的中国知名的ADEXPO2011第十二届中国（上海）广告四新展览会将于2011年3月29日—2011年3月31日在上海光大会展中心（徐汇区漕宝路88号）隆重上演。我们在此期待您的光临，共享全球发展盛事。一年一度的上海广告四新展（广告新技术、新设备、新材料、新媒体展览会）自1999年创办以来，每年固定在中国上海举办。在各级政府的大力支持、组织单位的精心打造下，经过11年来的发展，ADEXPO已成为业界知名的专业品牌展览会之一。许多企业已视上海广告四新展为它们重要展示及交流的平台。综合性与专业性、区域性与国际性的完美结合已使它成为中国规模最大、参加人数最多、国际化程度最高的品牌展览会之一，真正成为广告企业展示自己的首选平台，是每年广告大型国际供应商和全球采购商云集的贸易盛会，是广告行业人士济济一堂的最佳场所。

为进一步提高入场观众的质量、减少现场排队等候时间、营造更好的洽谈氛围，如果您是业内人士，请在2011年3月25日前登录http：//www.expo-ad.com注册观众登记，或填写以下回执表e-mail或传真到021-51714528，成功以后免收门票费用，更可获得以下超值回报：

➢ 获赠价值50元的大会会刊一本；

➢ 展前收到主办方寄出的参观指南，使您的参观之行事半功倍；

➢ 可受邀参加会期的部分研讨会、经验交流会和实地考察活动；

➢ 入住大会指定酒店，可享受五至六折优惠；

➢ 大买家全程贵宾服务，两天免费酒店住宿（大买家指的是采购金额大、采购数量多、品种广的政府采购团和各行业龙头企业，需通过主办单位书面确认）。

参观时间：

2011 年 3 月 29 日　09：00—16：00

2011 年 3 月 30 日　09：00—16：00

2011 年 3 月 31 日　09：00—14：00

参观地点：上海光大会展中心（漕宝路 88 号）

参观预登记

此券为入场凭证，请务必携带

1. 单位信息：

单位名称：			
地址：		邮编：	
电话：		传真：	
网址：		e-mail：	

2. 我单位希望：

□参观　□　参加研讨会　□　参加实地考察活动

3. 本次展览会上我单位想购买或了解的产品与设备（名称）：

①＿＿＿＿＿＿＿＿＿＿　②＿＿＿＿＿＿＿＿＿＿

③＿＿＿＿＿＿＿＿＿＿　④＿＿＿＿＿＿＿＿＿＿

是否申请作为大买家：　□ 是　□ 否

4. 本次展览会上我单位最想见到的供应商（名称）：

①＿＿＿＿＿＿＿＿＿＿　②＿＿＿＿＿＿＿＿＿＿

③＿＿＿＿＿＿＿＿＿＿　④＿＿＿＿＿＿＿＿＿＿

是否需要主办单位帮助预约：□ 是　□ 否

5. 同时欢迎贵公司其他同事进行预先登记：(可另附名单回传)

姓　名	职　务	部　门	移动电话	e-mail

6. 参观主联系人：

姓名：____________，电话：____________，邮件：____________________

7. 敬请与我们联系，获取更多展览会信息：

承办方：上海秀博展览有限公司

电话：021-64329288　64329266　QQ：49565551

Website：http：//www. expo-ad. com

e-mail：adexpo-sh@ 163. com

请您认真填写以上信息并将本回执 e-mail 或传真至 021-51714528，收到您的回执后我们将及时为您发送确认信及相关展览信息，请注意查收。（登记截止日期：2011 年 3 月 25 日）

预登记观众现场凭预登记回执及名片，直接进入观众预登记通道换取入场胸牌。

以上预登记信息必须真实有效，且只对专业人士开放，否则主办方将拒绝给予确认。

（资料来源：选自百度文库，http：//wenku. baidu. com/）

参考文献

[1] 宝利嘉顾问．最新市场营销精要词典（宝利嘉文库：词典系列）［M］．北京：中国经济出版社，2003.

[2] 蔡兴仁，张秀升．会展的营销战略地位及参展策略［J］．商业研究，2002.

[3] 陈宏辉，贾生华．企业利益相关者三维分类的实证分析［J］．经济研究，2004.

[4] 陈宏辉．利益相关者管理：企业伦理管理的时代要求［J］．经济问题探索，2003（2）．

[5] 程建林，艾春玲．会展经济发展、会展城市竞争力与城市功能提升［J］．城市规划，2008，32（10）．

[6] 崔舒波．会展营销策略研究［J］．营销新枝，2009.

[7] 丁秀清．城市营销［M］．兰州：兰州大学出版社，2005.

[8] 董苑玫，董小麟．对进一步发展会展营销的思考——论展览公司作为会展营销主体的职能发挥［J］．大经贸，2007（4）．

[9] 杜伟锦，章斌，张凤霞．市场营销策略的比较研究［J］．电子科技大学学报，2004.

[10] 菲力普·科特勒．营销管理［M］．北京：对外经济贸易大学出版社，2007.

[11] 龚平，赵慰平．会展概论［M］．上海：复旦大学出版社，2005.

[12] 郭奉元．会展营销实务［M］．北京：对外经济贸易大学出版社，2007.

[13] 过聚荣，朱士昌．中国会展经济发展报告（2006—2007）［M］北京：社会科学文献出版社，2007.

[14] 过聚荣，朱士昌．中国会展经济发展报告（2008）［M］．北京：社会科学文献出版社，2008.

[15] 过聚荣，朱士昌．中国会展经济发展报告（2011）［M］．北京：社会科学文献出版社，2011.

[16] 贺学良．会展营销［M］．北京：高等教育出版社，2004.
[17] 胡正明．市场营销学［M］．济南：山东人民出版社，2002.
[18] 华谦生．会展管理［M］．广州：广东经济出版社，2008.
[19] 金辉．会展概论［M］．上海：上海人民出版社，2004.
[20] 金一铭．会议营销的三大议题［J］．企业改革与管理，2005.
[21] 李洁芳．国际会展业历史［M］．沈阳：辽宁科学技术出版社，2005.
[22] 李维安，王世权．利益相关者治理理论研究脉络及其进展探析［J］．外国经济与管理，2007，29（4）．
[23] 李晓宇．会展旅游的营销策略研究［D］．兰州商学院，2009.
[24] 李心合．面向可持续发展的利益相关者管理［J］．当代财经，2001，194（1）.
[25] 李旭，马耀峰．国外会展旅游研究综述［J］．旅游学刊，2008，23（3）．
[26] 李志新．浅谈会展营销策略［J］．科技资讯，2012.
[27] 刘大可．会展营销教程［M］．北京：高等教育出版社，2006.
[28] 刘大可，王起静．会展活动概论［M］．北京：清华大学出版社，2004.
[29] 刘宏伟．中国会展经济研究报告（2002）［R］．上海：中国出版集团东方出版中心，2003.
[30] 刘松萍，梁文．会展市场营销［M］．北京：中国商务出版社，2004.
[31] 刘岩，刘聪．德国会展产业之我鉴［J］．发展，2012（10）．
[32] 陆柳．上海世博会新媒体运用的形态、特点及启示［J］．新闻大学，2011（1）．
[33] 马勇，马克斌，曹鹏志，等．会展典型案例精析［M］．重庆：重庆大学出版社，2007.
[34] 毛金凤．会展营销［M］．北京：机械工业出版社，2006.
[35] 赛娜．新兴产业会展营销策略研究［J］．现代营销（学苑版），2012.
[36] 施世蕾．关于我国企业会议营销模式的研究［D］．山东大学，2006.
[37] 史国祥．会展导论［M］．天津：南开大学出版社，2009.
[38] 孙瑞红．上海世博会营销模式分析研究［J］．旅游科学，2004，18（4）．
[39] 王春雷．会展城市营销的几个基本问题［J］．旅游科学，2004，18（2）．
[40] 王春雷．会展市场营销［M］．上海：上海人民出版社，2004.
[41] 王春雷．会展市场营销［M］．北京：旅游教育出版社，2007.
[42] 王辉．企业利益相关者治理研究——从资本结构到资源结构［M］．北京：高等教育出版社，2005.
[43] 汪立元．会展：一种新兴的营销方式［J］．国际市场，2001（1）．
[44] 王新．打造会议营销的战略性价值［J］．市场观察，2008.

[45] 邬敏．广东骏丰频谱实业有限公司会议营销模式研究［D］．兰州大学，2010.

[46] 吴健安．市场营销学［M］．北京：高等教育出版社，2011.

[47] 吴志强．上海世博会园区周边的城市社区再营造［J］．时代建筑，2009（2）．

[48] 蜥蜴团队．会议营销：撕开同质化市场的利器［M］．北京：清华大学出版社，2006.

[49] 肖斌，张衔．利益相关者理论的贡献与不足［J］．当代经济研究，2011（4）．

[50] 亚子．欧洲会展业见闻［J］．珠江经济，2003（3）．

[51] 严良，陈莲芳，谢雄标，等．市场营销［M］．武汉：中国地质大学出版社．2010.

[52] 杨慧，龙云飞，段敬丹．市场营销基础［M］．成都：电子科技大学出版社．2007.

[53] 杨学艳．企业市场营销战略浅析［J］．科技信息，2009.

[54] 于子洋．浅谈会议营销［J］．企业管理，1997.

[55] 张俐俐，杨莹．旅游市场营销［M］．北京：清华大学出版社，2005.

[56] 张强．会展实务操作：角色扮演训练法［M］．长春：东北师范大学出版社，2007.

[57] 张欣瑞，尚会英，刘莉，等．市场营销管理［M］．北京：清华大学出版社，2005.

[58] 张新彦．会展营销策略研究［J］．黑龙江社会科学，2007.

[59] 张永立．从广州茶博会看会展营销［N］．中华合作时报，2009-12-08（B01）．

[60] 周文辉．城市营销［M］．北京：清华大学出版社，2004.

[61] 邹月华．企业市场营销战略研究［D］．北京化工大学，2002.

[62] ［美］Philip Kotler. 营销管理［M］．宋学宝，等译．北京：清华大学出版社，2003.

[63] Alkhafaji, Abbass F. A Stakeholder Approach to Corporate Governance: Managing in a Dynamic Environment[M]. New York: Quorum Books, 1989.

[64] Freeman, R. E. (1984). Strategic Management: A Stakeholder Approach. Pitman, Boston.

[65] Glenn, B. Johnny, A. and Rob, H. 2011 Events Managem ent. 3rd edn. Amsterdam; Boston: Events Management Series 2011.

[66] ICCA Statistics Report 2002-2011: International Association Meeting Market. ICCA.

[67] R. K. Mitchell, B. R. Agle, D. J. Wood. Toward a Theory of Stakeholder Identification and Salience: Defining the Principle of Who and What Really Counts[J]. Academy of Management Review, 1997, 22(4).

[68] Friedman, A. L. and Miles, S. (2006). Stakeholders: Theory and Practice [M]. Oxford University Press.

[69] Evan, William M, and Freeman, Edward R. A Stakeholder Theory of the Modern Corporation: Kantian Ccapitalism (1993) [A] 1 in Beauchamp, Tom L, and Bowie, Norman E (Eds.) Ethical Theory and Business [C] 5th Ed, Englewood Cliffs: Prentice Hall, 1997.

[70] Fontaine, C; Haarman, A; Schmid, S. The Stakeholder Theory. 2006.